CW01619982

Les gardiens de la Révolution
L'Armée intégriste et terroriste

Du même auteur :

Iran – Moudjahidines du peuple : la résistance aux ayatollahs (préface d'Yves Bonnet), 2000.

Note de l'éditeur

Nous avons essayé d'harmoniser l'orthographe des noms iraniens, en essayant d'être le plus cohérents possible – ce qui n'alla pas de soi – en utilisant dans la mesure du possible une graphie française et non anglo-saxonne (ex : chah et non *shah*). De même on écrit El et non *Al* (ex : El Assad). Quand la personne est connue en Occident, nous avons imprimé Mohamed (ex : Mossageh) ; sinon nous avons écrit *Mohamad* (qui est plus en usage dans l'aire persane). De même *pasdaran* étant le pluriel de *pasdar* ou *taliban* celui de *taleb*, nous n'y ajoutons pas de « s ». Si des coquilles ont échappé à notre vigilance ou notre rigueur, veuillez nous en excuser.

Mise en page :
Synonymes
BP 80226
3 rue des Moulins
35602 Redon
Tél. : 02 99 71 83 90
synonymes@orange.fr

ISBN : 978-2-86477-232-3
© Jean Picollec Éditeur – 2008

Mehdi Abrichamtchi

LES GARDIENS DE LA RÉVOLUTION

L'Armée intégriste et terroriste

PRÉFACE DE SID AHMED GHOZALI
Ancien Premier Ministre d'Algérie

JEAN PICOLLEC

47 rue Auguste Lançon – 75013 Paris
Tél. : 01 45 89 73 04 – Fax : 01 45 89 40 72
jean.picollec@noos.fr

Quelques titres récents du même éditeur

Medhi Abrichamtchi
Iran. Moudjahidines du peuple : la résistance aux ayatollahs

Jean-Paul Angelelli
Une guerre au couteau. Algérie 1960-1962, un appelé pied-noir témoigne. (Prix Norbert Cepi, Salon national des écrivains et artistes rapatriés, Antibes 2005)

Mohamed Benchicou
Bouteflika, une imposture algérienne

Jean Bothorel
Vincent Bolloré, une histoire de famille

Guy Bousquet
René Bousquet, cet inconnu

Maurice Chauvet
It's a long way to Normandy – 6 juin 1944

Philippe Chesnay
Pinochet, l'autre vérité (traduit en espagnol)

Freddy Eytan
La France, Israël et les Arabes : le double jeu ?
Sharon, le bras de fer (traduit en anglais aux Etats-Unis et au Canada et en portugais au Brésil)

Robert Hatem
Dans l'ombre d'Hobeika... en passant par Sabra et Chatila

Hengameh Haj Hassan
Face à la Bête, des Iraniennes dans les prisons des mollahs

Roland Jacquard et Atmane Tazaghart
Ben Laden, la destruction programmée de l'Occident – Révélations sur le nouvel arsenal d'al-Qaïda

Marcel Lanoiselée
Ohrdruf, le camp oublié de Buchenwald. Un survivant témoigne

Mohamed Mzali
Un Premier ministre de Bourguiba témoigne (traduit en arabe),

Somanos Sar
Apocalypse khmère
(Prix Tropique. Agence française de développement, 2005)

Préface

L'Iran est l'un des rares pays à avoir deux armées officielles : l'armée régulière et celle des gardiens de la Révolution, les pasdaran. La première, héritée de l'ancien régime, était pourtant à elle seule assez puissante pour répondre aux besoins de défense nationale.

Mais la sécurité nationale n'étant pas le seul objectif du régime des mollahs, ni encore moins son objectif premier, loin s'en faut, une armée classique, fût-elle parmi les plus puissantes du Moyen-Orient, ne pouvait suffire ni convenir à un régime dont la préoccupation majeure est de s'imposer au peuple iranien. Le régime iranien ne recule devant aucun moyen, parmi les plus cruels et les plus cyniques, pour parvenir à cette fin : il privilégie tout particulièrement la violence à l'encontre de tous ceux de ses ressortissants qui se dressent sur son chemin, que ce soit à l'intérieur ou à l'extérieur des frontières nationales ; il développe de manière effrénée sa capacité de nuisance sur la scène internationale dans le but de s'y imposer comme un interlocuteur obligatoire privilégié.

C'est en droite ligne de cette préoccupation majeure, que le corps dit des « gardiens de la Révolution », fut très tôt pérennisé en une véritable institution gardienne en réalité du seul pouvoir. Celle-ci est spécialisée dans les basses tâches inhérentes à la répression et dans tous les compartiments opérationnels du terrorisme d'État, alors que ces mêmes pasdaran furent présentés initialement comme étant voués à prévenir les dangers immédiats auxquels s'expose toute jeune révolution à ses débuts.

Entraînés dans la chasse aux opposants et aux résistants, dans les rues, les domiciles et les prisons ainsi qu'à l'étranger, mobilisés de manière autonome dans la guerre contre l'Irak mais aux seules fins de persécuter les Moudjahidines du peuple, spécialisés en même temps dans des opérations conduites à l'étranger, les pasdaran constituent non seulement l'instrument opérationnel du terrorisme d'État mais aussi la composante dominante du pouvoir politique.

Consubstantiel à tous les pouvoirs de nature totalitaire, l'hégémonisme du régime des mollahs ne se cantonne pas à l'intérieur des frontières nationales ni au voisinage régional : il ambitionne la globalité de la sphère arabe et au-delà la sphère musulmane.

Je dis cela en me fondant sur les faits vécus qui ont forgé ma conviction que l'instrumentalisation de l'Islam, et pas seulement du chiisme, par le régime des mollahs, n'est pas la manifestation innocente d'une propagation de la bonne parole, mais rentre bel et bien dans le cadre d'une stratégie hégémonique qui mise sur le vecteur de l'extrémisme, l'obscurantisme et la violence religieuse ; la cible visée va bien au-delà du voisinage asiatique de l'Iran et s'étend jusqu'à la région maghrébine, à commencer par l'Algérie.

Voilà un régime que l'Algérie a été l'un des rares à soutenir de la manière la plus désintéressée, et ce, dès la chute de l'empire du Chah. C'est grâce à une médiation menée par de hauts responsables algériens au nom de l'Algérie que fut réglé le contentieux irano-américain engendré par la prise d'otages par les pasdaran à l'ambassade de Washington à Téhéran.

À travers ce que j'ai vécu durant la période particulière de ma vie diplomatique, j'ai mesuré encore davantage combien le cynisme des États peut être sans limite, en particulier quand y règnent des régimes qui à l'instar de celui des mollahs mettent l'être humain très loin du cœur de leurs préoccupations. L'Algérie a payé au prix fort son initiative pour une autre médiation en faveur de l'arrêt des hostilités irano-irakiennes, la seule initiative d'entre toutes les autres qui fût exempte de toute arrière-pensée politique ou mercantile : quatorze de nos dirigeants et cadres supérieurs, dont Mohamed Seddik Benyahia ministre des Affaires étrangères et membre du Bureau politique du FLN, y ont laissé leur vie, dans le tragique crash, en mai 1982, d'un avion du gouvernement algérien abattu par un missile dans l'espace aérien irako-persique.

Comment le régime iranien nous a-t-il payés de retour pour nos sacrifices totalement désintéressés ? Six années plus tard, en 1988, il soutenait idéologiquement et financièrement l'irruption de la violence extrémiste chez nous. C'est pour cela que les relations diplomatiques furent rompues à l'initiative de l'Algérie, alors que j'étais chef du gouvernement sous la présidence de Mohamed Boudiaf.

Durant la précédente décennie, alors que le peuple algérien endurait les affres de la violence terroriste, c'est par la voie d'agents des pasdaran que le pouvoir politique de Téhéran « coopérait » avec des terroristes algériens dans des attentats ou des tentatives d'assassinat visant certains citoyens algériens.

La problématique iranienne est aujourd'hui enfermée dans une alternative d'extrêmes, c'est-à-dire soit en termes guerriers, soit en termes de complaisance avec le régime en place. La guerre à l'Iran ? Mais on a quotidiennement sous les yeux les désastreuses retombées de l'expédition américaine de 2003 en Irak ! L'*apeasement* (comprenez la complaisance par la négociation avec le régime iranien) ? Les Français et les Anglais en 1938 n'ont rien fait d'autre à Munich que de l'*apeasement* ! La signature des Accords de Munich qui entérinaient le fait accompli de l'Anschluss de l'Autriche (mars 1938) et le rattachement à l'Allemagne du territoire des Sudètes en Tchécoslovaquie, Munich n'a pas empêché moins d'un an plus tard… l'invasion de la Pologne puis la Deuxième Guerre mondiale.

Ni la guerre ni la complaisance n'y feront rien. Qu'on laisse tout simplement le peuple iranien prendre son destin en main. D'autant plus qu'à la différence du cas irakien, il existe une opposition nationale née il y a quarante-deux ans puisqu'elle s'est fondée en opposition au régime du Chah, dans le sillage spirituel de Mossadegh.

L'Islam iranien, l'Islam d'Avicenne, de Khayam, de Sohravardi[1], de Jamaleddine Assadabadi[2] est à mille lieux de ce qu'il convient bien d'appeler le khomeynisme.

La démarche iranienne tentée en Algérie prévaut aujourd'hui dans les autres régions de l'Afrique, au Liban, en Palestine et surtout en Irak, à savoir la manipulation violente de l'islam, les coups de mains terroristes, les actions de déstabilisation.

Reconstituer la toile tissée par ces golems[3] de la théocratie au Moyen Orient et dans le monde musulman ne pouvait être fait que par des résistants iraniens, ceux qui connaissent le mieux les dédales de ce monde complexe et qui ont le mérite de le combattre courageusement.

La communauté internationale doit s'intéresser de près à ce phénomène. Tout simplement parce que l'armée idéologique des ayatollahs de Téhéran ne s'en prend pas uniquement aux Iraniens. Les gardiens de la Révolution et leurs mercenaires étrangers s'en prennent aussi aux ressortissants des autres pays. Nombreux ont été les intellectuels en Turquie, en Irak, en Algérie et ailleurs dans le monde musulman qui ont perdu la vie sur une fatwa de mort lancée à Téhéran.

Aujourd'hui les « gardiens de la Révolution », en réalité les gardiens d'un régime totalitaire, dont ils constituent le bras terroriste et déstabilisateur, en Iran et en dehors de l'Iran, sont sur le point d'accéder à la bombe atomique pour imposer leur emprise dans la région, puis dans le monde arabo-musulman. Il est urgent de mieux connaître cette entité très spécifique à l'Iran, pour pouvoir trouver la solution adéquate. Ce livre en donne la clé.

SID AHMED GHOZALI
Ancien Premier Ministre d'Algérie

Notes

1. Penseur mystique persan du XIIe siècle.
2. Penseur réformiste iranien (1838-1897).
3. Le golem est une créature d'apparence humaine créée par des procédés magiques dans l'antichambre d'un kabbaliste. Ce puissant monstre de forme humaine a la fâcheuse habitude d'échapper au contrôle de son créateur. Il est très fort, sa puissance est associée à celle de l'élément terre. Le golem est généralement muet. Au fil des jours, il grandit en taille et en pouvoir de destruction. Notons que golem signifie également « idiot, abruti », ce qui laisse présager un esprit peu brillant…

Introduction

Pendant des années certains milieux liés aux affaires ont tracé une superbe fresque haute en couleur du pouvoir iranien, digne héritier de la grande et riche civilisation perse. Une puissance régionale rassurante avec qui il fallait compter. Un interlocuteur de choix avec qui il fallait négocier pour réveiller les instincts modérés profondément enfouis sous les turbans. D'aucuns ont même osé faire l'éloge de cette « démocratie », certes un peu spéciale, mais démocratie quand même. Il fallait comprendre qu'il existait des droits de l'homme « islamiques » ou plutôt « islamistes » autorisant amputation, flagellation, lapidation et enfin pendaison. C'est sans doute à cause de leur caractère public, que ces pendaisons laissent miroiter une image de démocratie. Démocratie et droit de l'homme ne seraient donc pas des notions universelles ?

Certains ont fait des études encore plus poussées. Ces chercheurs ont eu le mérite de déceler des spécimens exceptionnels de « mollahs modérés » ou de « mollahs pragmatiques», mais aussi fait très rare, à l'instar d'Ahmadinejad, de président laïc qui se découvre une auréole mystique lumineuse en prononçant un discours aux Nations Unies.

Mais arrêtons là les divagations sur le régime iranien. La réalité est beaucoup plus brutale, pour ne pas dire terrible. Le nom de l'Iran des mollahs n'évoque pas une puissance modératrice mais un grand agitateur.

Depuis quelques années le nom de l'Iran, ou du moins du régime qui le gouverne, est de plus en plus mêlé aux crises dans le monde. Derrière les attentats meurtriers qui touchent le plus souvent les civils irakiens, on retrouve la trace des milices liées à l'Iran. C'est encore l'Iran qui a intérêt à attiser les conflits confessionnels chez son voisin meurtri par la guerre et l'occupation : quand il s'agit de semer la terreur entre chiites et sunnites, ce sont encore ses mains qui tirent les ficelles des deux camps. Quant à la recrudescence de la violence en Afghanistan, la balkanisation de la Palestine, le blocage du processus de paix israélo-palestinien, l'arrêt de la normalisation politique au Liban, c'est encore le nom de l'Iran qui surgit. Et quand un attentat ensanglante un point du monde, rares sont les cas où d'une manière ou d'une autre un fil d'Ariane ne remonte pas jusqu'à Téhéran. Plus grave encore, la course effrénée des mollahs à la bombe atomique effraie la planète, en premier lieu ses voisins. Son refus d'accord avec la communauté internationale entraîne une crise pouvant déboucher sur une guerre. Les mollahs ne l'ont-ils pas déjà commencée cette guerre en Irak, en Afghanistan, au Liban et en Palestine ?

Comment définir ce régime insolite, anachronique avec des aspects si opaques ? Certainement pas comme une démocratie, même spéciale, comme certains aiment à le dire. Une théocratie ? Une dictature moderne ? Une dictature d'une autre ère, du Moyen Age par exemple ?

En tout cas on peut lui trouver deux composantes. D'abord un facteur religieux. Khomeiny définissait son régime comme le pouvoir absolu du religieux. Khamenei, qui lui a succédé, se plaît à parler de la souveraineté du *Faghih*, du Guide suprême et non de la souveraineté populaire. C'est d'ailleurs ce qui est inscrit dans la constitution de la « République islamique ». Le Guide suprême est au-dessus des lois.

Ce phénomène n'est pas en phase avec une société moderne, ni avec une jeunesse avide de liberté, ni avec un peuple qui est le véritable héritier de la grande civilisation et de la formidable culture des peuples qui ont constitué l'Iran.

C'est pourquoi pour rester debout, cette entité religieuse, théocratique ou plutôt mollah-cratique, doit s'appuyer sur une force militaire semant la terreur et la violence : les pasdaran. Khomeiny disait que « si les gardiens de la Révolution n'existaient pas, le pays n'aurait pas existé ». Par pays, il entendait bien sûr son régime. Tout comme lorsqu'il parlait de l'« Islam », il faisait comprendre qu'il s'agissait de sa propre personne. Quand il disait « l'Islam est en danger », il fallait comprendre « je suis en danger » !

Le besoin de protéger le régime du *Faghih* a poussé le religieux à s'appuyer sur des cerbères : les pasdaran. Plus le régime est menacé de l'intérieur comme de l'extérieur, plus il s'appuie sur les pasdaran. A tel point qu'aujourd'hui, les pasdaran se sont propagés comme la gangrène dans toutes les sphères du pouvoir, l'exécutif, l'économie, l'armée, la police, mais aussi le programme nucléaire. Tout simplement parce que les pasdaran sont l'unique force à qui les religieux font encore confiance.

La Résistance iranienne a eu l'occasion de mettre à nu le fondement de cette théocratie, à savoir la structure du pouvoir absolu du religieux.[1] Le moment est venu de mieux connaître la nature de la colonne vertébrale de ce régime : les gardiens de la Révolution ou l'armée de l'intégrisme et du terrorisme.

Notes

1. Notamment dans le livre de Mohamad Mohadessin *Islamic fundamentalism : the new global threat* – Seven Locks Press, Washington, 1993.

Chapitre 1

« Ce pays n'existerait pas sans les pasdaran. »
Khomeiny

La vipère ne peut accoucher d'une colombe

L'un des problèmes majeurs du monde face au régime des mollahs est dû à la méconnaissance de la nature précise du pouvoir qui domine l'Iran. Nombreux sont les gouvernements qui, en raison d'une analyse erronée, ont fini par se trouver dans une impasse avec les mollahs. Plus d'un expert éminent aux compétences incontestables s'est efforcé de faire oublier son ouvrage précédent à chaque tournant surprise de la « République islamique », regrettant ce qu'il avait dit et écrit sur ce régime anachronique. En même temps, l'on ne devrait pas trop leur reprocher cette attitude, car elle n'a rien de surprenant dans la mesure où un gouvernement qui concentre à son sommet à la fois le pouvoir religieux et le pouvoir politique compte sans doute parmi les phénomènes étranges de notre monde. Sans écarter les poncifs de la pensée politique, on ne saurait le comprendre. Chacun mesure et étudie un phénomène nouveau à l'aide des connaissances et des savoirs qui lui sont propres ; alors comment faire lorsqu'il devient impossible de comparer le nouveau phénomène à tout autre. Cela ne concerne pas uniquement notre époque, mais ici, la référence historique fait défaut. Aux temps des califes Omeyyades ou des Abbassides dans les premiers siècles de l'Islam ou au temps des califes ottomans ou encore de la dynastie des roi-derviches Safavides, aux siècles derniers en Iran, le clergé ne gouvernait pas mais agissait dans le cadre d'un partenariat ou d'une alliance avec le pouvoir. Il s'efforçait d'éviter, autant que possible, d'être assimilé au pouvoir, bien qu'il jouissât d'un certain pouvoir, de privilèges et de faveurs que lui accordaient les califes et les rois. Cependant le phénomène « République islamique » est une étrange créature née d'une mutation sinistre : l'incarnation et un condensé des idées les plus rétrogrades de l'histoire de notre pays. Une excroissance de la dictature du chah qui de son côté a assuré sa survie en réprimant le mouvement démocratique conduit par Mohamed Mossadegh[1] et d'autres mouvements progressistes en Iran. En empoisonnant l'espace politique et intellectuel iranien, elle a favorisé le développement d'un phénomène obscurantiste : le khomeynisme.

Onze ans avant son arrivée au pouvoir, le père fondateur de ce phénomène, Khomeiny, avait décrit les grandes lignes de ses fantasmes dans un livre rédigé au séminaire de Nadjaf pendant ses années d'exil en Irak, intitulé *Le gouvernement islamique*, considéré comme son *Mein Kampf*. S'inspirant d'un mollah nommé Ahmad Naraghi[2] (qui avait proposé une théorie de gouvernement des mollahs après les guerres russo-persanes de 1840 à 1864), Khomeiny développe l'idée de la prééminence d'un jurisprudent religieux *(Faghih)*, autrement dit un pouvoir religieux absolu. Il le décrit ainsi : « Les commandements de l'Islam ne sont point limités dans le temps ou l'espace. Ils sont éternels et doivent être appliqués. Il ne s'agit pas de lois uniquement applicables à l'époque du Prophète qui sont ensuite tombées en désuétude. Ou des lois que l'on n'applique plus comme les châtiments prévus dans la loi pénale de l'Islam des « Hodoud » et « Qissas » (loi du talion). En étudiant de près la nature et les particularités des lois de la *charia*, on comprend que leur application nécessite la création d'un gouvernement ; sans un grand appareil [étatique] pour gérer et appliquer ces lois, nous ne saurions accomplir notre devoir, à savoir l'application des commandements divins ».

Sur la nature des relations entre le *Vali-Faghih* (Guide suprême religieux) et le peuple, il écrit notamment :

« Le religieux, répondant à toutes les conditions nécessaires, exerce un droit de tutelle sur toutes les affaires publiques et les besoins sociaux du peuple ».

Définissant la tutelle du Guide suprême religieux, il précise encore : « le *Velayate-Faghih* fait partie des faits rationnels ; il n'a d'autre réalité que de désigner, comme l'on désigne un tuteur pour un mineur. De par sa fonction et son statut, il n'y a aucune différence entre un tuteur du peuple et un tuteur des mineurs ».

Dans le même ouvrage, Khomeiny dévoile en partie la nature du système de gouvernement qu'il concevait et ses implications : « Celui qui gouverne les musulmans et la communauté humaine se doit d'ignorer ses sentiments, car il doit éliminer de nombreuses personnes dans l'intérêt général et éradiquer de nombreuses tribus [communautés] ».

Cette idéologie du *Velayat-Faghih* n'a, bien entendu, rien à voir avec les enseignements de l'Islam. Elle n'a aucune place ni dans la pensée de la majorité du peuple iranien, ni même dans celle de la majorité du clergé chiite. C'est pourquoi à la veille de l'effondrement du régime du chah (février 1979), presque personne n'imaginait que Khomeiny mettrait précisément cette idée anachronique en œuvre et cela avec une cruauté incroyable ; d'autant plus que lors de son court séjour à Neauphle-le-Château en France en 1978, il s'était efforcé de voiler ses idées obscurantistes en lançant des slogans démagogiques.

Pour réaliser son sinistre rêve, Khomeiny avait besoin d'un levier puissant. Il l'a trouvé dans la formation du redoutable corps des gardiens de la Révolution[3] (*Sepah-e-pasdaran-e-enghelab*).

Selon la constitution du régime, le corps des « gardiens de la Révolution » de Khomeiny est chargé de la sauvegarde de « ses acquis », autrement dit le gouvernement religieux qui en émane[4]. Une force capable de réprimer, comme Khomeiny le souhaitait, de manière impitoyable et « en écartant tout sentiment », privilégiant les intérêts du régime, prêt à « éliminer de nombreuses personnes pour ces intérêts ». Cette force va rapidement monter en puissance. Aujourd'hui, elle s'est accaparée de tous les leviers et de toutes les instances du pouvoir. Elle est à elle seule la colonne vertébrale et la totalité du système du *Velayat-e-Faghih*. Bien que ses effectifs ne dépassent pas quelques centaines de milliers de membres, ne constituant, avec leurs familles et proches, que deux pour cent de la population, il n'en demeure pas moins que ses chefs étendent aujourd'hui leur mainmise sur toutes les structures étatiques, du gouvernement et du parlement aux grandes entreprises dans le domaine du pétrole et du commerce en passant par l'appareil de répression.

C'est la méconnaissance de la nature de ce régime qui a pris le pouvoir après la révolution anti-monarchique en Iran en se basant sur la pensée rétrograde de Khomeiny, qui a donné lieu à des analyses erronées assorties parfois de prévisions dramatiques, voire ridicules. Cela a eu pour résultat le fait que l'histoire des relations de différents pays à travers le monde et en particulier les pays occidentaux avec le régime du Guide suprême soit entachée de graves erreurs de calcul. Des erreurs fatales qui prolongent la survie d'un régime qui menace sérieusement, non seulement le peuple iranien, mais aussi toute la région et le monde entier. S'il est possible d'admettre cette erreur à l'arrivée de Khomeiny, aujourd'hui près de trente ans plus tard, fermer les yeux et refuser de tirer les enseignements de l'histoire seraient impardonnables, d'autant que c'est le peuple iranien qui en a payé le tribut ô combien élevé, et qui continue à subir chaque jour le maintien de ce régime. Mais, désormais, c'est la communauté internationale qui risque d'en payer le prix.

En tout cas, même si avec le temps les Iraniens et d'autres peuples peuvent pardonner cette position, les gouvernements et les milieux qui ont persisté dans leurs erreurs, seront un jour amenés à en rendre compte devant leurs propres nations. Ils devront répondre des motifs pour lesquels ils sont devenus complices, partenaires commerciaux et soutiens d'un régime qui a semé les graines du fascisme religieux à travers le monde et dans son sillage le terrorisme aveugle et un bellicisme impitoyable.

L'un des effets les plus importants de cette méconnaissance de la nature des mollahs consiste à comparer ce régime à une dictature classique, pour ainsi dire. La comparaison, par exemple, entre ce qui s'est passé en Iran avec la chute du chah avec des révolutions comme la Révolution française, a induit plus d'un supposé expert en erreur. Ce dernier misant sur une recherche permanente d'une période thermidorienne et sur l'espoir vain de la fin de la terreur. Assimilations et simplifications infondées mettent souvent des individus naïfs ou ignorants face aux circonstances qu'ils n'avaient jamais prévues. La plupart des gouvernements occidentaux qui côtoyaient de près le régime des mollahs en ont fait l'amère expérience. Sur la base de ce genre de comparaisons beaucoup ont cru que le régime du Guide suprême était capable d'évoluer de l'intérieur. Cette capacité est une valeur considérée comme un potentiel positif. Disons-le toute de suite : si le régime du *Velayat-e-Faghih* possédait un pareil potentiel, cela aurait bien sûr réjoui le peuple iranien, mais aussi toute force d'opposition responsable. Parce que cela signifie que, sans efforts titanesques, on aurait pu conduire ce régime par une voie bien plus courte du Moyen Age au XXIe siècle et de la barbarie à la civilisation, de l'ignorance au siècle des Lumières. Malheureusement, tous les efforts visant à le réformer ont échoué. Il est devenu évident que tous les espoirs des tenants d'une modération éventuelle du régime n'étaient qu'illusions. La dernière expérience en date, et non la première, a été celle du mollah Mohammad Khatami, l'ancien président de la République des mollahs[5]. En Occident, beaucoup ont été séduits, trompés par ses sourires et sa « modération » sans saisir que sa mission principale n'était que de secourir le régime du Guide suprême en l'extirpant d'un grave isolement et du déclin. Tout morceau de bois flottant dans l'océan turbulent a valeur d'une bouée de sauvetage, mais il perd son intérêt vital et redevient le morceau de bois qu'il était, en arrivant sur la plage. Khatami a subi le même sort. Lorsque lui et sa faction ont perdu leur utilité aux yeux du Guide suprême, celui-ci n'a pas hésité à les écarter. Avec lui, tous ceux qui s'étaient laissés trompés par ce mollah à la robe blanche mais au cœur aussi noir que son turban se sont réveillés d'un long endormissement. Au lendemain des législatives de 2008, Khatami annonça sa retraite politique.

Certes, ceux qui ont des intérêts personnels à défendre ne sont pas en reste. Certains n'hésitent toujours pas à qualifier ce régime barbare d'une sorte de « démocratie », même sous Mahmoud Ahmadinejad et tentent d'effacer des esprits qu'il s'agit d'une dictature religieuse absolue. Il n'est donc pas surprenant qu'un Christophe de Margerie, PDG du groupe pétrolier Total, ou un ancien ministre socialiste français des Affaires étrangères, qui se présente volontiers comme un ami d'Ali Akbar Velayati, le conseiller pour les Affaires internationales du mollah dictateur[6], en fassent partie. Roland Dumas, depuis la multiplication de ses déplacements en Iran, engagé dans des activités de *lobbying* au profit du parrain de l'intégrisme, serait-il devenu l'avocat du « diable » ? Ou encore il n'est pas étonnant d'entendre un Aymerie de Montesquiou, comme par hasard à la fois membre de la Commission économique du Sénat et président du groupe d'amitié France-Iran au palais du Luxembourg faire l'éloge d'un pouvoir des plus cruels de l'histoire de l'Iran. Certains, comme Bernard Hourcade, chercheur au CNRS, ont cherché durant une trentaine d'années l'homme providentiel parmi les extrémistes, pour lui remettre la médaille du « pragmatisme ».

Alors que 300 à 400 personnes sont envoyées chaque année à la potence en Iran, pas une once de honte ne les effleure quand ils cherchent à blanchir ce régime.

Mis à part les marchands qui entretiennent sans scrupule relations et échanges commerciaux avec ce régime, chacun peut constater que le système du *Velayat-e-Faghih* est incapable de se réformer et d'ailleurs, il ne le veut pas. Aux tournants cruciaux pour la survie du régime, il s'est toujours ménagé sur la voie des menaces et de l'effondrement, une sortie par un virage vers encore plus d'extrémisme, de violence et de brutalité.

Du moins, cela a toujours été le choix final du Guide suprême. L'histoire de la prétendue « république » soi-disant « islamique » regorge d'exemples de ces virages. Aux moments déterminants de son histoire, chaque fois que le régime s'est trouvé sur une pente dangereuse, entre la modération et la violence, entre la réforme ou l'extrémisme, le *Vali-e-Faghih* a toujours opté pour la ligne dure barrant la route à toute évolution en retrouvant et retombant à chaque fois sur ses griffes : les pasdaran.

En juin 1981, deux ans et demi après la révolution, constatant que l'opposition avec à sa tête le mouvement des Moudjahidines du peuple d'Iran[7] avait bénéficié du climat semi-démocratique pour enregistrer une hausse de popularité fulgurante, Khomeiny avait le choix entre accepter le jeu démocratique et abandonner son rêve de *Velayat-e-Faghih* d'un côté et la répression ouverte de l'autre. Le 20 juin 1981, il choisit la répression ouverte en brisant dans le sang la manifestation pacifique de 500 000 Iraniens qui ont répondu à l'appel des Moudjahidines du peuple à Téhéran. Il ouvre ainsi une période noire fertile en atrocités[8]. Jusqu'à cette journée fatidique, les opposants étaient agressés, attaqués, arrêtés ou assassinés par des bandes « officieuses » appelées le Hezbollah[9]. Or ce 20 juin, Khomeiny donne officiellement l'ordre aux pasdaran, sa force répressive, de tirer sur les manifestants pacifiques.

L'accord du régime pour un cessez-le-feu dans la guerre Iran-Irak, le 28 juillet 1988, marque le tournant suivant. A l'issue de huit années d'une guerre inutile et dévoreuse d'hommes (un million d'Iraniens y a péri), Khomeiny peut, s'il le veut, changer l'orientation du régime et du pays. Un débat s'engage au sein même des sphères du pouvoir entre les diverses factions. Exsangue, le peuple a soif de stabilité et d'un régime pacifiste. Il le réclame à voix haute. Si le régime veut vraiment changer de cap, il peut dissoudre les pasdaran et ouvrir la voie à la solution des problèmes politiques, sociaux et économiques du pays par un grand revirement politique. Mais Khomeiny comprend à juste titre qu'une telle évolution aboutirait à la dislocation de son régime. Alors il décide de renforcer les pasdaran et de se lancer sur la voie d'une des répressions les plus barbares de l'histoire contemporaine en ordonnant le massacre des prisonniers politiques, notamment des Moudjahidines du peuple. Face à une opposition grandissante, sa « solution finale » ne pouvait être différente. En l'espace de trois mois, plus de 30 000 des jeunes les plus valeureux et les plus courageux du pays ont été, de la manière la plus atroce, pendus, fusillés, massacrés, dynamités en masse ou brûlés. Un crime contre l'humanité dans lequel la plupart des dirigeants actuels du régime ont directement joué un rôle[10].

Une nouvelle occasion se présente après la mort de Khomeiny en 1989 et sa succession par Ali Khamenei, Ali Akbar Hachémi Rafsandjani devenant président de la République. Si le régime possède la moindre capacité de réforme, c'est une occasion en or pour répondre aux revendications du peuple et mettre fin à ce « jeu » moyenâgeux de « Velayat » et du Guide suprême à la fin du XXe siècle. Mais la réponse est encore plus de massacres et plus de répression. Cette fois, les pasdaran se lancent dans la répression massive des grandes manifestations populaires à Machad, Chiraz, Arak et Boukan (1992), Qazvine (1993) et Eslamchahr (1995). Rien qu'à Qazvine, plusieurs milliers de manifestants sont tués[11]. Alors s'ouvre une nouvelle période de terreur, d'assassinats d'opposants, d'enlèvements et de meurtres d'intellectuels par les escadrons de la mort des pasdaran les plus cruels, des assassinats en série et l'exportation du terrorisme hors d'Iran. Pour renforcer et accentuer la répression, la milice paramilitaire du Bassidj[12], chargée en particulier de ce rôle, est placée sous le commandement des pasdaran. Dans chaque province, une brigade de pasdaran est chargée de la protection du clergé.

Mais de tous ces épisodes, les tenants de la théorie « thermidorienne » de la révolution iranienne ne tirent aucune leçon. Au point qu'au lendemain de l'élection de 2005, Mahmoud Ahmadinejad, qui incarne une des factions les plus dures, fait l'objet d'analyses insensées par la plupart des commentateurs occidentaux abasourdis par une « surprise électorale en Iran », comme si dans le pays gouverné par les mollahs une élection démocratique pouvait enfin avoir lieu !

Aucun des choix du pouvoir examinés ci-dessus n'était dû soit à une simple obstination, soit à la folie (à moins que l'on ne qualifie de folie la soif du pouvoir et du sang), ni à la brutalité innée, mais à une crainte permanente et un cauchemar récurent qui rappelle aux mollahs le sort de la fin de règne du chah. Le *Vali-e-Faghih* est conscient que tout changement dans l'essence du système, à savoir toute atteinte à l'hégémonie du clergé, conduira à son anéantissement. C'est pourquoi, Khomeiny, Khamenei et leurs complices, conscients de cette réalité, ont élaboré la constitution, les lois et les structures du régime de façon à le rendre imperméable à la moindre réforme.

Un examen de cette Constitution ne laisse aucun doute que le *Velayat-e-Faghih* n'est qu'une dictature religieuse absolue. Tout le pouvoir est concentré entre les mains du Guide suprême qui doit forcément appartenir au clergé chiite. Il est au-dessus des lois, et tous les responsables sont désignés directement ou indirectement par lui ou les autorités qu'il a désignées. Son règne n'est pas limité dans le temps ; il est désigné à vie et n'est responsable devant aucune autorité[13].

Il est lui-même désigné par l'Assemblée des experts[14], dont les candidats, forcément des mollahs, doivent passer par le crible du Conseil de surveillance dont les membres sont eux aussi désignés par le Guide suprême en personne ! De plus, l'article 108 de la constitution précise : « La loi relative au nombre et à la qualification des experts, aux modalités de leur élection et aux règlements intérieurs des séances pour la première assemblée sera rédigée par les jurisconsultes membres du premier Conseil des gardiens, votée à la majorité d'entre eux et remise au Guide de la révolution pour son approbation finale » !

Par ailleurs, l'article 99 de la Constitution ajoute : « Le Conseil des gardiens est chargé de la surveillance des élections présidentielles, de l'Assemblée consultative islamique, de l'Assemblée des experts, de l'expression du suffrage universel et des référendums ». Ainsi, le *Vali-e-Faghih* détient la tutelle de l'assemblée qui est censée désigner son successeur.

C'est une fausse idée de croire que le *Vali-e-Faghih* est redevable devant l'Assemblée des experts. En réalité, cette assemblée est un levier du Guide et non l'inverse.

Parallèlement aux mécanismes prévus par la constitution pour le contrôle de l'exécutif par le *Vali-e-Faghih*, un système organisé de ses « représentants » du *Vali-e-Faghih* est présent dans tous les ministères, directions, gouvernorats et autres organes exécutifs. Ces représentants sont également présents dans toutes les universités, instances culturelles, grandes entreprises…

Enfin, un autre instrument a été inventé pour accroître davantage les pouvoirs du Guide. Il s'agit du « décret étatique » qui permet à ce dernier d'opposer son veto à toute décision ou projet qu'il considère comme contraire à ses intérêts et que les organes officiels du contrôle ont laissé passer.

Vers la fin juillet 2000, un projet de loi rendant plus difficile la fermeture des journaux dits « réformateurs » par le judiciaire a été présenté au sixième Majlis (parlement) où une majorité de députés favorables à Khatami siégeaient. Khamenei, le Guide, est intervenu sommant le mollah Karroubi, président du parlement, de retirer ce projet de loi. En réponse aux protestations de certains députés, Karroubi a lancé tout simplement : « Eh bien c'est ça le *Velayat-e-Faghih* ! ».

Le système du *Velayat-e-Faghih* et les pouvoirs du Guide suprême prévus par la Constitution ne peuvent être modifiés même par voie référendaire. L'article 177 précise : « Le contenu des articles portant sur le caractère islamique du système et la conformité de toutes les lois et règlements aux préceptes islamiques ainsi que les fondements et les objectifs de la République islamique d'Iran et les principes de la tutelle (*Velayat-e-Amr*) et la gouvernance de l'Imam (*Imamat-e-Ummat*) » sont inaltérables.

Nous avons vu qu'à chaque tournant crucial, l'indicateur décisif du choix de l'extrémisme par le régime tourne autour d'une grandissante dépendance aux pasdaran : l'ordre de Khomeiny donné aux pasdaran de tirer sur la foule le 20 juin 1981, au lendemain du cessez-le-feu dans la guerre Iran-Irak la décision de conserver les pasdaran au lieu de les dissoudre, après la mort de Khomeiny et face aux manifestations populaires d'installer des bases de pasdaran à la périphérie des villes pour mater les soulèvements.

Volà pourquoi, dès les premiers jours de sa prise du pouvoir, Khomeiny a décidé de créer le corps des gardiens de la Révolution alors que l'Iran était doté d'une armée moderne héritée du chah. Outre la répression, Khomeiny avait d'autres objectifs en tête. Dans son livre « Le gouvernement islamique » publié en 1968, il écrit que les régimes des pays musulmans qu'il nomme « suppôts des étrangers » doivent être renversés.

Pour lui, le « gouvernement islamique » n'est qu'une nouvelle version du califat musulman par lequel le *Vali-e-Faghih* gouverne toutes ces nations. Cet objectif sera intégré dans la propagande sous le label « l'exportation de la révolution ».

L'article 11 de la Constitution, qui sert de première devise du corps des pasdaran, appelle le gouvernement de la République islamique à « réaliser l'unité politique, économique et culturelle du monde musulman ». L'article 154 soutient « la lutte légitime des déshérités (*Mostaz'afine*) face à l'arrogance (*Mostakbérine*) partout dans le monde ». Le corps des pasdaran étant le principal levier de l'exportation de la révolution, il obtient carte blanche de la Constitution pour intervenir dans tout pays au nom des intérêts supérieurs de « l'Islam » et du « gouvernement islamique ». En effet, le *Vali-e-Faghih* et le corps des pasdaran sont complémentaires. Le premier a besoin du second pour la répression et l'exportation de la révolution et les pasdaran ont besoin du *Vali-e-Faghih* pour se maintenir en place.

Une excellente définition de ce rapport a été donnée il y a des années par Massoud Radjavi, dirigeant de la Résistance iranienne. Il résumait ainsi cette interdépendance : « Le régime du *Velayat-e-Faghih* est une dictature militaire et policière au sein duquel le Corps des gardiens fonctionne comme le bras protecteur du régime. Ce dernier est essentiellement dépendant de ce corps qui constitue l'organe central du recours à la force et de la répression militaire. Mais son moteur et son dynamisme, autrement dit l'esprit qui le domine, viennent de l'exportation de l'intégrisme et du bellicisme fondés sur la théorie du *Velayat* (tutelle) universel. »

C'est cette connaissance profonde du *Velayat-e-Faghih* qui a permis au leader de la Résistance iranienne de dire à propos de ce régime qu'une « vipère ne peut accoucher d'une colombe », ce régime étant incapable de se réformer de l'intérieur[15]. Aujourd'hui, on peut voir clairement que la vipère du *Velayat-e-Faghih* a donné naissance à une pieuvre.

Notes

1. Mohamed Mossadegh (1882-1967, Heyat dit). Premier ministre iranien de 1950 à 1953, premier à nationaliser le pétrole il devint la figure du nationalisme et de la démocratie en Iran. Mais il fut affaibli par la complicité de la cour avec des ayatollahs réactionnaires et par les attaques du parti prosoviétique Toudeh. Le 20 août 1953, il fut renversé par un coup d'Etat préparé par le chah avec le concours de la CIA.
2. Né en 1876 et mort en 1955.
3. Pour simplifier nous dirons les pasdaran.
4. Article 150 de la constitution de la République islamique.
5. Avant d'accéder en 1997 à la tête du régime, ce mollah était ministre de l'Orientation islamique pendant 10 ans, c'est-à-dire responsable de la censure durant la période la plus sombre du pouvoir de Khomeiny. Pendant la guerre Iran-Irak (1980-1988), il était également directement et activement impliqué dans la campagne criminelle du nettoyage des champs de mines par des vagues d'écoliers, ainsi que dans le massacre des prisonniers politiques en 1988.
6. Dans le verdict du tribunal de Berlin (avril 1994) à l'issue du procès des assassins des dirigeants kurdes iraniens au restaurant *Mikonos*, Ali-Akbar Velayati, ministre des Affaires étrangères, Akbar Hachémi-Rafsandjani, président de la République, Ali Fallahian, ministre du Renseignement et Mohsen Rezaï, alors commandant en chef des pasdaran ont été désignés comme complices et commanditaires du quadruple meurtre. Aussi selon une dépêche de Reuters, le 10 novembre 2006, un

juge fédéral argentin a délivré des mandats d'arrêt contre 12 responsables iraniens accusés d'implication dans la planification et le financement de l'attentat de 1994 contre l'immeuble du centre juif Amia à Buenos Aires, le bilan est de 86 morts. Velayati figure parmi ces 12 responsables.

7. cf. *Iran : Les Moudjahidines du peuple : la résistance aux ayatollahs*, Jean Picollec, 2004.

8. Sur l'ordre officiel de Khomeiny, les pasdaran ont reçu l'autorisation de tirer sur les manifestants qui réclamaient les libertés fondamentales. Des milliers ont été tués et des dizaines de milliers arrêtés. Il est à noter que jusqu'à cette date les Moudjahidines du peuple n'étaient pas entrés en résistance contre Khomeiny et se cantonnaient à une opposition politique, refusant même de répondre aux provocations violentes des agents du régime (qui avaient tué une cinquantaine de sympathisants et membres de l'organisation dans leurs attaques contre les meetings et les rassemblements électoraux dans diverses villes) se gardant de toute riposte violente ou armée. Ils ont mené une lutte pacifique et responsable. Naturellement ce 20 juin 1981, aucun des manifestants n'était armé. Toutefois le lendemain, le régime a procédé à des exécutions en masse des opposants notamment des Moudjahidines dans les prisons. Cette date marque définitivement la fin de la légitimité du régime Khomeiny et le début de la résistance contre le *Velayat-e-Faghih*.

9. Plus exactement le peuple du Hezbollah (*Ommat* Hezbollah) ou Hezbollah*i*.

10. Dans un rapport publié le 2 novembre 2007 *Amnesty International* demande que les auteurs de ce massacre soient traduits en justice : « Entre le 27 juillet 1988 et la fin de l'année 1988, des milliers de prisonniers politiques, y compris des prisonniers d'opinion, ont été exécutés dans des prisons de tout le pays. La grande majorité d'entre eux avaient été condamnés à mort au terme de procès expéditifs ou de brefs entretiens. Les exécutions ont été autorisées par les plus hauts dirigeants de l'Iran et étaient censées enrayer la menace représentée par des groupes armés d'opposition, en particulier l'Organisation iranienne des Moudjahidines du peuple (OMPI) et le Fedayan-e Khalq. (…) *Amnesty International* considère ces exécutions comme des crimes contre l'humanité. Aux termes

du droit international en vigueur en 1988, on entend par crimes contre l'humanité des attaques généralisées ou systématiques dirigées contre des civils et fondées sur des motifs discriminatoires, y compris d'ordre politique. Selon *Amnesty International*, il ne devrait exister aucune impunité pour les auteurs d'atteintes aux droits humains, quel que soit l'endroit ou le moment où ces atteintes ont été commises. Les exécutions de 1988 doivent faire l'objet d'une enquête indépendante et impartiale, et tous les responsables présumés doivent être traduits en justice et recevoir les peines appropriées. Le rapport d'*Amnesty International* intitulé Iran : *Violations of human rights* 1987-1990 (décembre 1990) expose de façon détaillée l'ampleur des massacres de prisonniers en 1988 et a servi de base aux actions menées par *Amnesty International* à ce sujet. »

11. Mehdi Bazargan, ancien premier ministre de Khomeiny, dans un entretien en 1995 avec le quotidien *Frankfurter Allgemeine* évoque le massacre de Qazvine.

12. Bassidj : « Force de mobilisation de la Résistance ». Cette force paramilitaire, fondée par Khomeiny, devait alimenter la guerre Iran-Irak en combattants.

13. L'article 57 de la constitution précise que les trois pouvoirs sont « sous la tutelle de *Velayate motlagheh amr* (tutelle absolue du Guide religieux) et l'*Imamat-e-Ummat* (Imam de la communauté des musulmans) ». Les pouvoirs du *Vali-e-Faghih* prévus dans l'article 110 de la constitution sont plus étendus que ceux de n'importe quel roi despotique. Il assure entre autres : la définition des grandes orientations du régime, le commandement en chef des Forces armées, la déclaration de guerre ou la paix et la mobilisation des forces, la désignation ou le renvoi des jurisconsultes membres du Conseil des gardiens, désignation du chef du judiciaire, du directeur de la radio-télévision, du chef d'état-major de l'armée ainsi que des commandants en chef des armées et du corps des pasdaran et des forces de sécurité d'état. Selon ce même article c'est lui qui confirme le président de la République dans sa fonction en signant un décret ; il peut le démettre aussi. La qualification des candidats à la présidence de la République s'effectue sous son contrôle. Ses pouvoirs ne se limitent pas à ce qui a été précisé dans cet article. Plusieurs autres articles contiennent des pouvoirs et prérogatives conférés au Guide. Par exem-

ple, selon l'article 176 de la constitution, les décisions du Conseil supérieur de la sécurité nationale présidé par le président de la République ne sont applicables qu'après leur confirmation par le Guide. Ou encore l'article 177 prévoit que les décisions du Conseil de la révision de la constitution doivent porter la signature du Guide aussi. Selon l'article 112 les décisions et les règles internes du Conseil de discernement des intérêts du régime doivent également recevoir l'approbation du Guide.
14. Article 107 de la constitution.
15. Massoud Radjavi, entretien au *Figaro*.

CHAPITRE 2

« Les pasdaran finiront par devenir les prédateurs de la révolution et de notre société ».
Massoud Radjavi,
douze jours après la victoire de la révolution anti-monarchique, en février 1979.

Naissance et genèse de « la pieuvre »

En février 1979, quelques jours seulement après la fuite en catastrophe, par son personnel, du siège central de la Savak (la redoutable police secrète du chah) avenue Saltanat-Abad à Téhéran, un autre groupe d'hommes installé dans l'ancien QG du gouverneur militaire de Téhéran, crée le premier noyau d'un organe de protection du nouveau régime. Il sera appelé plus tard le Corps des gardiens de la Révolution (*Sepah-e-pasdaran-e-Enghelab*) et dépassera de loin la Savak du chah en nombre et en atrocités, se métamorphosant graduellement en une pieuvre dont l'emprise tentaculaire atteindra toutes les sphères de l'Etat, et sera impliquée bien au-delà des frontières de l'Iran dans de grandes effusions de sang. Une pieuvre impliquée d'abord dans la répression intérieure mais aussi dans la guerre, l'exportation du terrorisme en Irak, au Liban et notamment, dans la production d'armes atomiques et balistiques, dans les structures commerciales et économiques et le pillage des ressources nationales.

L'article de loi portant sur la création du corps des pasdaran sera voté deux semaines plus tard en mars par une instance appelée « conseil de la révolution ». A l'époque ce « conseil de la révolution » créé sur l'ordre de Khomeiny fonctionnait à la fois comme parlement et comme organe de surveillance du gouvernement provisoire[1]. Ibrahim Yazdi[2], alors vice-premier ministre des Affaires de la révolution, annonçait le 24 février, une loi qui ne laissait la place à aucune ambiguïté quant au rôle du corps des pasdaran : « Maintenir l'ordre et la discipline dans les villes et villages, prévenir les provocations et les complots, prévenir le sabotage dans les établissements nationaux et locaux, les établissements publics, les ambassades, prévenir l'infiltration dans les rangs du peuple par les éléments opportunistes et contre-révolutionnaires (…) appliquer les décrets du gouvernement provisoire de la révolution islamique et l'exécution des sentences prononcées par les tribunaux extraordinaires islamiques (…) ».

Pour organiser la nouvelle entité, un comité de sept membres est mis sur pied[3]. En mai 1979, le Conseil de la révolution décrète formellement la fondation des pasdaran. Parallèlement, un deuxième conseil de sept membres est mis en place présidé par Javad Mansouri. Cet organe idéologique des mollahs, créé dans un premier temps pour réprimer les opposants et contrôler l'armée héritée du chah, ressemble en bien des aspects aux SS de l'Allemagne du IIIe Reich : tous deux sont des forces armées idéologiques ; tous deux ne prennent des ordres que du « chef suprême » [le Führer ou le *Valy-*

e-Faghih]. Ils ne rendent compte qu'à lui et sont les principaux éléments de la répression et des tueries dans le pays.

Aujourd'hui, cette force a accaparé toutes les structures gouvernementales et dirige un empire mafieux financier au sein de l'Etat.

Durant ses deux premières années, plusieurs chefs se sont succédé à sa tête. Mais depuis que le régime a parachevé sa transformation en dictature absolue en 1981, le corps des pasdaran n'a connu que trois commandants en chef : Mohsen Rezaï de juillet 1981 à 1997, Yahya Rahim-Safavi de 1997 à 2007 et Mohammad-Ali Jafari nommé en septembre 2007 par Khamenei[4]. En 1981, le territoire national a été divisé en 11 régions, avec chacune un chef des pasdaran qui agissait sous la surveillance du conseil de commandement du corps des pasdaran.

La même année les pasdaran ont obtenu une place au gouvernement, créant ainsi un ministère comme base de soutien et de logistique dans l'exécutif.

La création de l'unité de renseignement des pasdaran : le prélude à la répression intérieure.

En juillet 1979, Javad Mansouri, le premier chef du corps des gardiens de la Révolution ordonne la création de l'unité de renseignement des pasdaran. Cette unité jouera un rôle déterminant dans le développement des structures actuelles de ce corps et du ministère du Renseignement ; de nombreux chefs des pasdaran seront issus de ce premier noyau. La mission de l'unité de renseignement consiste à identifier et combattre les opposants intérieurs de la théocratie. Tous ceux qui s'opposent à l'hégémonie du *Velayat-e-Faghih* et du clergé comptent parmi les ennemis de Khomeiny. Mansouri confie la création de cette unité sensible à Mohsen Rezaï, un des éléments clefs et des plus cruels des pasdaran. Il deviendra le commandant en chef du corps pendant toute la durée de la guerre contre l'Irak.

En 1979, alors qu'il est chef de l'unité de renseignement, Mohsen Rezaï est nommé membre du conseil de commandement des pasdaran.

Avec l'aide des services de renseignement syriens, seul pays arabe ami du régime, et les vestiges de la Savak, notamment [le général] Fardoust[5], qui ont retourné leurs vestes pour offrir leurs services aux nouveaux maîtres, Mohsen Rezaï s'emploie à réorganiser les services de renseignement et de la sécurité. Bien que dans la hiérarchie il soit subordonné à un commandant en chef, Rezaï rend compte directement à Khomeiny, l'informant personnellement des progrès et des actions de cet organe sensible. Au début, il charge une équipe de cinq membres dirigée par un agent nommé « Payam » issu du groupe « Movahedine » [6] pour réorganiser et réactiver le troisième bureau de la Savak (sécurité intérieure). Dans un premier temps, cette équipe rassemble tous les renseignements concernant la direction générale de la Savak de Téhéran et les étudie de près. Dès le début, l'unité de renseignement se distingue par son sérieux, son organisation et la qualité de son travail. Outre des éléments expérimentés de la Savak, elle compte un nombre d'éléments intégristes formés à l'étranger. Dès 1980, des renforts arrivent également de Syrie sous forme d'équipes d'experts du renseignement et de la sécurité qui s'installent au 115, avenue Djan-Separan à Téhéran. Ainsi, les éléments du *Sepah* bénéficient également de l'enseignement et de la précieuse expérience de ces barbouzes syriens.

Dans les faits, le rôle principal du renseignement des pasdaran correspond entièrement à sa mission : identifier et combattre l'opposition, en particulier les Moudjahidines du peuple.

Les pasdaran s'emploient à diriger la plupart des centres de torture, engagent des activités de renseignement pour traquer les opposants, organisent des patrouilles spéciales, nommées *al-Qaria* ainsi que des réseaux d'espionnage, de surveillance et de filature baptisés *Abdollah Payam* pour capturer les membres et sympathisants des Moudjahidines et autres opposants…

Un autre organe de répression est créé au début de la révolution anti-monarchique, les « comités révolutionnaires » ou *Komiteh*. Chaque Komiteh est composé de pasdaran du quartier. Les Komiteh fonctionnent parallèlement au corps des gardiens, mais leur activité de quartier est similaire à celle des pasdaran. Pour la population, il n'y a aucune différence. C'est pourquoi les membres des Komiteh sont connus sous le nom de pasdaran du Komiteh ou « *Komitétchi* ». Ces derniers sont impliqués dans la délation, la surveillance et l'arrestation des opposants de chaque quartier. Dès les premiers jours de la révolution, sous prétexte de chasse aux contre-révolutionnaires, ils attaquent les bureaux, les meetings et les stands des forces progressistes et répriment les partis d'opposition. Ils s'ingèrent également dans la vie privée des citoyens. Ils surveillent par exemple les fêtes, le mode de vie et le comportement quotidien et s'ils les trouvent contraires aux normes intégristes, ils procèdent à la répression et aux arrestations. Ils sont ainsi responsables de nombreuses tragédies. Dès mars 1979, à peine un mois après leur arrivée au pouvoir, ils lancent une campagne de répression sociale particulièrement sévère contre les femmes pour imposer le port du voile en vociférant dans les rues « le foulard ou un coup sur la tête ! » (*Ya roussari, ya toussari*). La misogynie du régime et de ses agents fonctionne comme un levier majeur et une incarnation de l'intégrisme en Iran. Elle agit comme un élément moteur des pasdaran dans l'expression de leur barbarie. C'est un paramètre psychologique et idéologique qui leur donne un sentiment de puissance et d'hégémonie au nom de la défense de la religion. Le *Vali-e-Faghih* et les mollahs exploitent au maximum ce sentiment pour provoquer chez les pasdaran les pires instincts machistes de sauvagerie et de folie meurtrière.

La première guerre des pasdaran au Kurdistan

Au cours des deux premières années après la révolution, plusieurs événements renforcent le rôle du corps des gardiens dans la répression. En août 1979, comme un prolongement de l'oppression du régime du chah contre le peuple du Kurdistan iranien, qui souffre doublement de la répression et des discriminations économiques et culturelles, et face aux revendications des partis kurdes qui réclament l'autonomie, Khomeiny choisit l'option d'un régime dictatorial, à savoir la guerre. En donnant l'ordre d'envahir militairement la province du Kurdistan[7], il se démasque, montrant son vrai visage face à un problème intérieur. Pour mener la guerre civile au Kurdistan, Khomeiny peut compter sur son armée idéologique. Ainsi, le corps des pasdaran joue-t-il un rôle capital dans la répression au Kurdistan. L'armée régulière est également utilisée, d'autant que certains militaires veulent ainsi prouver leur fidélité au régime. Dans cette guerre menée avec un blocus économique particulièrement cruel, le *Sepah* commet des crimes innombrables : comme le massacre de Qarna et la répression de Naghadeh. Au cours de l'assaut du *Sepah* contre Qarna le 2 septembre 1979, 68 habitants du village sont massacrés. La guerre se poursuit jusqu'à la répression des forces politiques et le repli des partis kurdes iraniens sur le Kurdistan irakien. Pour contrer cette répression, les Moudjahidines rassemblant l'opposition nationale, constitue un front commun avec les courants et les personnalités indépendantes et nationalistes kurdes ainsi qu'avec le Parti démocratique du Kurdistan d'Iran (PDKI). Il s'agit de briser l'isolement du Kurdistan et d'empêcher une accentuation de la répression. C'est pourquoi, le quotidien national des Moudjahidines qui tire à près de 600 000 exemplaires et qui est le plus diffusé dans le pays, met ses colonnes à la disposition des partis et des dirigeants kurdes comme le secrétaire général du PDKI, Abdorahman Ghassemlou, et d'autres forces kurdes frappées par le *boycott* politique, économique, militaire et médiatique. Les Moudjahidines neutralisent ainsi la propagande du pouvoir et se transforment en porte-voix des Kurdes aux quatre coins du pays. Cela permet à toute la population de prendre conscience du caractère illégitime de cette guerre. Khomeiny n'a évidemment jamais pardonné cet épisode aux Moudjahidines.

Ce n'est pas uniquement au Kurdistan que la répression ouverte et la guerre civile firent rage. Khomeiny expédie les pasdaran pour réprimer les Arabes du Khouzistan dans le sud-ouest avant d'agir contre la minorité turcomane dans le nord du pays. Mohsen Rezaï se fait particulièrement remarquer par Khomeiny pour sa cruauté au Turkoman-Sahra. Ce n'est pas sans effet dans son ascension au sommet du *Sepah* et sa nomination de commandant en chef des pasdaran.

Prise d'otages à l'ambassade américaine et la création du Bassidj

Dans notre recherche pour savoir d'où et de quel processus sont issus les chefs et les éléments principaux du corps des gardiens de la Révolution et au cœur de quels événements Khomeiny a découvert des éléments compétents pour diriger une armée idéologique et une force de répression agressive, nous arrivons à l'épisode de la prise d'otage à l'ambassade américaine à Téhéran.

Le 4 novembre 1979, Khomeiny crée un précédent dans l'histoire des violations des lois internationales, qui ne peut que surgir des profondeurs d'un régime moyenâgeux. En donnant l'ordre de la prise de l'ambassade américaine à Téhéran, il fait de la prise d'otage une tactique qui deviendra une méthode et un instrument habituel de son régime au Moyen-

Orient. Cet événement a un impact important sur les relations de l'Iran avec d'autres pays, plongeant le nouveau régime dans un isolement international.

Ceux qui ont une connaissance limitée des questions iraniennes à l'époque, voient dans cet événement soit une grosse bêtise dont les planificateurs ne comprennent pas le coup irréparable qu'elle peut porter aux relations internationales, soit l'inscrivent dans le cadre du défi que Khomeiny lance aux Etats-Unis pour impressionner le Tiers-Monde. Mais la vérité est autre. La prise de l'ambassade n'est conçue que pour résoudre les problèmes intérieurs qui menacent le nouveau pouvoir.

Fin octobre 1979, Khomeiny se trouve dans une situation délicate du point de vue social mais aussi politique. Son Assemblée des experts a concocté une constitution pour légitimer la dictature religieuse au nom d'une république islamique. Pour l'étape suivante de la consolidation du régime, il a besoin de la faire plébisciter par un référendum. Mais il juge la situation très dangereuse. Un échec du référendum déboucherait sur la fin du rêve d'un gouvernement religieux.

La prise d'otages permettra à Khomeiny de mettre en scène d'innombrables spectacles autour de son défi à l'Amérique à grand fracas. De même, sous prétexte de la lutte contre le « Grand Satan », il peut étouffer toute voix discordante en Iran et créer un contexte propice à la répression et aux crimes qu'il va commettre contre l'opposition démocratique. Des années plus tard, le premier ministre de Khomeiny dira que le slogan « mort à l'Amérique ! » avait été beaucoup plus efficace dans la répression des opposants que les services de sécurité.[8] En réalité, les éléments qui se présentent comme les « étudiants de la ligne de l'Imam », prennent d'assaut l'ambassade américaine et gardent en otage son personnel sur l'ordre du Parti de la république islamique.

Cet acte prépare, dans un premier temps, le terrain à l'élimination du pouvoir des éléments libéraux, notamment du gouvernement Bazargan. Dirigeant du Mouvement de libération, Bazargan compte parmi les partisans de la politique de Mohamed Mossadegh[9]. En fait, Khomeiny l'a nommé premier ministre du gouvernement provisoire pour duper la population et surtout fourvoyer les Occidentaux. Ainsi il faisait croire au monde qu'il n'est guère intéressé par le pouvoir et son monopole et neutralise une certaine sensibilité hostile aux mollahs.

Convaincu que le temps était venu d'imposer son pouvoir sans partage, Khomeiny applique son plan. Par ailleurs, l'opposition démocratique, avec à sa tête les Moudjahidines, est devenue une menace sérieuse. Il se doit d'ouvrir la voie à son élimination. La crise des otages lui permet de résoudre provisoirement et partiellement les problèmes sérieux auxquels il doit faire face. Il va se servir de la même logique et de la même méthode à plusieurs reprises pour sortir de la crise. La connaissance de ce phénomène nous permet aussi de comprendre l'aventurisme du régime sous Ahmadinejad qui n'est qu'une copie conforme des méthodes de Khomeiny pour trouver une issue à une position de faiblesse et à une impasse.

Khomeiny voulait ainsi effacer la question centrale, à savoir les libertés démocratiques et l'instauration d'une république pluraliste et laïque, par une diversion avec la prise d'otages à l'ambassade américaine. En mettant l'accent sur une fausse menace américaine et des slogans anti-américains, il voulait, en effet, détourner l'attention du peuple de la menace réelle qu'était l'instauration d'un régime religieux fasciste. Mais en réalité, avec la chute du régime du chah et la destruction de la Savak, les Etats-Unis étaient écartés de la scène intérieure de l'Iran pour les années futures. Celui qui cherchait à raviver la Savak et réactiver ses méthodes, n'était autre que le régime lui-même. L'aventure funeste de la prise d'otages qu'a déclenchée Khomeiny, a conduit, à son tour, à une polarisation des forces politiques en Iran. D'un côté, les Moudjahidines et leurs alliés, un ensemble des forces de gauche comme une partie des *Fedayine* du peuple[10], ainsi que des forces libérales, des courants et partis divers du Kurdistan, d'autres minorités de différentes régions de l'Iran, des minorités religieuses, une partie considérable de l'intelligentsia et des personnalités indépendantes qui feront ensuite partie du Conseil national de la Résistance, tous convaincus que la menace réelle vient de la réaction religieuse et que seul le respect des libertés fondamentales est une garantie de la victoire de la révolution de 1979. En face, le front de Khomeiny composé du Parti de la république islamique comprenant les courants principaux constituant le régime de Khomeiny, le parti communiste *Toudeh* et le courant « majoritaire » des *Fedayine* du peuple (qui avait fait sécession de l'organisation des guérilleros *Fedayine* du peuple – marxiste) qui affirmaient que la démocratie n'était pas une nécessité immédiate et que la menace principale venait de l'impérialisme américain. En donnant le feu vert aux « étudiants de la ligne de l'Imam » pour prendre d'assaut l'ambassade américaine, Khomeiny créait un rideau de fumée derrière lequel il pouvait faussement accuser les Moudjahidines et ses alliés, qui soulignaient la nécessité des libertés, d'être des mercenaires à la solde des Etats-Unis.

La prise d'otages à l'ambassade américaine a entraîné le régime des mollahs dans un isolement international profond, mais ces derniers étaient surtout intéressés par ses immenses dividendes intérieurs immédiats notamment un prétexte pour la répression. De nombreux preneurs d'otages deviendront les futurs chefs des gardiens de la Révolution. Le général de brigade des pasdaran Reza Seifollahi, qui collaborait avec Mohsen Rezaï dès les premiers jours des pasdaran dans son unité du renseignement, était l'un des chefs des preneurs d'otages. Il affirme : « La plupart de ceux qui ont participé à la prise de l'ambassade américaine faisaient partie des pasdaran ou allaient en devenir membres ».

Figurent parmi ces preneurs d'otages le pasdar Ahmadinejad, l'actuel président de la République, et le général de la division des pasdaran Mohammad-Ali Jafari, l'actuel commandant en chef, qui était membre de l'association islamique de l'université de Téhéran en tant que représentant de la faculté d'Architecture jouant un rôle actif dans cette aventure.

L'épisode de la prise d'otages à l'ambassade américaine, qui va durer 480 jours, permet également à Khomeiny de créer et d'organiser la force principale de la répression à l'intérieur du pays. Profitant du climat créé par cet événement, il ordonne la création de « Bassidj ». Il déclare vouloir créer une armée forte de 20 millions d'hommes pour faire face aux Etats-Unis.

Le 5 août 1980, le Bassidj est intégré dans le corps des pasdaran par une loi du Majlis. Dès lors le Bassidj perd son statut de force indépendante pour se transformer en unité des pasdaran et devient sa source principale de recrutement.

Si malgré la propagande du régime, le Bassidj ne deviendra jamais une force de plusieurs millions de membres, il sera transformé néanmoins en un organe paramilitaire pouvant intervenir jusque dans les villages les plus reculés pour établir, si nécessaire, la répression. Cette force utilise les voyous et les éléments les plus frustrés de la société contre les forces populaires. Si le corps des pasdaran joue un rôle comparable à celui des SS, le Bassidj fonctionne comme les SA, troupe d'assaut d'Hitler.

A travers le Bassidj, les pasdaran ont créé des antennes de contrôle et de surveillance dans tous les ministères, administrations, entreprises privées ou publiques, banques, usines privées ou publiques, écoles, universités, même dans les bureaux de gouverneurs, les mairies, les villages et les tribus nomades...

En outre, les membres du Bassidj participent activement à la répression des femmes et des jeunes. Ils sont investis de pouvoirs étendus pour, par exemple, procéder aux arrestations dans la rue, qui est normalement la fonction de la police officielle.

Sous le règne des mollahs, des scènes de brutalité et des insultes à l'égard de la population et surtout les femmes se multiplient. Cette situation donne lieu de plus en plus à des incidents spontanés entre la population et les agents du régime. Contrairement à un passé récent où les éléments du Bassidj jouissaient d'une autorité incontestable leur permettant d'intimider la population et répandre la terreur, ils sont aujourd'hui l'objet de la risée des citoyens pour être des pantins dont les ficelles sont tirées par le régime. Ils sont isolés et sont la cible des blagues et des moqueries de la population ; une manière de montrer son rejet du pouvoir en place. Au point que se moquer des bassidji est devenu le passe-temps favori de la jeunesse.

20 juin 1981 : les pasdaran prennent en main la répression totale

Le 18 juin 1981, les partis politiques libéraux tentent d'organiser une manifestation à Téhéran pour protester contre la restriction des libertés et la domination des forces rétrogrades sur l'ensemble du système qui tentent d'imposer une dictature absolue. Le rassemblement des premiers manifestants à Téhéran est réprimé avec une telle brutalité que les autres manifestants n'osent pas les rejoindre. Quelques jours avant, Bani Sadr a été destitué par Khomeiny de son poste de président de la République. Il est clair que Khomeiny a l'intention de ne tolérer aucune voix discordante ni aucune opposition même pacifique. Jusqu'à cette date, la répression de toute opposition démocratique est monnaie courante. Les meetings sont systématiquement attaqués par les hezbollahis et les komitetchis. Les derniers espaces de liberté se sont refermés et la population étouffe. Dans ces conditions les Moudjahidines du peuple décident d'organiser une grande manifestation à Téhéran pour se diriger vers le Majlis, ainsi que dans les villes de province, afin de protester contre les atteintes à la liberté.

La présence des pasdaran, des komitetchis et des hezbollahis en civil rend impossible une annonce publique de la manifestation qui ne peut qu'être étouffée dans l'œuf. C'est pourquoi elle sera annoncée clandestinement par les réseaux des sympathisants et le bouche à oreille. L'accueil populaire est des plus étonnants. Des colonnes de manifestants descendent dans les rues pour rejoindre la grande avenue Enghelab (Révolution). On voit grossir une vague humaine impressionnante, une foule protestataire qui scande des slogans réclamant les libertés fondamentales. A 16 h la foule à Téhéran dépasse les 500 000 personnes. Elle se dirige vers le parlement. Groupe par groupe, quartier par quartier, de nouveaux manifestants rejoignent la foule. Il n'est plus nécessaire de lancer une invitation publique. Le miracle se produit. En voyant cette foule, chacun trouve le courage de protester. Hommes et femmes, jeunes et vieux, tous ceux qui deux ans et demi auparavant avaient confié tous leurs espoirs à la révolution anti-monarchique, veulent cette fois défendre l'essence même de cette révolution, à savoir la liberté, bafouée par les nouveaux maîtres.

Face à cette volonté fantastique, Khomeiny doit faire un choix. Reculer et accepter les revendications démocratiques de la population ? Ou réprimer, supprimer la totalité des libertés ? Khomeiny choisit la deuxième option. Ainsi, il est obligé de sortir de sa position démagogique de protecteur du peuple, caché derrière la horde des hezbollahis, ces pasdaran sans uniformes qui répriment les opposants dans les villes sans l'impliquer directement. Mais cette fois-ci les hezbollahis ne font plus le poids devant cette foule imposante. Alors Khomeiny tombe le masque et lance une répression ouverte.

Au soir de l'acceptation du cessez-le-feu dans la guerre Iran-Irak, Khomeiny dira avoir vendu son honneur et bu une coupe de poison. Mais en réalité, le jour où il a vendu son honneur et son âme de la manière la plus abjecte et la plus brutale, c'est bien ce 20 juin 1981 quand il ordonne publiquement à ses pasdaran de tirer sur des manifestants sans armes. C'est pourquoi cette date marque l'apogée du rôle direct des pasdaran dans la répression.

Il faut souligner que la manifestation du 20 juin est pacifique et jusqu'à cette date les Moudjahidines du peuple n'ont procédé à aucun acte de violence contre le régime. Au contraire, malgré les multiples pressions et crimes, ils se contentent de dénoncer les actes de violences des hommes de main de Khomeiny contre les opposants. Des centaines de personnes sont tuées quand les pasdaran mitraillent la foule. Des milliers d'autres sont arrêtées par les Bassidji et les Komitetchis et jetées en prisons. Le soir même les exécutions commencent.

De nombreux sympathisants arrêtés dans les manifestations sont exécutés sans même être identifiés uniquement sur témoignage d'un bassidji ou d'un pasdar[11].

Le tournant crucial du 20 juin 1981 est souvent ignoré soit intentionnellement soit par inattention par beaucoup de ceux qui se prétendent experts. La décision claire et publique de Khomeiny de tirer sur la manifestation non violente des Téhéranais met fin à la légitimité de son régime.

Jusqu'à ce jour, par les agressions et les violences à visage couvert, non revendiquées contre l'opposition sur l'ensemble du territoire, Khomeiny espérait provoquer un faux-pas chez les Moudjahidines du peuple. Une réaction violente lui aurait alors donné le prétexte à leur élimination. La vigilance de ces derniers, leur refus de sombrer dans la violence, doublé d'une dénonciation systématique des agressions, font prendre conscience chaque jour à de nombreux Iraniens de la véritable nature de la dictature religieuse. Ce bras de fer a duré deux ans et demi et des couches de plus en plus larges ont rejoint l'opposition. La poursuite de ce processus menace le régime de Khomeiny. Un an de plus et la prise de conscience d'une population, qui souhaite voir se réaliser les revendications ayant abouti au renversement du chah, serait venue à bout de Khomeiny. Le vieillard rusé le savait très bien.

Ne pouvant plus attendre ni compter sur une éventuelle impudence de l'OMPI, Khomeiny préfère lever le voile. Il a perdu l'espoir de voir les Moudjahidines tomber dans son piège. Le temps ne joue plus en sa faveur. Il ne voit d'autre issue que d'éliminer physiquement ses opposants, de faire tirer sur la foule et de programmer un massacre dans les prisons. Il est contraint d'abandonner le masque du saint vieillard religieux qui ne tue même pas une mouche, pour dévoiler son véritable visage de dictateur sanguinaire et cruel. Le 20 juin 1981 met à bas l'illusion de démocratie possible avec un régime religieux. Khomeiny joue gros puisqu'en massacrant massivement ses opposants, de jeunes musulmans pratiquants qui jouissent d'un grand respect dans la société, il ébranle aussi sa légitimité religieuse et celle de son régime. Nombreux sont les membres du clergé chiite parmi les plus respectés qui prennent leur distance avec ce pouvoir ou décident courageusement de l'affronter. Beaucoup sont assassinés ou exécutés comme l'ayatollah Achouri, l'hojatoleslam[12] Malek ol Reghabi, l'hojatoleslam Hosseini, l'hojatoleslam Manzari[13] notamment. Dès lors, la résistance au régime des mollahs est devenue une nécessité.

Depuis le 20 juin 1981, les pasdaran et les dignitaires du régime n'ont épargné aucun crime à la population, aux défenseurs des droits de l'homme, aux Moudjahidines. Au nom de la religion, mais en réalité pour le pouvoir, ils ont commis des horreurs que même certains de leurs alliés n'ont pu accepter.

Le massacre des prisonniers politiques au début des années 1980, celui de 30 000 prisonniers politiques en 1988 et la succession sans fin des supplices, des tortures et des pendaisons coupent tous les ponts entre la société iranienne et ce régime. Bien qu'aujourd'hui personne ne puisse évoquer en public ces holocaustes, la mémoire populaire est là pour perpétuer et témoigner de ce sang innocent versé. Nombreux sont les parents qui devant l'interrogation de leurs enfants sur cette période ont d'abord gardé le silence par crainte de les exposer à leur tour, mais qui devant la persistance des questions finissent par raconter ce qui s'est passé.

L'utilisation de 174 formes de torture dans les prisons, surtout contre les femmes[14], les femmes enceintes fusillées, les pendaisons de fillettes âgées parfois de treize ans, la torture des membres d'une même famille sous les yeux de leurs proches, les exécutions d'adolescents coupables d'avoir seulement lu un journal interdit ou d'avoir participé à un meeting, la torture et l'exécution de parents à cause des actes de résistance de leur enfant, les lapidations, les amputations, les yeux arrachés, les victimes jetées dans des précipices, des jets d'acide sur les visages des Iraniennes mal voilées. Une longue liste horrible des crimes des mollahs.

L'ayatollah Montazeri qui a pourtant été dauphin de Khomeiny avant d'être écarté, décrit dans ses mémoires une infime partie de ces crimes. Il rapporte les constatations d'un de ses représentants : « à la prison de Ghezel Hessar [15]... nous avons rencontré une fille qui mangeait ses excréments, tant elle avait été maltraitée. Elle était devenue folle, mais on continuait à la garder en prison. » [16]

Rapportant des témoignages oculaires Montazeri poursuit : « une femme de la ville de Machad disait avoir été arrêtée au mois de Ramadan de cette année. Elle a été tellement battue qu'elle a avorté. On raconte que deux personnes ont succombé à leurs blessures (...) les empreintes sur les corps sont des traces de flagellation par câble, des coups de pied, des brûlures par des briquets, traînés par un véhicule, brûlés avec du pétrole ou du gazole.[16] » Il évoque aussi dans son livre l'exécution d'une fillette de treize ans à Najaf Abad près d'Ispahan pour le seul crime « de refuser Khomeiny » [17].

Dans une lettre du 9 octobre 1986 à Khomeiny, Montazeri écrit : « Savez-vous que dans les prisons de la République islamique on a commis au nom de l'Islam des crimes qui n'ont jamais été commis au temps honni du chah ? ! Savez-vous que de nombreuses personnes ont perdu la vie sous la torture ? Savez-vous que dans la prison de Machad par manque de médecins et les insuffisances médicales infligées aux prisonnières, 20 à 25 filles ont dû subir l'ablation de l'utérus ? Savez-vous qu'à la prison de Chiraz une fille qui jeûnait a été exécutée immédiatement après la rupture du jeûne ? Savez-vous que dans certaines prisons de la République islamique des jeunes filles sont possédées de force ? Savez-vous que pendant les interrogatoires, les propos obscènes sont courants ? Savez-vous que de nombreux prisonniers sont devenus sourds, aveugles ou paralysés à la suite des tortures qu'on leur a infligées ou subissent des séquelles douloureuses sans que personne ne s'en préoccupe ? ».

Dans une lettre à Khomeiny, Montazeri fait état des « exécutions des femmes et des mamans » durant le massacre des Moudjahidines prisonniers en 1988[18].

Les rapports sur ces crimes méritent des centaines, voire des milliers de pages. Un jour l'histoire fera surgir la réalité et le rôle que chacun des dignitaires de ce régime a joué. Mais ce qui est sûr, c'est que l'appareil des pasdaran était chargé de l'exécution de ces crimes. Les responsables des tortures et de l'application des peines étaient tous des pasdaran.

Notes

1. L'identité des membres du Conseil de la Révolution ne fut jamais officiellement déclarée ; l'un des membres dévoilera les noms quelques années plus tard : MM. Taleghani, Mottahari, Hachémi-Rafsandjani, le Dr. Behechti, Mahdavi-Kani, Moussavi-Ardebili, le Dr. Bahonar, Ibrahim Yazdi, le Dr. Sahabi, Ahmad Sadr-Hadj-Seyed-Javadi, Katira'i, le général Massoudi, le général Gharani et Mehdi Bazargan, ainsi que MM. Sahabi et le Dr. Cheibani qui s'étaient rendus en France immédiatement après leur libération de prison.
2. Ministre des Affaires étrangères du premier gouvernement issu de la révolution présidé par Mehdi Bazargan, Yazdi a succédé à ce dernier à la tête du Mouvement de libération iranien. Ce parti qui avait soutenu

Mohamed Mossadegh est devenu un appendice du régime théocratique. Yazdi est l'exemple type des personnalités politiques en Iran qui ont vendu leurs services à un régime qui les a écartés du pouvoir.

3. Les membres de ce comité étaient : Mohammad Monfared, Mohammad Gharazi, Ali-Mohamad Becharati, Mohsen Rafiqdoust, Mohsen Sazgara, Mohammadzadeh et Foroutane qui dirigeaient le *Sepah*.

4 Voir l'organigramme aux annexes 1 et 2.

5. Le général Fardoust, un ami très proche du chah, faisait partie des chefs de la Savak. Il a offert ses services à la théocratie au lendemain de la révolution.

6. Une composante de l'organisation intégriste des Moudjahidines de la révolution islamique constituée pour contrer les Moudjahidines du peuple.

7. Lc 16 août 1979 Khomeiny ordonne publiquement à ses troupes d'envahir le Kurdistan iranien.

8. Moussavi, premier ministre de Khomeiny pendant la guerre, affirme en septembre 1988 après le massacre des prisonniers politiques : « Le slogan *Mort à l'Amérique*... s'est révélé le moyen le plus important dans la lutte contre les groupes communistes, maoïstes et les monaféghines [Moudjahidines] ; ce slogan a eu plus d'effet que les organes de renseignement dans l'anéantissement de ces groupes », le quotidien *Djomhouri-Eslami* (« République islamique »).

9. Après sa mise à l'écart par Khomeiny, Bazargan est utilisé comme opposition légale pour légitimer le régime. Lui-même décrit cet état des choses comme « une vie déshonorante de traître » dans l'ombre du *Valy-e-Faghih*. Vers la fin de sa vie en 1995, dans un entretien au quotidien *Frankfurter Allgemeine* il avoue que le régime n'avait le soutien que de 5 % de la population.

10. Organisation marxiste fondée dans les années 1970 qui mena une lutte armée contre le chah.

11. Singulier de pasdaran.

12. Titre du clergé chiite, moins élevé dans la hiérarchie qu'un ayatollah.

13. Candidat de l'OMPI aux premières législatives dans la province de Kermanchah, il a obtenu de nombreux suffrages mais a été empêché de

siéger par Khomeiny (comme beaucoup d'autres candidats d'opposition).
14. Se reporter au témoignage accablant d'Hengameh Haj Hassan : *Face à la Bête. Des Iraniennes dans les prisons des mollahs*. Jean Picollec. 2005.
15. Situé à Karaj à 45 km à l'ouest de la capitale.
16. « Mémoires de l'ayatollah Montazeri », chapitre 9, page 28, 2006.
17. *Opus cit.*, chapitre 9, pages 28 et 29.
18. *Opus cit.*, chapitre 9, pages 25.
19. *Opus cit.*, chapitre 11, page 21.

CHAPITRE 3

Les gardiens de la Révolution dans la guerre contre l'Irak

Après avoir passé plusieurs années en exil en Irak, Khomeiny qui en a été expulsé en 1978 vers la France, rêve d'un retour éclatant par l'instauration d'une république islamique en Irak. Dès l'installation du nouveau pouvoir iranien, les médias laissent libre cours à la propagande appelant le peuple irakien à un soulèvement. Ces provocations sont le prélude à un avenir sombre. Alors que chaque jour les forces libérées par la révolution réclament la mise en œuvre de leurs aspirations, à savoir la liberté, la démocratie et une société plus juste, Khomeiny, lui, cogite quelque chose qui n'a rien à voir avec les souhaits des Iraniens : un régime moyenâgeux. Or le peuple veut une société moderne, tournée vers l'avenir, qui le sorte de la dictature monarchiste. Aux yeux du peuple, une vie meilleure est une nécessité. Pour Khomeiny, l'économie est « réservée aux ânes ». C'est pourquoi le régime que Khomeiny veut bâtir est incapable de répondre aux exigences les plus élémentaires de la population. L'énergie libérée par la révolution doit donc être déversée dans la fournaise de la guerre, sinon c'est le régime lui-même qui disparaîtra. Il est clair que la première guerre étrangère pour Khomeiny ne peut se faire qu'avec l'Irak.

En 1979, Ibrahim Yazdi, alors ministre des Affaires étrangères du premier gouvernement après la chute du chah, dévoile les objectifs du régime vis-à-vis de l'Irak. Il trace le portrait du premier ambassadeur de la « République islamique » en Irak : « Il faut envoyer un ambassadeur au fait de la situation en Irak, capable d'établir les relations nécessaires, logiques et clandestines avec les groupes musulmans opposés au régime irakien à l'intérieur de ce pays. »

En avril 1980, l'ayatollah Montazeri qui est à l'époque le dauphin désigné de Khomeiny, lui déclare : « Ces jours-ci nos frères irakiens viennent à nous régulièrement. Ils nous disent que, de la même manière qu'il a dirigé la révolution iranienne, son excellence l'imam Khomeiny devrait diriger la révolution en Irak[1] ». Le 9 août 1980, le quotidien *Djomhouri Eslami* qui appartient au parti au pouvoir écrit : « Sur ordre de l'imam et commandant en chef, les forces de la Révolution se déclarent prêtes à occuper l'Irak avec le soutien des musulmans ». Depuis cette date, les déclarations des autorités et la presse officielle regorgent d'invitations à l'ingérence dans les affaires intérieures de l'Irak et de provocations contre le pouvoir de Bagdad. Ces déclarations vont jusqu'à appeler au changement et au renversement du gouvernement. Cela prépare le terrain au déclenchement de la guerre entre l'Irak et l'Iran.

Il ne fait aucun doute que l'attaque de l'Irak contre l'Iran est une grave erreur que Khomeiny saura exploiter. Mais quand deux ans plus tard, l'Irak se retire de la plupart des territoires iraniens et demande la signature d'un cessez-le-feu, Khomeiny rejette cette offre. Le conflit se poursuit encore six ans, mais cette fois c'est l'Iran des mollahs qui devient l'agresseur. Une agression flagrante contre l'Irak aux cris de « La libération de Jérusalem passe par Kerbala[2] ».

La guerre contre l'Irak crée les conditions favorables à la mission à l'étranger des pasdaran, à savoir l'exportation de la révolution. Tout cela joue un rôle déterminant dans la formation de cette force.

La première organisation des pasdaran avant la guerre avec l'Irak n'entre pas dans un modèle classique. Elle est influencée par des éléments comme Mostafa Chamran[3] et Jalaledine Farsi[4] qui avaient pris exemple sur les groupes paramilitaires et les milices existant au Liban. Mais la participation des pasdaran à la guerre pousse peu à peu cette organisation à s'organiser de manière classique et militaire.

En 1980, une unité consacrée aux activités extérieures est formée au sein même du bureau politique des pasdaran sous le nom d'unité des mouvements de libération. Dès le début, elle entretient des relations étroites avec l'unité de renseignement des pasdaran qu'elle rejoint en 1984. En constituant cette unité, la doctrine du Guide suprême trouve ainsi le bras nécessaire à la mise en œuvre d'un principe essentiel : l'ingérence dans les autres pays.

Le 22 septembre 1980, l'Irak attaque la ville de Khorramchahr[5]. Les pasdaran entrent en guerre immédiatement. Ils rassemblent la plupart de leurs forces dans Téhéran et les grandes villes pour les envoyer au front. D'abord en s'appuyant sur l'expérience de Mustafa Chamran au Liban, les pasdaran lancent des opérations de commandos. Ils ne participent pas de manière indépendante dans les batailles. Au début du conflit, le rôle des pasdaran est marginal, comme une force d'appoint pour l'armée. Au front, ils s'occupent plutôt des épurations et de la répression des forces d'opposition venues défendre le pays. C'est ainsi que de nombreux Moudjahidines du peuple sont arrêtés sur les champs de bataille. Comme au début de la guerre, tout n'est pas encore contrôlé par le régime et certaines forces politiques, particulièrement les Moudjahidines du peuple, dépêchent leurs forces pour la défense de Khorramchahr, les pasdaran se chargent de leur arrestation et de leur élimination. Ils exercent ainsi le rôle qu'ils jouent dans l'ensemble du pays, même contre des volontaires venus défendre la patrie.

Petit à petit, les pasdaran voient leur rôle grandir sur le front. L'hiver 1981 connaît leurs premières opérations indépendantes. Progressivement, ils forment des unités classiques en se calquant sur l'armée.

La libération de Khorramchahr change la nature de la guerre

En octobre 1980 et jusqu'en mars 1982, les pasdaran lancent des opérations importantes. Le siège du port d'Abadan est brisé. Ils se battent en brigades sous le commandement de l'armée, la première d'entre elles voyant le jour début 1982. Cela va permettre d'enclencher des opérations plus importantes[6].

C'est après l'opération Beit-ol-Moghadass qui aboutit à l'évacuation de Khorramchahr par l'armée irakienne le 24 mai 1982, que les pasdaran montent en première ligne. Ils établissent leurs propres bases dans la première moitié de 1982. Des brigades indépendantes, essentiellement formées de fantassins de trois à quatre bataillons, sont mises sur pied. Elles sont lancées dans les opérations de contre-attaque ou restent en réserve, lors des opérations communes entre les pasdaran et l'armée.

Après le retrait de l'Irak de Khorramchahr et sa demande d'un cessez-le-feu et de la paix, la nature de la guerre va connaître un bouleversement. L'Irak s'est alors retiré de l'essentiel du territoire iranien. La guerre n'est donc plus un acte de défense de la patrie. C'est pourquoi, on s'attend à ce que Téhéran accepte l'offre de cessez-le-feu suivi de la signature d'un accord de paix. Mais Khomeiny, qui considère la guerre comme « un don divin » a autre chose en tête. Rusé, il comprend que la poursuite de la guerre lui donnera l'occasion d'étouffer plus aisément l'opposition, de bloquer la société et de lui faire oublier les revendications essentielles, de dissimuler les lacunes dues à la nature rétrograde de son régime et l'absence de compétence dans le développement du pays. Il peut mettre tout ceci sur le dos de la guerre. D'autant plus qu'elle lui ouvre les portes de l'exportation de l'intégrisme vers l'Irak, puis vers la région toute entière. Ainsi peut-il, en mobilisant les forces intégristes des autres pays musulmans, peser sur l'équilibre des forces puisqu'il sait que son soutien populaire est en passe de fondre comme neige au soleil. En refusant le cessez-le-feu et en continuant la guerre, le conflit devient agressif, illégitime et impopulaire. C'est pourquoi l'attitude de la population change.

Deux ans après le déclenchement du conflit, une analyse confidentielle du Parti de la république islamique au pouvoir, et parvenue aux mains des Moudjahidines du peuple, souligne que « même si nous parvenons à obtenir de nombreux avantages du régime irakien, il n'existe à nos yeux aucune paix victorieuse (...). Une des conditions essentielles de tout accord de paix consiste dans la non-ingérence des affaires des deux pays (...) si la révolution islamique ne voulait avoir de sensibilité à l'égard des réalités au-delà de ses frontières et si elle était décidée à ne pas faire connaître la vérité de l'islam aux autres nations, alors la guerre entre l'Irak et l'Iran n'aurait jamais eu lieu. »

La guerre qui pouvait se terminer au lendemain du retrait des forces irakiennes de Khorramchahr va donc continuer six ans. Cela entraîne la destruction de 87 villes, 3 000 villages et la mort d'un million de personnes du seul côté iranien. C'est une des guerres les plus longues et les plus sanglantes du Moyen-Orient. Lors d'un sermon à la prière du vendredi le 31 octobre 1997, Rafsandjani reconnaît que 360 000 enfants du primaire et du secondaire ont péri sur le front. Il admet également qu'un siècle de revenus pétroliers du pays, à savoir 1 000 milliards de dollars, ont été déversés dans la fournaise de la guerre.

Contrairement à la propagande officielle du régime, le peuple iranien rejette l'entêtement de Khomeiny à continuer la guerre, la jugeant contraire aux intérêts de la nation. Au point qu'aujourd'hui, l'ensemble des autorités de tout bord s'efforcent d'en rejeter la responsabilité uniquement sur Khomeiny.

On entend les lobbies des mollahs faire de cette guerre un critère de popularité du régime et du patriotisme du peuple iranien. Ils oublient que c'est avant tout parce qu'il manquait de volontaires pour poursuivre la guerre que Khomeiny a été contraint d'accepter la défaite. Ils oublient aussi que l'un des sujets de protestation des étudiants iraniens ces derniers temps est de refuser qu'on enterre les ossements des victimes de la guerre comme martyrs dans l'enceinte de leurs universités.

L'évolution de la population et la découverte de la nature de la guerre ne sont pas chose facile d'autant plus que l'appareil de propagande de Khomeiny déploie tous ses efforts pour justifier sa décision. Ce qui a transformé le dégoût de cette guerre en un mouvement politique mûr lié au combat pour la liberté s'est produit hors d'Iran bien loin du front, plus particulièrement à Auvers-sur-Oise, au nord de Paris.

En 1982, les agences de presse et les journalistes affluent dans cette petite ville où siège l'opposition, quand le Conseil national de la Résistance iranienne (CNRI) annonce la signature d'un communiqué commun de paix entre le dirigeant de la Résistance Massoud Radjavi, et le vice-premier ministre irakien et ministre des Affaires étrangères, Tarek Aziz. Le CNRI présente ensuite un plan de paix pour la guerre Iran-Irak qui va être adopté et publié par le gouvernement irakien comme base acceptable de négociation. La signature de ce communiqué commun entre la principale opposition au régime et le gouvernement irakien, six mois après le retrait des forces irakiennes de la majeure partie du territoire iranien ne peut laisser personne indifférent. Le régime s'efforce alors de le présenter comme une collaboration des Moudjahidines et du CNRI avec l'ennemi. En mettant le doigt sur le bellicisme de Khomeiny, le CNRI fait du *Velayat-e-Faghih* le principal ennemi du peuple iranien. Il met en avant qu'à partir du moment où l'Irak s'est retiré du territoire iranien, la guerre devient illégitime. En hiver 1983, le CNRI présente son plan de paix sur la base des accords d'Alger de 1975[7]. L'Irak le reconnaît comme une base acceptable de négociation. Ainsi le maléfice de la guerre de Khomeiny est-il politiquement brisé. Ce plan de paix reçoit un vaste soutien international : plus de 5 000 parlementaires et personnalités politiques et sociales, ainsi que des instances comme l'Internationale socialiste ou le Parlement européen.

Alors que la poursuite de la guerre est pour le régime de Khomeiny plus que vitale, puisqu'il déclare qu'elle est « source de vie » et qu'il considère la paix comme « l'enterrement de son pouvoir », le CNRI donne une importance stratégique au slogan de la paix à côté de la revendication des libertés. Cette politique est activée en Iran par les sympathisants et les forces des Moudjahidines qui la défendent partout jusque dans les points les plus reculés. Le mécontentement social dû à la guerre et à la répression fait que ce slogan de paix et de liberté reçoit un accueil favorable des Iraniens.

La Résistance condamne avec force la guerre des villes attaquées par des missiles et les bombardements des zones civiles, l'usage des armes chimiques et de destruction massive d'où qu'ils viennent. Les appels du président du CNRI au gouvernement irakien pour arrêter le bombardement des villes iraniennes sont observés à plusieurs reprises et renforcent l'accueil que réserve le peuple au slogan de la Résistance. Ce bras de fer montre avant tout aux Iraniens que si Khomeiny veut mettre fin à la guerre, c'est possible sur-le-champ. Les efforts de la Résistance à l'étranger comme en Iran pour dénoncer la nature du conflit se révèlent si efficaces que la population n'envoie plus de volontaires au front. Les familles tentent de cacher ou d'envoyer à l'étranger leurs enfants, pour ceux qui en ont les moyens. Les pasdaran procèdent alors au recrutement de force dont les premières victimes sont les enfants du primaire et du secondaire. La presse officielle publie alors des photos de classe vides dans les écoles. Le ministre de l'Education se vante dans son bilan que 400 000 élèves ont été envoyés au front.

A cette époque dans les livres de *fatwas* officielles de Khomeiny, on peut lire, à propos de la guerre, des réponses horribles à certaines questions :

« Question : dans les conditions actuelles, l'accord des parents est-il nécessaire pour aller au front ?

Réponse : Au nom de Dieu tout Puissant, tant que le front a besoin de troupes, aller au front est un devoir et ne nécessite pas l'accord des parents ».

Ainsi, les pasdaran sont autorisés au coin d'une rue, sur le chemin du retour de l'école, à arrêter des adolescents de 14-15 ans sans même en informer les parents et à les envoyer au front. Combien de parents ne voyant pas revenir leurs enfants de l'école, ne sauront jamais le terrible sort que les pasdaran leur ont réservé.

Entraîner des adolescents dans la guerre est un crime horrible. Les pasdaran utilisent massivement ces enfants en vagues humaines en leur mettant une clé autour du cou qui leur assure soi-disant l'entrée au paradis. Ils les obligent à s'envelopper dans une couverture et à sauter avec des milliers d'autres camarades sur les champs de mines. Ainsi les pasdaran déminent ces terrains avec des enfants dont le corps est déchiqueté. Le général Mohsen Rezaï, alors commandant en chef des pasdaran, fait un aveu terrible en qualifiant ces enfants de « soldats jetables » ou « à usage unique » *(Sarbaz-é-yekbar-Masraf)*.

Dans ce livre des fatwas, on peut lire d'autres déclarations choquantes qui montrent la nature sauvage de ce vieillard obscurantiste qu'était Khomeiny :

> « Question : est-il permis de tuer des vieillards et des enfants qui collaborent avec les forces du mal ?
> Réponse : Au nom de Dieu Tout Puissant, ils doivent être considérés comme des agresseurs. »

Khomeiny ne pouvait être plus clair pour autoriser le massacre de civils innocents, y compris celui des enfants.

Ces ordres n'ont rien à voir avec l'Islam, d'autant plus que l'Histoire témoigne de l'attention particulière du Prophète de l'Islam de ne pas porter atteinte aux personnes, même en cas de guerre. Voici quatorze siècles, Mahomet appelait à un comportement humain avec les prisonniers de guerre. Des valeurs qui sont restées à jamais inscrites dans la mémoire des musulmans. Alors on ne peut comprendre d'où Khomeiny a pu tirer tant de violence et de haine. En tout cas, il s'agit du condensé de ce qu'il y a de plus vil, de plus haïssable et de plus criminel de la pensée barbare et inhumaine.

Ces boucheries aiguisent le mécontentement de la société iranienne. A l'étranger, certains s'allient au pouvoir des mollahs et attaquent la politique de paix des Moudjahidines et le rôle qu'ils jouent pour contraindre Khomeiny à se plier à la volonté des Iraniens contre la guerre. Ils leur collent l'étiquette de collaboration avec l'ennemi et prétendent que la guerre de Khomeiny est populaire et que les Moudjahidines ne le sont pas. Il faut leur demander ce qu'ils défendent. Il faut leur demander ce qu'ils ont fait pour contrer une des aventures militaires les plus folles de l'histoire contemporaine. Quoi qu'il en soit, chaque jour en Iran les protestations contre la guerre se multiplient. Mais Khomeiny qui bien avant le conflit, comme le disait Montazeri, rêvait d'exporter la révolution en Irak, a trouvé l'occasion idéale de réaliser son rêve. Le slogan de Khomeiny à partir de ce moment-là est de « libérer Jérusalem en passant par Kerbala », c'est-à-dire, atteindre Jérusalem en occupant la ville où est enterré le troisième Imam chiite. Ainsi, à cause du changement de nature de la guerre, Khomeiny ne trouve aucun intérêt dans les slogans nationalistes pour motiver ses troupes, et s'efforce de les tromper par le biais d'une motivation idéologique.

Pendant ce temps, l'absence de motivation dans la population confronte le déploiement de force des pasdaran dans la guerre avec de sérieux problèmes. Entre 1982 et 1983 le corps des gardiens mène quelques petites opérations. En février 1984 il se lance dans l'opération Kheibar pour occuper les îles Majnoune et la ville stratégique de Bassora. Mais l'opération se solde par un échec. Jusqu'en février 1986 et la prise du port de Fao, le régime des mollahs n'emportera aucune victoire significative.

L'implication totale des pasdaran dans la guerre

Après l'échec de la bataille de Kheibar[8], Khomeiny s'est vu contraint d'intervenir et en rejette la responsabilité sur les Moudjahidines du peuple. En septembre 1984, le corps des pasdaran organise un séminaire intitulé *Boniad Marsous* (fondement solide) pour vérifier les causes de l'échec, à l'issue duquel il décide de modifier complètement les structures des pasdaran. L'analyse dit que les pasdaran n'ont pu ancrer la totalité de leurs forces dans la guerre, puisqu'une partie considérable d'entre elles est retenue dans les villes à réprimer et à contrer les Moudjahidines du peuple.

En octobre 1984, la guerre devient la principale mission du corps des pasdaran. Ainsi 3/5 de ses forces sont consacrées à la guerre et 2/5 à la répression dans les villes. La responsabilité des missions de protection qui dépendaient jusque-là des pasdaran est confiée aux Komiteh. L'organisation géographique des pasdaran change, se transforme en cinq grandes régions. Le QG principal s'installe à l'ancienne caserne de Qasr Firouzeh à Téhéran.

Le ministère du Renseignement constitué avec les pasdaran

L'une des conséquences de la restructuration des pasdaran est la formation du ministère du Renseignement (Vevak). En 1984, le Majlis adopte la constitution du Vevak et le mollah Mohamad Mohamadi-Reychahri est le premier à occuper ce ministère. Reychahri prend en main le personnel des pasdaran qui servait à la répression pour former les cadres et le personnel de son nouveau ministère. Ainsi 90 % du personnel du Vevak sont issus des pasdaran. Des éléments, formés au renseignement, du corps des pasdaran y sont affectés. Les autres viennent des tortionnaires du pouvoir judiciaire, du personnel des renseignements du premier ministre et des Komiteh.

La formation des trois forces des pasdaran

Au fur et à mesure, les contraintes de la guerre ont entraîné la constitution d'unités navales et terrestres entraînées à la plongée et aux opérations de débarquement. Une unité aérienne est aussi constituée pour protéger les déplacements confidentiels par avion. Le 17 septembre 1985, Khomeiny ordonne la formation des trois forces terrestre, navale et aérienne des pasdaran. En février suivant, les forces du régime occupent le port irakien de Fao. Cette victoire crée l'illusion que le régime est à la veille d'une victoire décisive. Dès lors, le mot d'ordre des mollahs devient « guerre, guerre jusqu'à la victoire » et « guerre, guerre jusqu'à la disparition de l'arrogance mondiale ». Ils comptent ainsi, une fois victorieux en Irak, s'occuper du reste du Moyen-Orient. Après l'occupation de Fao, le régime reprend son souffle dans le conflit. Constitués en trois forces, les pasdaran se dotent d'un organe national et d'un organe militaire. Le régime se prépare à des opérations de plus grande envergure. A l'époque les effectifs des pasdaran augmentent de manière considérable grâce au recrutement forcé dans l'ensemble du pays. Ils forment alors 120 divisions et brigades. Une telle ampleur nécessite une réorganisation. Ainsi, sur un plan géographique, de cinq régions, les pasdaran se divisent en 15 corps qui constituent l'organisation militaire. Pour son recrutement, chaque corps s'appuie sur une ou deux provinces. Cette organisation va durer jusqu'au cessez-le-feu.

Les lourdes défaites de Kerbala IV et V

Après ces préparatifs, le régime mise sur la stratégie de vastes offensives successives. Mohsen Rezaï, le commandant en chef, affirme que les recrutements forcés en 1986 équivalent à ceux de toute la période de la guerre.

Les pasdaran lancent une série d'opérations baptisées Kerbala, de Kerbala 3 à 8 jusqu'au milieu de 1987. L'objectif est d'occuper Bassora et de pénétrer dans le sud de l'Irak. L'opération principale s'intitule Kerbala 4 et a lieu le 24 décembre 1986 sur le front sud. La zone d'opération se situe dans les marécages de l'île de Minou. Les pasdaran lancent 400 000 hommes, dont 2 000 plongeurs de combat. Tout le succès de l'opération repose sur l'effet de surprise. Mais l'intervention d'un si grand nombre de soldats rend très difficile de garder le secret, d'autant que beaucoup de soldats se trouvent là contre leur gré. Par conséquent pas de surprise escomptée et l'opération tourne à la Berezina. La plupart des divisions des pasdaran participent à l'offensive. C'est le plus grand nombre d'hommes jamais envoyés dans une seule opération durant cette guerre.

Suite à cet échec, le 8 février 1987, les pasdaran déclenchent Kerbala 5 dans la région de Chalamcheh. L'ensemble du corps des pasdaran participe à l'opération avec le soutien de l'artillerie, de l'aviation, de l'armée et de sa défense antiaérienne. L'offensive va durer 50 jours. C'est l'opération la plus lourde de la guerre. Par cette succession d'offensives, le régime s'efforce d'obtenir une victoire relative pour contrer l'échec de Kerbala 4, mais il échoue complètement. Ces échecs brisent la capacité opérationnelle des pasdaran. A la suite de quoi, la mobilisation s'effondre. Les pasdaran qui sont depuis le début une force idéologique ne sont plus capables de recruter leurs propres cadres parmi les volontaires. Des soldats appelés font leur entrée au sein des gardiens de la Révolution. Il s'agit d'appelés qui font leur service militaire et qui sont le quota réservé aux pasdaran. Ce nouveau recrutement les éloigne définitivement d'une armée idéologique. Les conséquences de ces échecs font que la force terrestre des pasdaran abandonne le front sud et se déploie au nord-est pour mener des actions communes avec l'opposition irakienne dans de petites opérations de guérilla en 1987 depuis la base Ramezan.

Les bases de commandement

Au fur et à mesure que le rôle des pasdaran prend de l'ampleur, ses bases de commandement se constituent sur les différents fronts. Elles ont une importance particulière, d'autant plus qu'après la guerre elles vont continuer d'exercer un rôle.

La base Khatam assure le commandement joint des bases de l'armée et des pasdaran qui coordonne les opérations. Hachémi Rafsandjani alors commandant en chef des Forces armées forme un QG au Majlis à Téhéran, le « bureau de la base Khatam ». C'est ainsi qu'il gère la guerre depuis la capitale (Rafsandjani est président du parlement). Après Rafsandjani, c'est le mollah Hassan Rohani qui prend la tête des affaires militaires[9] et ses décisions concernent les opérations et les offensives des pasdaran et de l'armée. La base Khatam dispose de diverses bases des pasdaran sous son commandement.

Sur le front nord-ouest, la base Hamzeh a pour mission de commander les offensives dans la région du nord de Marivan jusqu'à Piranchahr. Sur le front ouest, la base Nadjaf est chargée de la région du sud de Mehran jusqu'au sud de Marivan. Au sud, Kerbala est la base principale et l'avant-garde de la force terrestre des pasdaran sur le front sud. La région dépendant de cette base va du sud de Mehran jusqu'à Chalamcheh.

Nouh est la base navale des pasdaran dont la zone d'opération va du sud d'Abadan jusqu'à Chalamcheh.

En 1984, le régime tente, en relation avec la poursuite de la guerre de menacer et de faire pression sur les pays du golfe Persique par des actions terroristes pour les dissuader de soutenir l'Irak, voire les forcer à composer avec le pouvoir des mollahs pour renverser le gouvernement irakien.

En outre, une grosse partie des activités des pasdaran s'occupe de l'organisation d'une section irakienne pour renverser Saddam Hussein.

Pour atteindre ces deux objectifs, au QG central des pasdaran trois bases sont conçues pour développer les opérations irrégulières et terroristes. Il s'agit de la base Ramezan, chargée de l'Irak, de la base Ansar consacrée à l'Afghanistan et au Pakistan et de la base Bilal pour exporter le terrorisme vers d'autres pays.

La base Ramezan établit des relations officielles avec plusieurs groupes d'opposants à Saddam Hussein. Elle mène des opérations clandestines en Irak jusqu'en 1986. La brigade spéciale Nasr, forte de 75 hommes d'élite des pasdaran, mène des opérations de commando au départ de cette base. Dans ce groupe d'élite, on trouve des pasdaran comme Jaffari Sahraroudi, Mahmoud Ahmadinejad, Hachémi Samareh qui sont des responsables clés du pouvoir aujourd'hui.

Durant la guerre entre l'Iran et l'Irak, les pasdaran participent à la formation de l'Assemblée suprême de la Révolution islamique d'Irak (ASRII). Cette force est constituée sur ordre de Khomeiny dans le but d'instaurer un clone de son régime en Irak. Le bras armé en est la brigade Badr qui est constituée et entraînée par les pasdaran. Après l'échec militaire, les pasdaran utilisent de plus en plus la brigade Badr dans leurs opérations clandestines en Irak.

L'échec de la guerre et l'acceptation du cessez-le-feu

Les échecs des offensives Kerbala ont brisé les capacités des pasdaran. En 1987 et au début 1988 la mobilisation militaire est en chute libre. Par ailleurs, la campagne pour la paix des

Moudjahidines du peuple se développe en Iran. A tel point que le régime se trouve confronté à des mouvements de protestation et même à des manifestations d'opposition à la guerre. En même temps, la fondation de l'Armée de libération nationale iranienne[10] (ALNI) à la frontière irano-irakienne, et les opérations de cette armée d'opposition, ravivent l'espoir d'un renversement possible du régime. Cela a un effet négatif considérable sur les capacités de mobilisation et stimule la désertion. Une des particularités de cette période est l'adhésion massive de soldats et même de pasdaran sur le front à l'ALNI.

On peut dire sans aucun doute qu'en plus des échecs des pasdaran dans les opérations de Kerbala et sur le front sud, la prise de la ville de Mehran le 20 juin 1988 par l'ALNI est un facteur-clé dans la décision de Khomeiny de renoncer à poursuivre le conflit avec l'Irak. Après cette opération, on peut dire que le navire de guerre de Khomeiny a fait naufrage.

Le 20 juin, l'ALNI libère Mehran en mettant hors de combat deux divisions, la 11e des pasdaran et la division blindée de Qazvine de l'armée, toutes deux étant des troupes d'élites. Cette opération rapporte un butin de guerre de plus de 2 milliards de dollars à l'ALNI. Le slogan « Aujourd'hui Mehran, demain Téhéran » des combattants de l'ALNI fait réfléchir Khomeiny qui réalise que ce mot d'ordre peut se concrétiser. C'est pourquoi à partir de cette date, il va jusqu'à oublier qu'il disait « nous continuerons la guerre jusqu'à la dernière pierre debout à Téhéran ». Il commence alors à penser à accepter le cessez-le-feu, d'autant plus que le 3 juin 1988, Mohsen Rezaï commandant en chef des pasdaran lui écrit une lettre significative : « Nous n'aurons pas de victoire possible d'ici cinq ans. Il est possible que d'ici là, si nous obtenons les instruments nécessaires, nous puissions obtenir une capacité opérationnelle de destruction et de confrontation. Si en mars 1993, nous disposons de 305 brigades d'infanterie, 2 500 chars, 3 000 canons, 300 avions de guerre, 300 hélicoptères et la capacité de construire un nombre considérable d'armes laser et nucléaires qui seront nécessaires à la guerre à cette époque, alors on pourra dire que, si Dieu le veut, nous pourrons mener des opérations offensives. Il faut noter que les effectifs du corps des pasdaran doivent se multiplier par sept et ceux de l'armée par deux et demi (…) ».

Ainsi Khomeiny, n'ayant plus l'espoir d'obtenir la victoire, voit la menace de l'ALNI s'étendre de plus en plus. Dans une lettre du 16 juillet 1988, il s'adresse aux dirigeants et faisant allusion au courrier de Mohsen Rezaï déclare être dans l'obligation d'accepter le cessez-le-feu. Quelques jours plus tard, le 28 juillet 1988, annonçant avoir été contraint d'avaler le poison du cessez-le-feu, il se résigne à l'armistice.

Les nouvelles opérations des pasdaran après le cessez-le-feu

Les feux de la guerre éteints, les pasdaran restent un bras armé. La moitié de ses effectifs reste au front et l'autre moitié est transférée à l'arrière. Le ministère des Pasdaran est intégré à celui de la Défense et en prend le contrôle. Il obtient un budget important pour son réarmement et ses équipements.

Avec l'échec de la guerre et le cessez-le-feu, les pasdaran qui avaient confié la répression intérieure au Vevak et s'étaient consacrés aux combats, se retrouvent dans une situation mettant en cause leur raison d'être. La rumeur de leur dissolution grandit. La question est à l'ordre du jour : que sera la mission des pasdaran ? Le régime est face à un choix : aller du cessez-le-feu vers la paix, provoquer un bouleversement et une transformation, ouvrir un champ d'expression pour la population, réduire la répression et déboucher sur une ère de reconstruction après les séquelles de la guerre ? Dans ce cas la dissolution des pasdaran se justifie. Mais Khomeiny et ses successeurs choisissent une autre voie. Khomeiny sait fort bien que cette option n'aboutira pas à une réforme mais à un changement de régime. Il ne lui est pas difficile de conclure qu'aucune réforme n'en restera à ce stade mais se transformera en une nouvelle révolution qui cette fois-ci chassera les mollahs. C'est pourquoi parallèlement au cessez-le-feu, il décide de durcir la répression. Une répression qui se manifeste par le massacre de la totalité des prisonniers politiques.

Cependant, la paix ne sera jamais signée entre l'Iran des mollahs et l'Irak. Bien que Khomeiny ait avalé la coupe de poison du cessez-le-feu, il n'est pas prêt à signer la paix. Il laisse ainsi ouverte la voie à l'exportation de la révolution en Irak et dans les autres pays de la contrée. Avec cette option les pasdaran doivent jouer un rôle plus prépondérant que par le passé. En 1988, dans une révision importante de la structure des pasdaran, des décisions majeures sont prises. Ils continuent à exister en tant que bras armé du régime. Mais le retour à la vie civile des appelés a réduit les effectifs au cinquième.

La mort de Khomeiny et la formation des cinq forces des pasdaran

Après le début de la guerre Iran-Irak, le plus haut organe de décision militaire du régime est le conseil suprême de la défense. Il s'agit d'un ensemble formé des diverses factions du régime. Il est présidé par Khamenei et le numéro deux, Rafsandjani, qui préside alors le Majlis.

Selon la constitution, le commandement en chef des Forces armées est du ressort du *Vali-e-Faghih*. Au début de la guerre, Khomeiny le confie à Bani Sadr alors président de la République. Mais après sa destitution en juin 1981, il ne l'a plus confié à la présidence et l'a conservé jusqu'au 2 juin 1988. A cette époque, il fait de Rafsandjani le commandant en chef en exercice et dans la pratique, c'est bien le président du Majlis qui mène les affaires de la guerre, et non Khamenei qui depuis 1981 est devenu président de la République. Quand Mohsen Rezaï envoie ce message d'alerte à Khomeiny et l'invite à accepter le cessez-le-feu, Rafsandjani veut poursuivre la guerre. Bien qu'après coup il ait prétendu le contraire, pour faire porter toute la responsabilité à Khomeiny et se laver de la responsabilité de la poursuite de la guerre tant honnie par la population.

Durant la guerre, les affrontements et les tensions entre l'armée et les pasdaran se multiplient, surtout quand le régime n'enregistre plus aucun succès sur le front. L'armée hait les pasdaran et de plus Khomeiny ne fait aucune confiance aux officiers de l'armée. C'est pourquoi il s'efforce de placer à son commandement des hommes peu gradés mais de confiance comme Sayad Chirazi. En outre, en y créant une inquisition dite « idéologico-politique » par le biais de mollahs chargés de la délation et de l'inquisition, il compte en contrôler le personnel. Ces mesures sont extrêmement impopulaires dans l'armée, qui pendant la révolution a rejoint le peuple et s'est montrée solidaire de ses aspirations. Une grande partie du personnel de l'armée sympathise avec l'opposition et particulièrement avec les Moudjahidines du peuple. Dans un rapport confidentiel à Khomeiny, le commandant de l'armée de l'Air, l'avait informé que 40 % du personnel des forces aériennes, au lendemain de la Révolution, sympathisaient avec les Moudjahidines du peuple. Les conflits internes durant la guerre se multiplient avec le développement des pouvoirs des pasdaran. Le crash d'un avion rempli de commandants de l'armée en octobre 1981 permet aux pasdaran d'exercer un contrôle encore plus strict. On dénombre, même à cette époque, des affrontements armés entre les militaires et les pasdaran. Pour empêcher une plus grande confrontation, Khomeiny charge Rafsandjani d'y remédier tout en conservant l'hégémonie des pasdaran. En 1987, Rafsandjani met en place le bureau de la base Khatam au Majlis. Le commandant de la base Khatam est Mohsen Rezaï et son adjoint le colonel Sayad Chirazi, un fanatique cruel de l'armée qui a trempé dans l'épuration des patriotes opposés aux mollahs.

Malgré ces changements, l'existence de multiples centres de décision, comme le conseil suprême de la logistique de la guerre sous la direction du premier ministre ou le conseil supérieur de la Défense sous la direction de Khamenei, empêche Rafsandjani de contrôler le commandement. C'est pourquoi le 2 juin 1988, Khomeiny nomme officiellement Rafsandjani, pour le remplacer, à la tête des Forces armées et le charge de constituer le QG de commandement de l'ensemble des forces. La mission de Rafsandjani est d'assurer la coordination totale entre les Forces armées et la concentration dans les industries militaires[11]. Un an après avoir avalé le poison du cessez-le-feu, Khomeiny meurt. Les Iraniens ont pris l'habitude de dire que ce poison a enfin fait son effet, car il n'a pas pu survivre à la fin de la guerre.

Avec la mort de Khomeiny, l'Assemblée des experts, contrairement à la constitution du régime et en se basant sur un de ses articles qui n'avait pas encore été approuvé, choisit pour lui succéder Khamenei qui, dans la hiérarchie du clergé chiite, n'a qu'un rôle subalterne. Khamenei qui a fait partie des principaux dirigeants du régime, est président de la République avant la mort de Khomeiny. En réalité sa prise de pouvoir est le fruit d'accords passés en coulisses entre les différentes factions, notamment Rafsandjani. C'est pourquoi Rafsandjani est devenu le numéro deux et a été choisi pour la présidence de la République. La mort de Khomeiny a également entraîné d'importantes transformations dans les structures militaires du pays et particulièrement chez les pasdaran.

Le premier changement a été pour Khamenei en septembre 1989 : il retire à Rafsandjani son grade de commandant en chef des Forces armées ; il le prend en main et l'a conservé jusqu'à présent. Ainsi le Guide suprême devient dans la pratique le commandant des Forces armées et des pasdaran.

Suite aux discussions sérieuses qui ont suivi la fin de la guerre, la mort de Khomeiny place également le régime devant un double choix. Khamenei choisit de suivre le testament de Khomeiny[12] et adopte la ligne qu'il a tracée. Le choix de Khamenei en tant que commandant en chef des Forces armées est d'apporter des modifications dans les organes militaires du régime, dont l'ensemble des éléments gouvernementaux et non militaires ont été épurés du QG. Le QG commun de l'armée est confié au général Chahbazi et le commandement commun des pasdaran au général pasdar Mohammad-Baqer Zolghadr. Le QG de commandement général change de nom pour devenir le commandement général des Forces armées sous les ordres du pasdar Hassan Firouzabadi. Ce QG est au-dessus de l'armée et des pasdaran. Firouzabadi place très rapidement des colonels de pasdaran à la tête des diverses sections de ce QG, parachevant ainsi leur hégémonie sur l'armée. Mais le bouleversement le plus important pour consolider le pouvoir des pasdaran a lieu en 1990 quand Khamenei fait passer cette organisation de trois à cinq forces : la force terrestre, aérienne, navale, la force de résistance du Bassidj et la force *Qods*, consacrée aux opérations extérieures.

On avance des chiffres contradictoires sur les effectifs des pasdaran. Le régime tente, à son habitude, de les grossir. Mais la totalité des forces des pasdaran ne dépasse pas 179 000 hommes. Dans ce chiffre, il est à inclure les soldats pasdar qui font leur service militaire au titre du quota qui leur est réservé. Dans la plupart des cas, ces appelés n'ont aucune sympathie, ni pour le régime, ni pour les pasdaran. C'est pourquoi ils ne peuvent constituer une force sûre pour le régime. Et il existe autant de doutes sur sa fidélité en cas de bouleversement majeur, c'est pourquoi le régime ne doit plus compter que sur ses unités d'élite et de confiance concentrées au sein de la force *Qods*. La force aérienne qui est chargée des missiles n'a qu'un effectif limité, 5 000 hommes. Celui de la marine des pasdaran ne dépasse pas les 8 000[13].

Les grades au sein des pasdaran

Après la nouvelle organisation en cinq forces depuis 1991, les pasdaran sont dotés de grades. Avant cette date, il n'en existait aucun. On avait à faire à une force qui à l'origine était paramilitaire et qui au cours de la guerre s'est transformée en une force armée. Depuis 1992, les grades suscitent des problèmes au sein du personnel qui n'est pas habitué à l'ordre ni à la hiérarchie. Les pasdaran avaient recruté essentiellement dans le lumpen-prolétariat. La plupart d'entre eux sont illettrés et n'ont pas la capacité de régler les problèmes militaires et de commandement. La distribution des grades provoque un large mécontentement. En outre, le degré de formation des pasdaran ne correspond pas à leur grade. C'est pourquoi un plan est mis en place afin que certains commandants n'ayant pas les qualifications élémentaires puissent faire des études. Par exemple, on trouve des colonels quasiment illettrés. Ces enseignements permettent à certains officiers d'obtenir le bac. Le plus haut grade au sein des pasdaran est commandant de division, comme Mohsen Rezaï, puis viennent les commandants de brigade.

Après la répartition des grades, de nombreux commandants démissionnent : on les estime à plus de 2000. Afin d'empêcher que ce groupe ne se transforme en une force potentielle hostile au régime, il est décidé de les faire entrer dans des activités économiques, particulièrement au sein de la fondation des Déshérités qui est un organe de logistique financière pour les pasdaran et pour les actions du régime. Ce remède a momentanément mis fin à de nombreux mécontentements parmi les pasdaran.

Notes

1. Journal *Bamdad*, 14 avril 1980.
2. Ville sainte chiite en Irak où se trouve le mausolée du troisième iman chiite Hussein.
3. Un partisan de Khomeiny ayant vécu plusieurs années au Liban et dans le mouvement Amal qui engendrera le Hezbollah. Après la victoire de la révolution anti-monarchiste en Iran, il devient vice-premier ministre pour les Affaires de la Révolution et s'active au sein des pasdaran. Il a ensuite été nommé par Khomeiny ministre de la Défense. Chamran a été tué sur le front le 21 juin 1981.
4. Un membre du Parti de la république islamique, qui en raison de sa nationalité afghane (malgré son nom) a été écarté du premier tour de l'élection présidentielle.
5. Peuplée d'une minorité arabe.
6. Avec l'opération *Tarigh Ol Qods*, « le chemin de Jérusalem ».
7. Accords de paix conclus entre l'Iran et l'Irak, mettant fin au contentieux frontalier entre les deux pays.
8. En 1984, tentative pour occuper les îles Majnoune et Bassora sous contrôle irakien.

9. Hassan Rohani, qui jusqu'en 2005 est secrétaire du Conseil suprême de sécurité nationale, deviendra le négociateur en chef nucléaire avec les Européens.

10. Cette armée est fondée en 1986 après le départ de France vers l'Irak de Massoud Radjavi. Elle est formée de volontaires issus des rangs des opposants au régime des ayatollahs. Elle a mené une centaine d'opérations depuis la frontière irakienne contre les bases militaires de Téhéran.

11. Dans un décret, Khomeiny précise la mission de Rafsandjani : 1 – constituer un commandement général afin de préparer les conditions d'unité de l'ensemble des Forces armées. 2 – constituer une coordination totale entre les forces de l'armée, des pasdaran et bassidj et des forces de sécurité. 3 – constituer une concentration des industries militaires et obtenir du matériel. 4 – constituer une concentration dans les affaires de propagande et culturelles des Forces armées. 5 – utiliser convenablement et fermement les cours martiales et enfin préparer une meilleure utilisation des capacités des forces.

12. Une partie du testament de Khomeiny dit : « je conseille aux nations islamiques de prendre référence sur le régime de la République islamique et la nation combattante iranienne et de remettre à leur place de toute leur force les gouvernements despotiques qui ne se soumettraient pas à la volonté des nations qui est celle de la nation iranienne (…) et de les remplacer par un gouvernement islamique avec des républiques libres et indépendantes ».

13. Voir l'organigramme du corps des pasdaran en annexe n°3.

CHAPITRE 4

La nouvelle stratégie des pasdaran

La chute des taliban en Afghanistan (7 décembre 2001) et de Saddam Hussein en Irak (avril 2003), deux voisins de l'Iran, ainsi que la montée des protestations populaires dans le pays ont mis les mollahs le dos au mur. La menace, extérieure et intérieure, a déclenché l'alarme. C'est en réponse à cette situation que le Guide suprême Khamenei a opté pour une stratégie agressive à l'extérieur, et une politique répressive à l'intérieur. Il met fin à la mascarade de la modération, persuadé qu'une telle évolution déboucherait sur la fin de son régime, comme ce fut le cas à la fin du règne des Pahlavi. Avec l'élection de Jimmy Carter (1977) à la présidence des États-Unis et sa « promotion des droits de l'homme », le chah inféodé aux États-Unis a dû freiner la répression, ouvrant la rue aux millions d'Iraniens révoltés. Riche de cet enseignement, le régime actuel sait bien que tout signe de faiblesse peut entraîner l'imprévisible. C'est pourquoi Khamenei a établi un plan de sortie : premièrement, installer les pasdaran à tous les leviers du pouvoir et intensifier la répression pour contrôler l'opposition populaire. Deuxièmement, attribuer un rôle de premier plan aux pasdaran dans la politique étrangère. En ce qui concerne les pasdaran, ce virage nécessite l'élaboration d'une nouvelle stratégie. À cet effet, une cellule d'études est mise en place à l'université Imam Hussein, du corps des gardiens de la Révolution, pour adapter une réponse à la menace pesant sur son existence.

Le régime se savait plus isolé que jamais. En effet, il est incapable de susciter les grandes mobilisations comme à l'occasion de la guerre Iran-Irak pas plus que d'effectuer un recrutement massif. Par ailleurs, le danger de l'opposition et des réseaux des Moudjahidines du peuple dans le pays, un mécontentement exacerbé de la population et la radicalisation de ses mots d'ordre font trembler le pouvoir. Même si le régime considère qu'une invasion militaire est peu probable, elle ne doit pas être complètement négligée ; il a donc besoin d'une force qui lui permette d'affronter une insurrection populaire organisée et en même temps de contrôler la situation en cas d'agression militaire. Cette stratégie est essentiellement fondée sur la tactique de la terreur et de l'intimidation : profiter de la position de complaisance de l'Occident et préserver le système en adoptant une approche frontale. Khamenei s'est même exprimé sur cette ligne de conduite : « Ce n'est pas pour notre faiblesse qu'ils renonceront à leur agression, ils doivent plutôt voir notre puissance… ».

Le 12 décembre 2004, l'amiral Abazari, un commandant de la marine des pasdaran, énonce les caractéristiques de la nouvelle stratégie des pasdaran :

— Préserver et dissimuler les forces pour ensuite infliger des coups à l'ennemi.
— Ne pas affronter de face l'ennemi puisque son arsenal militaire est bien supérieur.

Par conséquent, poursuit l'amiral Abazari, il faut adopter les solutions qui s'offrent à nous :

— Préparer la société à des opérations suicides en recrutant massivement des volontaires ;
— Faire preuve de souplesse structurelle et de mobilité militaire en constituant des unités mobiles à réaction rapide et armées de missiles portables anti-hélicoptère ;
— Déjouer l'ennemi et l'attaquer par surprise ;
— Augmenter sensiblement la portée des missiles ;
— Déplacer le conflit sur le territoire de l'ennemi.

En résumé, la nouvelle stratégie du régime qui s'appuie principalement sur les pasdaran, comporte ces éléments-clés : l'intimidation par la terreur, les opérations suicides (même en territoire étranger), l'augmentation de la puissance de frappe des missiles. Un domaine dont l'évocation en public est sciemment oubliée est la course à l'arme atomique. C'est en se basant sur cette stratégie que Khamenei en juillet 2004 a proféré cette menace : «*si l'ennemi ose porter atteinte aux intérêts de la nation et de l'État, nous allons nous aussi viser ses intérêts à travers le monde*».

Le centre de recherches stratégiques

Les dirigeants du régime savent très bien que le temps joue contre eux et que par conséquent ils doivent accélérer les préparatifs. A cet effet, Khamenei a publié un décret[1], pour la création d'un « Centre de recherches stratégiques du corps des pasdaran ».

Il a placé à sa tête le général Mohammad Ali Jafari. Le général Gholam Ali Rachid, directeur adjoint aux questions stratégiques du Conseil Suprême de Sécurité nationale, déclarait en 2005 à propos de cette nomination : « Dans les premières années de la guerre Iran-Irak, la première opération ayant su utiliser avec succès l'effet de surprise, sans tenir compte des règles classiques, avait été préparée par Aziz Jafari. » Aziz Jafari est le surnom de Mohammad Ali Jafari, l'actuel commandant des gardiens de la Révolution. Dans les premières années de guerre, il avait commandé les axes sud du front, puis ceux du nord-ouest. Après le cessez-le-feu, Jafari a suivi des études militaires supérieures, le cycle DAFUS – l'institut supérieur de commandement et d'état-major des pasdaran –, à l'université Imam Hussein des gardiens de la Révolution.

Lorsqu'en 1999, le mouvement contestataire étudiant prend une ampleur inégalée pour se transformer en insurrection populaire, 42 commandants des pasdaran adressent une lettre le 19 juillet au président Mohamad Khatami. Demandant une répression sévère des manifestations, ils lancent un avertissement : *« notre patience est à bout et nous ne saurons rester sans réaction s'il n'est pas immédiatement remédié à la situa-*

tion ». Jafari est au nombre des signataires. Khatami ordonne alors d'écraser le mouvement montrant les limites de la « modération » du régime. De 1995 à 2005, Jafari dirige la force terrestre des pasdaran et prend également, en 1999, la direction de la milice Sarollah de Téhéran, chargée de la répression urbaine. Le Sarollah a pour mission d'intervenir immédiatement en cas d'événements mettant en péril la survie du régime.

A la suite des soulèvements populaires de 1993 dans les villes d'Arak et de Machad et celui de 1995 à Eslamchahr, Khamenei prend des dispositions pour éviter la répétition de ces mouvements de masse qui ont secoué le régime en profondeur. Pour parer à l'éventualité d'un soulèvement à Téhéran, Khamenei ordonne la création du centre militaire Sarollah, en y consacrant deux divisions d'élite des pasdaran, les divisions 10 et 27. Une précaution vitale pour parer à une situation d'urgence dans la capitale.

Nommé à la tête du centre de recherches stratégiques en août 2005, Jafari déclare à propos de ses prérogatives : « après les événements du 11 septembre 2001, [avec l'attaque d'Al Qaïda contre le *World Trade Center* à New York] un changement est survenu dans toutes les domaines d'activité de la force (des pasdaran) portant une attention particulière à la préparation au combat. La première initiative a été d'élaborer la doctrine de la guerre asymétrique. Plusieurs manœuvres militaires ont eu lieu dans ce sens[2]. » Jafari a également mentionné la nécessité de « considérer et évaluer les points forts et les points faibles des États-Unis dans leur intervention en Afghanistan et en Irak ».

La doctrine de la guerre asymétrique

Rahim Safavi, ancien commandant en chef des pasdaran, affirmait le 24 avril 2004 : « Notre responsabilité la plus importante est de nous préparer à affronter les éventuelles menaces des puissances transrégionales. Les exercices militaires que nous conduisons sont adaptés en conséquence et conformes à la stratégie de la guerre asymétrique élaborée dans le corps des pasdaran. Nos exercices militaires ne seront plus semblables au passé lorsque nous engagions un grand nombre de blindés et de chars d'assauts, d'artillerie et d'infanterie (...). Nos exercices sont menés conformément à notre stratégie de défense et à la doctrine de la guerre asymétrique ».
La nouvelle stratégie des pasdaran, intitulée « la guerre asymétrique », n'est autre que ce que les armées conventionnelles appellent la doctrine de « la guerre dans les conditions spéciales ». Lorsqu'il y a un contrôle décentralisé sur les forces en jeu, ces dernières peuvent agir de façon indépendante sur la base de directives préalables et sans attendre les ordres du commandement central. Dans ces batailles, les forces sont divisées en unités de combat plus modestes afin d'en réduire la vulnérabilité et infliger le plus de pertes possibles à l'ennemi. Le modèle de cette formation est le bataillon autonome qui peut se battre contre les hélicoptères et l'infanterie de l'ennemi.

A titre d'exemple, lorsqu'en octobre 2006, les unités Saberine des pasdaran ont pris part aux exercices *Payambar-*

azam (Grand Prophète), elles n'étaient que très légèrement armées et équipées, avec comme seuls moyens de transport, des jeeps et des motos. Dans la guerre asymétrique, le champ d'action de ces unités se limite à des opérations de diversion et elles ne peuvent en aucun cas opérer des attaques d'envergure. Par conséquent, ce que les pasdaran appellent « la guerre asymétrique », ne pourra leur servir qu'au cas où ils passent de force dominante à force dominée et cherchent à porter des coups à l'ennemi. Cette force ne peut servir que sur le terrain de l'ennemi. On peut donc conclure que le régime prépare ses forces soit pour attaquer l'ennemi à revers, soit suite à une défaite face à l'envahisseur, soit dans l'éventualité où des forces insurrectionnelles prennent le contrôle du pays. Dans tous les cas de figure, en choisissant la stratégie de la guerre asymétrique pour principale méthode de combat, le régime met d'abord en avant une perspective de combat en situation infériorité ou d'échec.

La restructuration en prévision d'une guerre asymétrique n'exclut pas la formation d'unités de combat conventionnelles. Les pasdaran comptent sur la milice du Bassidj pour former ces unités. Dans la nouvelle structure des pasdaran, les forces aériennes jouent un rôle plus marqué, principalement dans le transport des troupes. La force navale gagne en importance dans le contrôle du golfe Persique et l'attaque des flottes étrangères. L'incident survenu en janvier 2008 dans le détroit d'Ormuz a été provoqué par les pasdaran. Cinq vedettes de la marine ont menacé par radio d'attaquer un navire américain dans ce détroit sans passer à l'attaque. Cet incident a montré l'instabilité de la situation dans la région.

Le 18 août 2007, traitant du « rôle de la spiritualité dans la guerre asymétrique », le mollah Ali Saïdi, représentant du Guide suprême au sein des pasdaran, déclarait à l'agence de presse *Pars* :

— la guerre asymétrique est une expression nouvellement introduite dans le vocabulaire militaire.
— on a interprété le terme asymétrique comme une absence de similitudes, car lorsqu'il n'y a pas de similitude entre les forces en jeu, le combat s'avère être asymétrique.
Dans la guerre asymétrique il existe des principes fondamentaux :
— la mobilité et la réaction rapide d'une force lui permet d'augmenter ses capacités de combat.
— l'autosuffisance et l'autonomie d'une unité de combat nécessitent de pouvoir recourir à un armement disponible sur place.
— la capacité de poursuivre le combat avec une force aux moyens réduits.
— la flexibilité de l'armement et du soldat sera nécessaire pour parer aux menaces sécuritaires résultant d'une émeute et d'une agression militaire ou d'une invasion culturelle.
— la motivation pour les opérations martyrs (suicides) : il est essentiel de mesurer l'importance particulière de la dimension morale de la guerre asymétrique qui la distingue de tous les autres aspects de ce genre de guerre et lui confère un impact unique.

Le mollah Saïdi souligne la présence de 1 400 membres du clergé dans les rangs des pasdaran, des éléments *politico-idéologiques* épaulés de milliers de collaborateurs. Saïdi les décrit comme des « *orientateurs politiques* » et souligne l'importance de leur mission dans la préparation des pasdaran et des miliciens du Bassidj pour les opérations kamikazes.

Le régime ne cache guère ses desseins macabres et, afin de semer l'effroi chez les Occidentaux, annonce régulièrement la tenue de séminaires et de conférences sur le rôle de la religion dans la guerre asymétrique. Une démarche qu'il faut également situer dans la guerre psychologique que mène le régime pour démoraliser les gouvernements occidentaux.

Une stratégie fondée sur le terrorisme et l'intimidation

En 2004, le général Hassan Abassi, tenant de la « *doctrine de la sécurité sans frontière* » de l'université Imam Hussein des pasdaran, décrivait la stratégie de la terreur en ces termes :

> *— nous devons défendre la stratégie du terrorisme et en être fiers. C'est quelque chose qui fait peur aux Américains et ce genre de terreur est sacrée.*
> *— notre slogan doit être : « soit la sécurité pour tous, soit pour personne ».*

C'est pour mener à bien cette stratégie qu'a été mis sur pied, en juin 2004, le « *QG de la sauvegarde des martyrs du mou-*

vement islamique mondial », avec la participation de plusieurs généraux, dont Ghassemi, membre de l'état-major du corps des pasdaran, Salami, chef du bureau des opérations au sein du commandement unifié, Hassan Abbassi, défenseur de la doctrine de la *Sécurité Sans-frontière*. Une campagne officielle en grandes pompes a ensuite été déclenchée pour l'inscription des volontaires aux opérations suicides à Téhéran et dans plusieurs villes, avec une dose intensive de propagande. Dans son discours inaugural, Mohammad-Ali Samadi, porte-parole de cet organe, a annoncé le nom de trois équipes de volontaires pour des opérations suicides formées le jour même : le commando « Rahim Al-Riachi », le commando « Mostapha Mazeh », tué dans la préparation d'un attentat contre Salman Rushdie à Londres, et le commando « Ahmad Ghassir », qui a revendiqué l'opération suicide contre le siège du commandement israélien à Tyr au Liban qui a fait 63 morts (novembre 1983).

Le 5 décembre 2004, le *« QG de la sauvegarde »* a officiellement déclaré son soutien au terrorisme international et aux attentats suicides contre le siège des marines américains et des parachutistes français en 1983 à Beyrouth. En effet cet organe a inauguré un monument « *à la mémoire des martyrs de l'opération marines* » au cimetière de Behecht-e-Zahra et s'est déclaré prêt à des « *opérations martyres* » contre les « *ennemis de l'islam* ».

Le 11 février 2005, à l'occasion de l'anniversaire de la fatwa de Khomeiny contre Salman Rushdie[3], ce même organe a inauguré un monument à la mémoire d'un jeune Libanais,

Moustapha Mazeh, présenté comme le premier « martyr » de la tentative d'exécution de Salman Rushdie. Un porte-parole de cet organe a dévoilé l'existence d'un plan pour abattre Rushdie et a appelé les volontaires à s'inscrire.

En plus du « *QG de la sauvegarde des martyrs du mouvement islamique mondial* » qui est à la recherche d'opérations suicides à l'étranger, il existe un autre organe, « *les passionnés du martyr* », sous la direction du général Mohammad-Réza Jafari, membre du commandement général des forces navales des pasdaran. Cet organe met en place dans chaque province des divisions de miliciens du Bassidj pour la défense provinciale et nationale. Il existe également des formulaires d'inscription de volontaires pour les divisions des *passionnés du martyre* et des casernes ont été prévues à cet effet. Le centre de commandement des *passionnés du martyre* est situé au quartier général de la force aérienne des pasdaran à Téhéran. Une annonce a été publiée le 26 juillet 2005 pour l'inscription des volontaires des divisions des *passionnés du martyre*, en déclarant qu'un entraînement spécial est prévu pour les volontaires, hommes et femmes, dans toutes les provinces du pays[4]. En s'impliquant activement dans ces opérations d'enrôlement, les forces navales et aériennes des pasdaran veulent inculquer l'idée qu'elles sont en mesure d'utiliser des forces prêtes à des opérations suicides : avec l'intervention de petites embarcations ou avec de petits avions guidés par des pilotes kamikazes, dans la continuité de la tactique des camions piégés en vigueur en Irak et ailleurs.

La réorganisation du corps des pasdaran

Suite à l'inscription des gardiens de la Révolution sur les listes du terrorisme et de la prolifération nucléaire, listes établies par les États-Unis, une vague d'inquiétude et de déception s'est emparée des cercles dirigeants. Les sanctions ont été infligées à plusieurs institutions bancaires et financières, des pasdaran et du ministère de la Défense, placées sur la liste noire ; de nombreux dirigeants se voient empêchés de quitter le territoire national au risque d'être arrêtés à l'étranger. Cette situation conduit à une vague de défections au sein des gardiens de la Révolution et des autres sphères du pouvoir. Rahim Safavi, qui a dirigé les pasdaran pendant plus de dix ans, en fait partie. Même s'il a été nommé conseiller auprès du Guide suprême, sa mise à l'écart ne saurait être accidentelle, surtout à une époque où beaucoup de dirigeants, après leur inscription sur la liste noire sont face à une perspective bien sombre. En octobre 2007, à la suite de vives tensions avec Mahmoud Ahmadinejad à propos de la poursuite du programme nucléaire et de l'impasse des négociations avec les Occidentaux, Ali Laridjani, négociateur en chef, a remis sa démission et a été immédiatement remplacé par Saïd Jalili. Ce dernier, un pasdar blessé durant la guerre, est diplômé de l'université Imam Sadegh, liée au ministère du Renseignement iranien. Le général Zolghadr, vice-ministre de l'Intérieur, figure au nombre des ténors du régime qui ont démissionné fin 2007. Cinq autres ministres, le dirigeant de la banque centrale et le responsable de l'Organisation du Plan, ont également donné leur démission.

Plusieurs indices ont alerté Khamenei : la progression de la Résistance dans le pays, l'étendue du mécontentement révélé par le nombre de grèves et d'affrontements avec les forces de sécurité : elles dépassent les 5 000 en 2007. La sévérité des sanctions imposées aux pasdaran et les tensions aiguës entre les dirigeants du régime, ainsi que l'effritement des forces, inquiètent plus que jamais le Guide suprême. Ce dernier a également compris que l'Occident était en train d'opérer un net changement de politique vis-à-vis de son régime et que ces bouleversements risquent de menacer l'existence même du système, tant de l'intérieur que de l'extérieur. Khamenei sait que face à cette situation il a besoin de commandants sur lesquels il puisse compter et avoir confiance pour mener à bien sa stratégie de survie.

C'est ainsi qu'en septembre 2007, il choisit de nommer Mohammad Ali Jafari, directeur du Centre de recherche stratégique des pasdaran, à la tête des gardiens de la Révolution, le bombardant du coup général de division. Le choix de Jafari est parfaitement calculé, puisqu'il faut quelqu'un capable de mettre en pratique l'ensemble des connaissances acquises durant les deux années au Centre de recherche stratégique. Une réorganisation de la structure des pasdaran s'avère donc nécessaire. Jafari insistera aussi sur l'importance d'une réévaluation en profondeur de l'ennemi.

Il souligne également deux caractéristiques majeures de la nouvelle stratégie : des renseignements plus étendus sur les visées de l'ennemi et l'augmentation de la portée des missiles.

Jafari s'appuie sur le succès de la nouvelle stratégie durant la guerre de 33 jours au Liban[5], qui est par ailleurs un aveu flagrant de l'implication du régime dans ce conflit :

> *« considérant l'avantage matériel et technologique considérable de l'ennemi, nous devons choisir les moyens et les tactiques adaptés nous permettant de contrôler la situation et d'infliger une défaite cuisante à l'ennemi, à l'instar de la guerre de 33 jours (...) Un des points faibles des Américains, c'est qu'ils se sont rapprochés de nous en s'aventurant dans la région. Ils ne sont donc pas en mesure de se protéger de nos armes à longue portée ».*

Selon Jafari, à l'époque de Rafsandjani, le régime était confronté à une menace culturelle, à l'époque de Khatami à une menace politique et à l'époque d'Ahmadinejad à une menace militaire.

D'après Jafari, un autre aspect de la stratégie consiste à exercer des pressions sur les États-Unis en Irak et en Afghanistan. Selon lui, il existe quatre principales raisons pour étayer ce postulat :

> 1 – Les Etats-Unis sont présents en Irak et en Afghanistan comme force d'occupation. Le régime peut ainsi, sous prétexte d'opposition à l'occupation, intervenir dans ces pays et se fondre dans les forces opposées à l'occupation.

2 – Prétexter la présence des Occidentaux sur la terre d'Islam pour provoquer les sentiments religieux des populations et propager l'intégrisme en s'affichant aux côtés des peuples musulmans.
3 – S'exhiber comme victime et partie menacée par ses voisins pour justifier l'ingérence en Irak et en Afghanistan.
4 – Vue la présence massive de ses propres éléments en Afghanistan et en Irak, le régime n'écarte pas l'éventualité d'un renversement de l'équilibre des forces dans ces pays, conduisant à un changement de pouvoir en sa faveur.

Ainsi, Téhéran compte bien tirer partie de ses capacités de nuisance en Irak et en Afghanistan pour repousser tout danger susceptible de menacer son existence. Jafari mentionne à ce propos la force d'élite terroriste des pasdaran ayant combattu en guérilla urbaine durant de longues années en Afghanistan et en Irak.

La menace intérieure : une priorité

Jafari n'oublie pourtant pas la menace principale : « *La nature de la menace a changé, impliquant une correction fondamentale de la doctrine de défense* » déclare-t-il.

Dès sa première allocution à son nouveau poste, Jafari s'attache à la stratégie : « conformément à l'évaluation du Guide de la République islamique, la stratégie du corps des pasdaran a changé. En ce sens que la principale mission du corps sera la confrontation avec les menaces intérieures (...) La sécurité intérieure sera confiée aux forces de l'ordre et aux autres instances de sécurité. Mais si les problèmes dépassent un certain seuil, le corps des pasdaran, avec l'aval du Conseil suprême de sécurité nationale et du Guide, prendra la situation en main » (20 octobre 2007). Si le chef des pasdaran avait voulu être plus précis, il aurait dû dire : la principale mission des pasdaran a toujours été de faire face aux menaces intérieures. Mais aujourd'hui cette mission prend une importance vitale, puisque le pouvoir est hanté par la perspective de révoltes populaires dans une société profondément exaspérée.

Après la constitution des cinq forces militaires du régime, les gardiens de la Révolution conservent, pour l'essentiel, leur organisation. Outre Mohammad Ali Jafari, le commandant en chef, les principaux commandants sont les suivants :

– Morteza Rezaï, commandant en chef adjoint, qui a dirigé le service des renseignements et de la sécurité des pasdaran. Il a figuré avec Jafari au nombre des signataires de la lettre de menace des commandants au lendemain du soulèvement étudiant de 1999.
– Mohamad Hedjazi, chef de l'état-major des pasdaran ;
– Hossein Salami, commandant de la force aérienne ;
– Morteza Safari commandant de la force navale ;
– Mohammad-Reza Zahedi, commandant des forces terrestres ;

– Qassem Soleimani, commandant de la force *Qods*.

Après la nomination de Hejazi, commandant de la milice du Bassidj, à la tête de l'état-major, sur ordre de Khamenei, Jafari a également pris la direction de la milice. Il peut donc mettre sur pied sa nouvelle stratégie qui s'appuie essentiellement sur le Bassidj.

Notes

1. Le texte du décret stipule : « *considérant le besoin du corps des pasdaran de la Révolution islamique de créer un centre pour déterminer la stratégie générale de ce corps, je vous assigne la mission de créer le centre de recherche stratégique du corps des pasdaran de la Révolution islamique et vous nomme à la tête de ce centre. Pour le recrutement, veuillez repérer les membres compétents et les hommes de science des pasdaran et faites vos propositions. Je m'attends à ce qu'en collaboration avec vos collègues et le commandement honorable du corps des pasdaran, vous vous consacriez aux tâches établies par l'ordonnance et rendiez compte de la progression de votre mission* ». Le décret est signé par Seyed Ali Khamenei, le 21 août 2005.
2. Le site gouvernemental Rouz, 3 septembre 2007.
3. Après la fin de la guerre contre l'Irak, Khomeiny lance en février 1989 une fatwa de mort contre Salman Rhusdie, auteur des *Versets sataniques*, plusieurs mois après sa parution en persan. Cette fatwa a été l'occasion pour Khomeiny de combler la démobilisation de ses troupes, après la fin de la guerre en ravivant une crise internationale.
4. Voir annexe n° 4.
5. En juillet-août 2006, cette guerre opposa le Hezbollah aux troupes israéliennes qui ont dû battre en retraite.

CHAPITRE 5

Le Bassidj

A la mort de Khomeiny, Khamenei avait plus que jamais besoin du Bassidj pour contrôler le pays. Avec la réorganisation du corps des pasdaran et la création de « la Force de résistance du Bassidj » (*Nirouyé-Moghavemat-Bassidj*) il renforce la répression des opposants et la surveillance de la population. L'entrée du régime dans la phase de turbulence actuelle et l'élaboration d'une nouvelle stratégie globale place cette mission au cœur de la stratégie des pasdaran.

Le Bassidj est donc né avec la prise d'otage à l'ambassade américaine en novembre 1979. Il a fait ses preuves dans la répression des mouvements populaires à chaque point crucial : l'attaque des meetings des opposants dans les premières années de la révolution, le bain de sang provoqué lors des manifestations du 20 juin 1981, la répression des soulèvements populaires des années 1990, l'écrasement du mouvement étudiant en 1999[1].

Le général de brigade des pasdaran Ali-Reza Afchar en devient le premier commandant en chef ; il est le vice-ministre de l'Intérieur pour les affaires politiques du gouvernement Ahmadinejad. Curieusement il a été pendant un certain temps le chef adjoint de l'état-major pour l'héritage culturel, ce qui n'est pas singulier puisqu'il faut considérer le Bassidj comme un héritage « culturel » de Khomeiny ! La culture de l'embrigadement. En réalité, cette fonction « culturelle » permettait à Afchar de jouer un rôle de premier plan à l'étranger pour infiltrer et contrôler la diaspora iranienne en la piégeant par la fibres culturelle en étroite collaboration avec la force *Qods* (unité des pasdaran utilisée pour les opérations extérieures) et le ministère du Renseignement.

Pour revenir au rôle répressif du Bassidj, le général des pasdaran Hedjazi affirmait en février 2006 : « Une attention particulière et profonde portée aux questions fondamentales que sont "la promotion de la vertu" et "la prohibition du vice" [la police des mœurs des mollahs], les institutionnaliser dans la société et une vigilance accrue des sections du Bassidj dans tous les domaines constituent la stratégie principale de cette force. Le Bassidj est actif dans les domaines de la sécurité (...) une sécurité durable ».

A l'exception d'un petit nombre d'éléments « endoctrinés », s'engager dans le Bassidj du quartier pour un jeune sans ressource est avant tout un moyen de subsistance pour lui et ses proches, vu les avantages matériels dont bénéficient ses membres, et cela dans un Iran où sévissent la misère, le mépris de la dignité humaine et l'exploitation sous toutes ses formes. Pourtant le régime diffuse une propagande exagérée sur les capacités et le nombre de ses bassidjis. Alors que ces effectifs ne dépassent pas les 321 000 membres dans tout le pays, les mollahs n'hésitent pas à avancer parfois le chiffre de 8 millions !

Par ailleurs, à la différence des pasdaran, il ne s'agit pas d'une force « à temps plein ». Certains jeunes issus des couches très défavorisées sont attirés par le pouvoir qu'octroie un uniforme de bassidji dont les prérogatives vont bien au-delà de celles du policier dans une dictature. La jeunesse qui constitue 70 % de la population est hostile au régime. Ceux qui se sont engagés dans le Bassidj pour fuir la misère et bénéficier des avantages que leur procure la carte de membre, évitent habituellement de participer aux manœuvres et aux appels publics qui leur sont adressés. Ils ne seront pas en mesure de secourir un régime moribond au moment crucial. L'important est que leur présence serve à créer suffisamment de terreur pour retarder l'instant où le glas du régime sonnera.

Pour Khamenei, la présence et la capacité de répression du Bassidj sont déjà un réconfort et servent de baromètre pour mesurer son pouvoir. C'est pourquoi il a accordé au Bassidj une autorité démesurée :

– Autorisation d'entrer dans tout local pour l'inspecter sans l'accord préalable des autorités compétentes ;
– Contrôles et inspections en zone urbaine (exemple : arrêter les véhicules pour les fouiller) ;
– Arrestation de personnes faisant l'objet de soupçons de la part du point de contrôle ;

– Intervention si nécessaire dans les affaires qui concernent généralement les Forces de sécurité ou même le ministère du Renseignement ;
– Assurer la sécurité de tous les vols aériens intérieurs et internationaux de la théocratie.

Il faut aussi noter qu'en raison d'une imbrication inévitable du Bassidj dans la structure des pasdaran, de nombreux éléments du Bassidj sont aussi des pasdaran, mais sont comptés dans les effectifs de cette milice.

L'organisation du Bassidj

Le siège du Bassidj est situé à Téhéran. Il est organisé en régions (*mantagheh*), départements (*nahiyeh*), districts (*howzeh*), centres (*markaz*) et bases (*payegah*).

Chaque province est une région (*mantagheh*) de la force du Bassidj. Le pays est divisé en 31 *mantaghehs* (30 provinces plus le commandement de l'agglomération de Téhéran).

Le chef du Bassidj de chaque *mantagheh*, souvent un général des pasdaran, reçoit ses ordres directement du commandant en chef du Bassidj. Le personnel de la région est uniquement constitué de cadres et de soldats du corps des pasdaran.

Chaque région est divisée en plusieurs départements. Chaque ville, moyenne ou grande, est considérée comme un département et divisée en fonction du nombre d'habitants. Les effectifs de chaque département sont également constitués d'officiers ou de soldats pasdaran ; certains sont des retraités des gardiens de la Révolution. Le chef de *nahiyeh* est un colonel ou un lieutenant colonel pasdaran.

Chaque ville-département est divisée en plusieurs districts selon sa superficie et le nombre d'habitants. L'essentiel des forces des *howzehs* est toujours constitué de cadres et de soldats pasdaran. Les bassidjis y sont assignés à des tâches diverses.

On trouve des cadres permanents jusqu'aux échelons les plus bas, de sorte que les pasdaran qui habitent le quartier constituent les chefs et les membres principaux des bases.

Quant à son rôle, le Bassidj n'est autre que le corps des pasdaran « urbain ». Il n'y a pas deux organisations distinctes du travail. Par exemple, le chef de département des pasdaran de la ville d'Abadan, dans le sud-ouest, est aussi celui du Bassidj.

Pour faire face aux crises intérieures ou aux guerres étrangères, le régime avait besoin d'organiser les prétendues forces populaires pour pouvoir en tirer le meilleur usage. Il va donc créer en 1992 dans chaque ville, selon sa taille, des bataillons dit « *Achoura* » (pour les hommes) ou « *Al-Zahra* » (pour les femmes). L'essentiel des cadres de ces bataillons est constitué de pasdaran et le reste sont des bassidjis. L'organisation de combat est semblable à celle de l'infanterie.

Pour faire face aux contestations sociales, des unités de la police des mœurs sont créées en 1992 au sein du Bassidj. En 1996, les autorités annoncent la formation des bataillons du Hezbollah avec pour mission « la promotion de la vertu et la prohibition du vice ». En outre, une caserne appelée *Seyed-*

al-chohada (« Seigneur des martyrs ») est créée pour le Bassidj de chaque province.

Jusqu'en 2001, le Bassidj était considéré comme un vivier de réservistes de la force terrestre des pasdaran. Cette inactivité a provoqué des démissions et une baisse importante des effectifs. Pour y remédier, le régime a développé et a réorganisé le Bassidj en dehors du cadre des unités de la force terrestre.

En décembre 1999, le Majlis a voté une loi selon laquelle toutes les dépenses de développement des bases du Bassidj étaient exonérées d'impôt. Qui plus est, certaines entreprises publiques comme l'Organisation du développement et de la rénovation des industries de l'Iran, la Société des télécommunications et la compagnie aérienne nationale ont reçu l'ordre de consacrer 1 % de leur bénéfice au développement du Bassidj. En plus du budget global, 220 milliards de tomans (environ 200 millions d'euros) ont été ajoutés, sous le couvert d'activités culturelles.

L'exemple le plus récent des avantages généreux dont bénéficie le Bassidj : un plan en six points approuvé par le Majlis en janvier 2008 reconnaît les forces du Bassidj comme exécutants des projets de développement. Ce plan prévoit l'attribution, chaque année, de milliards de dollars du budget national au Bassidj. Pour combler la crise de vocation et la baisse significative des effectifs, le Bassidj met en scène de grands projets coûteux comme « le Plan "*Missaq*" (Promesse) » conçu pour embrigader les lycéens et les étudiants en conjuguant des programmes de divertissement ou sportifs avec des séances d'entraînement idéologiques et militaires.

Ou encore pour renforcer les liens du Bassidj et des pasdaran un projet intitulé *Nazir be Nazir* (homologues) voit le jour en 2003. Chaque responsable du Bassidj communique avec son homologue chez les pasdaran pour travailler sur des tâches similaires prévues dans le projet. Le plan met les forces du Bassidj à la disposition du corps des pasdaran un jour par semaine pour une durée totale de 11 semaines afin de recevoir la formation nécessaire avant d'être organisées dans des unités de combat. Au terme de cet entraînement de 11 semaines, et après un examen, ces bassidjis recevront un certificat.

Le Bassidj et la stratégie de la guerre asymétrique

Le commandant en chef des pasdaran est donc également le chef direct du Bassidj. La nouvelle organisation des pasdaran consacre de grands efforts à la formation des forces du Bassidj (sur le plan militaire mais aussi politique et idéologique). Avec Jafari à la tête du Bassidj, son utilisation et son assignement aux tâches des pasdaran seront rendues plus faciles. Jafari souligne : « La tâche principale des pasdaran dans le contexte actuel est de se concentrer sur les missions du Bassidj ; compte tenu des ordres du commandant en chef des Forces armées, la mission du Bassidj est de remplir la moitié de la mission des pasdaran. C'est pour cette raison qu'il faut définir comment l'exécuter ». A ce propos, Rahim-Safavi, ancien chef des pasdaran avait expliqué : « Les forces du Bassidj doivent suivre des entraînements militaires classiques pour pouvoir manier toutes les armes anti-blindés et anti-hélicoptères. Dans un contexte éventuel de crise ou de guerre, les bassidjis entraînés seront appelés à rejoindre les unités des pasdaran de façon à grossir les rangs de leurs unités de combat. Ainsi, chaque bataillon sera transformé en brigade et chaque brigade en division. En 24 ou 48 heures, la puissance des unités de combat du *Sepah* (le « Corps » on désigne souvent par cet abrégé le corps des pasdaran) sera triplée. »

Le but est de pouvoir injecter rapidement, dans des conditions d'urgence, les membres entraînés du Bassidj (les bataillons Achoura) dans les forces de combat des pasdaran – terrestres, navales et aériennes – et utiliser le reste des effectifs dans la répression, la logistique ou la défense locale. Mais en ce qui concerne les chiffres, la plupart n'existent que sur papier. En réalité le corps des pasdaran n'a pas la capacité de tripler sa puissance même en utilisant la totalité des forces du Bassidj, comme le prétendent les commandants des pasdaran. Parce qu'une grande partie du personnel des pasdaran est tout simplement aussi constituée de bassidjis. Hormis le cas où le corps des pasdaran procéderait à un recrutement forcé comme en temps de guerre. Mais cela se heurterait à coup sûr à la protestation populaire. Dans le contexte actuel une telle démarche n'a aucune chance de réussir.

On entend souvent dire en Europe, qu'en cas de guerre le régime pourra jouer sur les sentiments nationalistes pour obtenir le soutien nécessaire à son effort. Une vaste campagne de propagande du régime à ce sujet, la censure et la répression intérieure qui ne permettent pas aux Iraniens de s'exprimer, ont contribué à renforcer cette fausse image. Il s'agit d'un calcul erroné qui sous-estime l'exaspération de la population et sa haine du régime très répandue parmi les couches plus modestes et surtout dans la jeunesse. On peut évaluer le succès du régime à susciter les sentiments patriotiques par le slogan du gouvernement Ahmadinejad à propos du programme nucléaire qui n'eut qu'une existence éphémère, ayant soulevé les sarcasmes de la population. La société a accueilli, dans l'indifférence et l'apathie générales, les slogans sur le dossier nucléaire avant de les transformer en sujets de moquerie. Idem pour sa propagande chauviniste, raciste et antijuive. Lors des manifestations des ouvriers, des enseignants ou des étudiants on entend souvent rejeter le programme nucléaire et réclamer plutôt « du pain, du travail et de la liberté ». Les dirigeants du régime, à commencer par Khamenei, sont parfaitement conscients qu'ils ne peuvent pas espérer de mouvement de masse en leur faveur ; ils doivent compter sur l'entraînement d'éléments limités en nombre et doivent s'appuyer sur la qualité et non la quantité. C'est pourquoi le corps des pasdaran s'efforce d'entraîner et d'organiser, autant que possible, les éléments du Bassidj les plus proches du régime et de renforcer les liens entre ces deux forces.

Lors de la manœuvre baptisée *Peyambar-e-A'azam* (le Grand Prophète) en octobre 2006 à laquelle participent les quatre forces du *Sepah* (terrestre, aérienne, navale et bassidj) et le QG de la base Sarallah (base de commandement à Téhéran), Rahim-Safavi appelle les forces du Bassidj à « élargir les liens avec la force terrestre des pasdaran… Chaque bassidji doit apprendre à manier tout l'armement des gardiens et approfondir sa connaissance de toutes les armes : blindés, anti-blindés, DCA, et défenses navales et terrestres… Nous avons le savoir-faire pour combattre les hélicoptères et les unités blindées des ennemis et détruire leurs unités héliportées et aéroportées ». Ainsi, le régime fait-il enrôler les bassidjis de plus en plus chez les pasdaran.

Le 22 septembre 2007, Khamenei nomme au poste de chef d'état-major interarmes des pasdaran le colonel Mohammad Hedjazi, jusque-là commandant en chef du Bassidj. A ce sujet, Jafari apporte une précision[2] :

> *Selon les instructions du Guide suprême, le corps des gardiens est appelé à mettre plus de souplesse dans son organisation de manière à intervenir le plus correctement possible face aux menaces d'ordre politique, social et de sécurité que posent les ennemis. Afin de mettre en pratique cette stratégie, le corps des pasdaran a besoin d'une réorganisation dans bien des domaines. Nous devons adapter nos structures en fonction des circonstances et des menaces existantes. Aujourd'hui, suite aux études stratégiques, il est important d'étudier les diverses activités du corps des pasdaran et de donner la priorité aux tâches les plus importantes. Pour ce faire, il est nécessaire que la mission principale du Bassidj soit placée au cœur de la mission des pasdaran. C'est le motif principal de la nomination du colonel Hedjazi au poste de chef d'état-major interarmes du corps des pasdaran : sa connaissance et son expérience du Bassidj. Aussi pour réaliser le souhait du Guide de la Révolution, le commandement du Bassidj a été confiéau commandant en chef des pasdaran.*

Par ailleurs, le général Mohammad-Baqer Zolghadr, l'un des chefs les plus influents des pasdaran (certains disaient même qu'à l'époque de Rahim-Safavi, Zolghadr était le vrai chef des pasdaran) est de retour au *Sepah* après avoir été quelque temps vice-ministre de l'Intérieur. Il est nommé commandant en chef adjoint de l'état-major des Forces armées pour les affaires du Bassidj. [3]

Selon la théorie élaborée par le Centre des études stratégiques des pasdaran, considérant les dangers et dans la crainte de se voir attaqué, le régime a assigné la force du Bassidj aux forces terrestres et navales des pasdaran. Pour cette raison, elle a été organisée pour être affectée aux unités navales et terrestres en cas de menace. Elle est dotée d'une hiérarchie spécifique.

Le plan militaire de Mohammad-Ali Jafari, approuvé par le Conseil du commandement du corps des pasdaran, prévoit que la mission du Bassidj est de servir sous le commandement des forces terrestres et navales et devra être utilisé dans les régions frontalières maritimes du golfe Persique ou dans d'autres régions frontalières.

Les manœuvres du Bassidj

Le corps des pasdaran et les miliciens du Bassidj effectuent chaque semaine plusieurs manœuvres. Il s'agit d'exercices visant à affronter les soulèvements populaires. Ils se sont multipliés à cause des conditions actuelles du pays. Les manœuvres du Bassidj sont plusieurs dizaines de fois plus nombreuses que celles des pasdaran.

En 2006 et 2007, le nombre de manœuvres dont l'objectif déclaré est « la pacification et la préparation aux émeutes » ou des « opérations de défense des rues et des quartiers » connaît une hausse spectaculaire. C'est une réponse à l'avalanche de protestations populaires durant cette période. De novembre 2006 à octobre 2007, le Bassidj a effectué plus de 230 manœuvres. Voici les objectifs et le nombre de manœuvres :

Objectifs	***nombre***
Entraînements au maintien de la préparation défensive	67
Défense des rues et des quartiers	50
Opérations de retardement	37
Contrer les menaces de l'ennemi	32
Maintien de la cohésion et de l'intégrité de la force	22
Reprise des positions	17
Augmentation des capacités de combat	66
Secours et Sauvetage	44
Lutte contre les émeutes	37
Entraînement et hausse du moral	25
Démonstration de force	20

Comme le montrent ces chiffres, la plupart des activités du Bassidj en 2007 ont été centrées sur le maintien de la préparation défensive et l'augmentation des capacités de combat. Pour maintenir l'état de préparation, le Bassidj a procédé aux manœuvres « défense de rues et de quartiers ; secours et sauvetage ; opérations de retardement et la reconquête des positions perdues ».

Pour augmenter les capacités de combat, le Bassidj organise des exercices de combats nocturnes, des camps dans le désert, de l'escalade, des cours d'enseignement théorique de combat et des cours idéologiques.

Les manœuvres de « démonstration de force » – qui visent surtout à remonter le moral des troupes – ont lieu aux moments importants, comme l'adoption des résolutions du Conseil de sécurité de l'ONU, l'annonce par les Etats-Unis de l'intention d'inscrire les pasdaran sur la liste des organisations terroristes. Or pour cette dernière, seul un petit nombre des forces bassidj a répondu présent à ces manœuvres, autre signe que le régime se retrouve démuni.

Un autre objectif poursuivi par le Bassidj concerne « le maintien de la cohésion ». Ce type de manœuvre est organisé en raison du chaos et de l'anarchie qui règne au sein du Bassidj. Le commandement s'efforce de cette manière de les rendre efficaces.

Depuis avril 2007, le régime multiplie les manœuvres et les activités du Bassidj autour des thèmes de « la pacification et la lutte contre les émeutes » et « secours et sauvetage ». Ce qui est révélateur de la crainte des crises sociales et de la convergence des soulèvements populaires avec la résistance organisée de l'OMPI à l'intérieur du pays. Pendant cette période les activités de protestation et de dénonciation des forces favorables aux Moudjahidines ont connu une hausse considérable ; provoquant une grande inquiétude chez les autorités.

Le Bassidj a conduit des manœuvres dans toutes les provinces[4].

La plupart des manœuvres ont eu lieu dans la capitale et sa banlieue dite du Grand-Téhéran.

Après le Grand-Téhéran, la province de Kermanchah (à l'ouest) a été le théâtre du plus grand nombre de manœuvres. La frontière occidentale de l'Iran est particulièrement sensible pour le régime. C'est à partir de cette frontière que l'Armée de libération nationale iranienne a lancé sa plus grande opération contre les forces du régime en 1988.

De nombreuses manœuvres ont été organisées dans plusieurs villes de la province d'Ispahan – aussi très sensible en raison de la présence des sites nucléaires.

Contrairement aux années précédentes, des armes lourdes et semi-lourdes ont été utilisées ; ce qui montre l'effort du régime pour préparer ces forces au maximum.

Un rôle politique incontestable

En attendant, le Bassidj joue surtout un rôle politique essentiel au service du Guide suprême. C'est à ce titre qu'il impose les consignes données par le Guide dans toutes les mascarades électorales du régime. Lors des élections législatives de mars 2008, il est largement intervenu pour assurer l'entrée au Majlis des éléments fidèles à Ahmadinejad. Mohammad Jafari, le commandant en chef des pasdaran, avait décrit, le 7 février 2008, ce que devait être le rôle des forces paramilitaires du Bassidj : *« Si le Bassidj veut participer au débat électoral – ce qu'il a été autorisé à faire avec la permission du Guide suprême – il doit tâcher de préserver et de promouvoir l'élan qu'il a créé »*. En d'autres termes, le Bassidj se chargera de remplir les urnes conformément au plan établi par le Guide pour s'assurer que « l'élan » souhaité par lui ne s'estompe pas.

C'est un rôle que les pasdaran et les Bassidjdi ont déjà joué, avec efficacité, dans toutes les élections en Iran, y compris lors de l'élection d'Ahmadinejad.

Notes

1. En juillet 1999, des étudiants de l'université de Téhéran manifestaient contre l'interdiction du journal *Salam*, qui n'était pas dans la ligne rigoureuse du Guide suprême. Cette manifestation se transforme en émeute durement réprimée.
2. Mohammad-Ali Jafari, 29 septembre 2007, cf. la presse iranienne.
3. Dans le décret de nomination du 11 décembre 2007, Khamenei précise : « (...) le Bassidj doit être présent sur tous les champs de la vie sociale aux côtés du peuple croyant et engagé. Pour réaliser cet objectif important et pour le renforcement quantitatif et qualitatif de la force de résistance du Bassidj, il est créé un poste spécial au sein de l'état-major des Forces armées. Au regard de votre engagement et de votre expérience dans les responsabilités de gestion de haut niveau, je vous nomme commandant en chef adjoint de l'état-major des Forces armées pour les affaires du Bassidj. »
4. Voir annexe 5.

CHAPITRE 6

L'ascension d'Ahmadinejad grâce au projet « Bassirate »

C'est en juin 2005 que Mahmoud Ahmadinejad devient président de la République suite à une élection organisée sous l'égide du Guide suprême. La désignation d'Ahmadinejad incarne l'aboutissement de la mainmise totale des pasdaran sur tous les leviers du pouvoir. Cet homme qui passe inaperçu est pourtant l'exemple type de ce que Khomeiny a voulu produire dans l'usine de formatage des pasdaran. Il représente pour Khamenei l'élément le plus compétent pour mener à bien la mission qui s'impose à cette étape. L'adoption d'une position défensive adaptée à la situation, avec une nouvelle politique qui implique un repli du régime à l'intérieur, tout en affichant une attitude agressive vers l'extérieur. En quelque sorte, l'offensive est la meilleure défense, selon lui. En d'autres termes, Ahmadinejad est considéré comme le responsable de la reprise du contrôle de tous les ressorts du pouvoir par le Guide suprême. Une opération de sauvetage du régime face à une chute annoncée.

Même s'il aime à se faire appeler « docteur, ingénieur, président Ahmadinejad », il est avant tout un membre des pasdaran. Né en 1956 à Garmsar dans le centre de l'Iran, il fait partie, après la Révolution, de ces gens liés au nouveau pouvoir qui font irruption dans les instances du « parquet de la révolution » et de « la prison d'Evine », organes qui s'occupent immédiatement de l'arrestation et de l'emprisonnement des collaborateurs de l'ancien régime.

Appréciant cette tâche, il continue en poursuivant cette fois les opposants du régime qui ont pourtant contribué à la chute du chah. Il devient très vite un adjoint d'Assadollah Ladjevardi, le directeur de la prison d'Evine, connu plus tard sous le nom de « boucher d'Evine ». Il apprend alors à torturer et à donner des coups de grâce, particulièrement à ceux que le régime taxe d'« hypocrites », à savoir les membres et sympathisants des Moudjahidines du peuple. De nombreux anciens prisonniers politiques réchappés de l'horreur l'ont reconnu comme leur propre tortionnaire ou l'interrogateur de leurs camarades disparus. Ils sont prêts à témoigner le moment voulu devant une instance internationale qui jugera les responsables de ce régime pour crime contre l'humanité.[1]

Représentant des étudiants khomeynistes de l'université des sciences et de l'industrie, Ahmadinejad fonde en 1979, avec d'autres étudiants intégristes, l'association islamique *Tahkim-Vahdat*. Quand en 1979 des étudiants suivant la ligne de l'imam sont chargés d'occuper l'ambassade américaine, Ahmadinejad participe à la direction du noyau qui mène la prise d'otages. Il l'a reconnu en déclarant qu'en 1979 « *les membres de la direction des étudiants de la ligne de l'imam étaient composés de MM. Bitaraf, Mirdamadi, Asgharzadeh, Seyedzadeh et moi-même* ».[2]

Avec le début de la guerre Iran-Irak, Ahmadinejad rejoint les pasdaran et s'occupe jusqu'en 1985 de la logistique. En 1986 il entre volontairement dans la brigade spéciale des pasdaran et suit des entraînements dans la base Ramezan avant de participer à des opérations à Kirkouk en Irak.

Il assume ensuite la responsabilité du génie militaire à la sixième division spéciale des pasdaran puis le commandement du QG de mobilisation des provinces occidentales.

À la fin de la guerre, il est adjoint, puis gouverneur des villes de Makou et de Khoy pendant quatre ans. Il assure ensuite pendant deux ans le gouvernorat du Kurdistan. En 1993, il devient gouverneur de la nouvelle province d'Ardebil au nord-ouest de l'Iran. Après avoir obtenu en 1998, son doctorat tardif d'ingénieur et de programmation de trafic, il commence à enseigner à l'université des sciences et de l'industrie à Téhéran.

Pendant la période où il est commandant des pasdaran, il participe à plusieurs opérations spéciales pour assassiner des opposants à l'étranger. Un cinéaste iranien, Fereydoun Jourak[3], réfugié aux États-Unis, souligne le rôle d'Ahmadinejad dans l'assassinat en juillet 1987 à Istanbul du major Hassan Mansouri, pilote qui s'était réfugié en Turquie.

En 1989, Fereydoun Jourak est chargé par le bureau du contre-espionnage de l'armée de préparer un documentaire sur les opérations spéciales du régime. Il va de soi que le film commandité par les barbouzes des mollahs ne sera pas comique. Le Vevak demande à Jourak de recueillir le témoignage d'Ahmadinejad pour la préparation de son film. C'est une rencontre étrange ; Ahmadinejad déclare clairement à Jourak qu'il a personnellement commandé l'opération de l'assassinat de Mansouri. Il se vante même d'avoir réussi à « châtier un pilote en fuite qui a trahi » et il en est « bien heureux » [4].

Il ne s'agissait certes pas de la seule mission d'Ahmadinejad. Le responsable des « Verts » autrichiens, Peter Pilz, a déclaré au quotidien viennois *Der Standard* qu'en 1989, il aurait participé à l'assassinat d'Abdorahman Ghassemlou, secrétaire général du parti démocratique du Kurdistan en Iran (PDKI), à Vienne. Selon Peter Pilz, Ahmadinejad, à l'époque membre des forces spéciales des gardiens de la Révolution, s'était personnellement déplacé dans la capitale autrichienne pour remettre des armes aux tueurs. Cela concorde avec d'autres rapports et témoignages sur le rôle d'Ahmadinejad qui ne sont pas éloignés de ses autres exploits. Pilz a réclamé un mandat d'arrêt contre Mahmoud Ahmadinejad.

Le principal commando de cette opération était dirigé par Mohamadi Jafari-Sahraroudi, un commandant des pasdaran, lui-même interlocuteur privilégié des négociations avec le dirigeant kurde assassiné.

Au cours de l'opération, Sahraroudi est blessé. Alors que l'enquête est en cours, il est rapidement évacué de Vienne à Téhéran. Il est actuellement général des pasdaran et a occupé pendant de longues années le poste éminent de directeur du renseignement du corps des pasdaran. Il dirige actuellement le département intérieur du Conseil suprême de sécurité nationale qui traite de l'ensemble de la question irakienne. Il collabore pour cela étroitement avec la force *Qods*. Durant l'opération d'Erbil en Irak des forces de la coalition, qui a entraîné l'arrestation de cinq membres de la force *Qods* et la saisie de documents très compromettants pour Téhéran, Sahraroudi a failli se faire arrêter. Principale cible de cette opération, il avait quitté les lieux la veille pour rejoindre l'Iran. Ahmadinejad dirigeait sur le terrain l'équipe chargée de la logistique de l'opération.

Il ne faut pas croire que l'implication d'Ahmadinejad dans le terrorisme et son apologie soit une affaire secrète. Quand il était maire de Téhéran en décembre 2004, il avait élevé un monument à la mémoire des kamikazes qui ont fait exploser le siège des marines américains et le Drakkar, cantonnement des forces françaises à Beyrouth, le 21 octobre 1983[5].

Bien entendu, il est anormal qu'un individu avec un passé aussi brillant en matière de droits de l'homme devienne président de la République ! Mais c'est un costume qui va fort bien à la « République islamique ».

Pourtant de nombreux experts (sic) tablaient sur l'élection de son rival Rafsandjani. Contredits, ils y ont vu les aléas d'une élection démocratique. Comme si une élection démocratique pouvait voir le jour sous le *Velayat-e-Faghih*.

Les mises en scène électorales en Iran ont toujours servi à sauver les apparences, mais elles n'ont rien de démocratique. Les principales décisions sont prises à la maison du Guide dite *Beit-Imam*. Le Guide suprême par le biais du Conseil de surveillance, passe au tamis les candidats et ne laissent se présenter que ses fidèles. Une élection où ni les femmes ni les opposants ne peuvent se présenter, et dont l'organisation, la surveillance et le transfert des urnes sont totalement assurés par les pasdaran.

Dans une élection où sur les sept candidats, cinq étaient d'anciens officiers des pasdaran, il n'est pas étonnant de voir un ancien pasdar sortir des urnes. Bien entendu beaucoup pensaient qu'il s'agirait de Ghalibaf, l'ancien commandant de l'armée de l'air et des forces de sécurité de la capitale, qui a ensuite remplacé Ahmadinejad à la mairie de Téhéran. On disait que Ghalibaf était le candidat favori de Khamenei. Mais, juste avant les élections, la consigne a été donnée que l'opinion d'Agha (« Monsieur », terme employé par ses fidèles pour nommer Khamenei), était en faveur d'Ahmadinejad. Un décret en bonne et due forme pour sortir des urnes Ahmadinejad. Après coup, Zolghadr, alors commandant en chef adjoint des pasdaran, avait dit en privé : « c'est un plan très compliqué, en plusieurs phases, qui a été planifié pour faire nommer Ahmadinejad ». Ce plan, élaboré au QG du commandement des pasdaran sous la direction de Zolghadr, avait pour nom de code Bassirat et avait été ordonné par le Guide suprême en personne.

Bourrer les urnes, monter des mises en scène devant quelques bureaux de vote à Téhéran pour les besoins des caméras de télévision, histoire de cacher l'abstention massive, revient au Bassidj. Les pasdaran, eux sont chargés du transfert, mais aussi de la « transformation » des urnes. Des millions de voix, le jour des élections, ont été déversées dans les urnes pour le compte d'Ahmadinejad. Selon la faction rivale, ce jour-là 5 millions de cartes d'identité périmées d'Iraniens décédés ont été utilisées à des fins de fraude.

Certains ont voulu croire que la montée soudaine d'Ahmadinejad était la conséquence d'un vote populaire.

Mais ils oublient qu'en Iran, la majorité de la population a l'habitude de ne jamais voter tant elle déteste ce régime démagogique. La tendance générale est au *boycott*. C'est la raison pour laquelle ils sont obligés de faire voter les morts !

Même si le régime a prétendu que 60 % de la population avait participé à cette élection, elle constitue l'un des plus grands échecs et la preuve du désaveu flagrant du pouvoir. En effet, le nombre de participants, selon les observateurs non gouvernementaux, n'a pas dépassé les 10 %. Le régime avait donc bien raison de refuser toute mission d'observation étrangère. En réalité la prise du pouvoir par Ahmadinejad a été le fruit d'une seule voix, celle de la seule personne dont le vote compte en Iran, le Guide suprême.

Deux ans avant l'élection d'Ahmadinejad à la présidence de la République, alors qu'il était candidat à la mairie de Téhéran, le ministre de l'Intérieur de l'époque, le mollah Moussavi Lari, s'était opposé à sa candidature en raison des dissensions internes et avait évoqué son passé extrémiste. Mohammad-Reza Bahonar, vice-président du septième Majlis, avait alors rappelé à Moussavi Lari : « le Guide suprême a désigné Ahmadinejad comme futur président de la République et vous, vous ne pouvez même pas le tolérer comme maire ? ». C'est suite à cet argument que Moussavi-Lari a dû accepter la candidature d'Ahmadinejad à la mairie de Téhéran. Cette anecdote démontre qu'en 2003, le Guide suprême avait non seulement en tête d'introniser Ahmadinejad comme futur président, mais avait soufflé ce projet à certains de ses proches.

Pendant 16 ans, le pouvoir des mollahs s'est présenté sous un double visage. Celui du *Vali-e-Faghih* qui détient le pouvoir réel de la dictature religieuse et a le dernier mot. Et l'autre, celui de Rafsandjani ou de Khatami, dont le rôle était d'afficher des gesticulations « pragmatiques », voire parfois « modérées », pour camoufler le vrai visage de la théocratie et tromper le monde.

Les bouleversements au sein du régime laissent certains observateurs dans le brouillard : ils ne saisissent pas pourquoi les mollahs renoncent aux intérêts politiques et internationaux énormes que leur rapportait ce jeu de dupes, où ils faisaient croire à l'Occident à l'existence de « modérés » et de « durs ».

Les événements qui suivent l'élection d'Ahmadinejad prouvent qu'il ne s'agit pas du hasard, ni d'un faux calcul. Son choix s'inscrit dans une stratégie que Khamenei a minutieusement planifiée pour colmater les brèches en prévision des conditions difficiles qui approchent. Les autres facettes de cette stratégie sont la course à l'arme atomique, l'ingérence de plus en plus prononcée en Irak et la préparation de la guerre au Proche-Orient.

Le régime ne peut plus continuer les gesticulations de modération, alors que sa marge de manœuvre se limite. L'utilité de Khatami touchant à sa fin, il fallait un nouvel arrangement stratégique qui puisse préserver le régime face à la tornade intérieure et internationale. Le pouvoir ne peut choisir que deux voies. Soit s'adapter aux conditions régionales et internationales nouvelles, ce qui veut dire reculer. Soit poursuivre l'aventurisme, initier des crises ; bref, la voie traditionnelle depuis le début. Pour échapper à la retraite et au renversement, le *Vali-e-Faghih* opte pour l'aventurisme. Son levier : les gardiens de la Révolution et Ahmadinejad.

Stratégie de la peur et du choc

Dès le début de sa présidence, Ahmadinejad déclare : « les vagues de la révolution islamique montent très rapidement pour envahir le monde ». Cette politique est qualifiée par les théoriciens du régime, de « stratégie de la peur et du choc ».

En janvier 2006, Alireza Zaker-Esfahani, directeur du centre d'analyse stratégique de la présidence, a précisé ainsi les lignes directives de la politique d'Ahmadinejad : « quand on dit que les propos d'Ahmadinejad sont dus à son absence d'expérience et sont irréfléchis, on se trompe. Ahmadinejad fait usage de la stratégie de la "peur et du choc" en politique étrangère. Avant, notre stratégie consistait au contrôle des tensions. Alors que maintenant le monde n'est plus bipolaire et nous bénéficions de cartes gagnantes en Palestine. L'arrivée au pouvoir d'Ahmadinejad est elle-même un grand choc que nous avons pu créer à l'intérieur comme à l'extérieur de l'Iran. Pendant 16 ans, nous avons prôné des slogans de modération, de dialogue entre civilisations, mais ils continuaient à nous critiquer et pensaient qu'en Iran quelque chose comme la "révolution de velours" arrivait. Cela nous entraînait à être passifs. Actuellement nous sommes dans une position offensive. Quand Ahmadinejad dit que nous allons envoyer des rapporteurs des droits de l'homme dans les pays de l'Ouest, c'est un propos important qui nous redonne notre grandeur… En ce qui concerne les activités atomiques, pendant des années nous avons été sur la défensive, c'était une position frustrante qui créait de l'inquiétude… En proclamant sa position anti-israélienne, Ahmadinejad a insisté sur le point faible des Occidentaux et ces slogans ont trouvé des partisans à travers le monde. Les pays du Tiers-Monde ont compris que l'on peut parler sur ce ton à l'Occident. Après l'acceptation du cessez-le-feu dans la guerre Iran-Irak, tout le monde pensait que nous étions dans une position de faiblesse, mais l'imam Khomeiny a évoqué avec intelligence la question de Salman Rushdie et a adopté une position offensive. »

En réalité, c'est un des fondements stratégiques du nouveau gouvernement, semer la terreur. Cette stratégie s'appuie sur l'acquisition des instruments nécessaires pour répandre la peur, à savoir la répression politique à l'intérieur, l'arme atomique, l'exportation de l'intégrisme et du terrorisme, mais également la guerre psychologique à forte rhétorique agressive des dirigeants.

Cacher les faiblesses et les impasses du régime, pousser les Occidentaux à davantage de concessions, constituent l'objectif premier. Le minimum que le régime réclame aux pays occidentaux est d'accepter son existence en tant que bloc intégriste doté de la bombe atomique et de lui remettre les clés de l'Irak.

La stratégie s'appuie également sur une analyse particulière de la politique des gouvernements occidentaux. Elle se fie aux réactions et aux politiques timides des Occidentaux qui sont toujours influencés par les positions de complaisance et d'apaisement. Les manœuvres et les duperies de Téhéran vis-à-vis de la situation en Irak fleurissent tant il est assuré d'une absence de fermeté des Européens et des Américains. Les mollahs ont compris que les positions occidentales sont encore plus molles dans la pratique que dans les discours. Ahmadinejad en est tellement sûr qu'il déclare : « plus le temps passe, plus nous avançons dans nos positions et nous ne reculerons pas. L'Occident est vulnérable et plus fragile qu'il ne le fait croire.[6] »

Certains gouvernements ou cercles politiques bannissent la fermeté à l'égard des mollahs, ou conseillent une approche similaire à celle visant la Corée du Nord. Ces conseils incitent Téhéran à plus de bellicisme.

Les dirigeants du régime iranien voient également, dans l'imbroglio américain en Irak, les conditions favorables au succès de leur stratégie. Ils disent que les États-Unis n'ont pas la possibilité de gagner. Utilisant les facilités importantes dont ils disposent, les mollahs se sont considérablement implantés en Irak et considèrent qu'ils détiennent aujourd'hui suffisamment de cartes pour faire chanter l'Occident.

Les positions des mollahs pendant cette période ne peuvent être saisies que dans le cadre d'une réalité patente : le régime se trouve dans sa phase terminale. C'est pour freiner cette phase que le *Velayat-e-Faghih* a besoin de se replier et de rendre son pouvoir homogène par la mainmise des pasdaran considérés comme « la colonne vertébrale » du régime. C'est ainsi qu'il pourra accentuer la répression intérieure, intervenir en Irak, perturber le processus de paix au Proche-Orient, se doter de la bombe atomique et tenir tête à la communauté internationale. C'est la raison pour laquelle quand Ahmadinejad est arrivé au pouvoir, Maryam Radjavi, présidente élue de la Résistance, a proclamé : « le régime vient de déclarer la guerre au peuple iranien et à la communauté internationale ».

Le régime sur la défensive et replié sur lui-même

Ce bouleversement équivaut à l'ablation des autres factions qui partageaient le pouvoir. La suppression de la faction dite « réformiste » qui n'a plus aucune utilité s'impose naturellement. Mais l'affaire ne s'arrête pas là. Même des courants internes de la faction dominante qui depuis vingt ans font partie des plus proches alliés de Khamenei, n'obtiennent aucune miette du pouvoir. L'objet principal de la lutte intestine aux législatives de 2008 n'a été que la consolidation des partisans d'Ahmadinejad face à une autre faction extrémiste, celle de la coalition fondamentaliste d'Ali Larijani, ex-négociateur en chef du dossier nucléaire, Mohsen Rezaï, l'ancien patron des pasdaran et Mohammad-Baqer Ghalibaf, ancien chef des forces de sécurité et maire de Téhéran. En clair, la bataille se déroule dans le clan du Guide suprême, entre ceux que l'on appelle les « sans frein » *(Bedoun-é-Tormoz)* et ceux d'ores et déjà considérés comme les « dégonflés » *(Rizechis)*. Ceux-ci sont une frange de hauts dirigeants qui ont démissionné ou ont été écartés de leurs postes. Avec l'aval du Guide suprême, Ahmadinijad rafle 70 % des sièges.

Ahmadinejad et ses hommes ne représentent pourtant qu'une mince tranche de la faction au pouvoir que l'on pourrait considérer comme la « *branche opérationnelle* ». Elle est constituée en majorité d'anciens membres de commandos chargés d'opérations à l'étranger, de tortionnaires, d'interrogateurs… bref, des commandants des gardiens de la Révolution.

La nécessité stratégique pour le Guide suprême est d'uniformiser le pouvoir, même au prix de réduire son propre clan. Parce que la fragilité de la situation exige que Khamenei concentre entre ses mains la gestion de toutes les affaires sensibles du pays. Cette décision va très certainement isoler le Guide, Ahmadinejad et leurs acolytes. Mais ont-ils d'autres choix ?

La composition des hommes aux postes-clés est significative. Par exemple, un ancien commandant d'opérations terroristes à l'étranger se trouve à la barre du ministère des Affaires étrangères et le cerveau de l'attentat contre les marines américains et le Drakkar français à Beyrouth chapeaute le ministère de la Défense. Celui qui a participé au décret du massacre des prisonniers politiques en 1988 a occupé le siège de ministre de l'Intérieur. Le chef des prisons et quatre autres autorités carcérales gouvernent cinq provinces. Un commandant des comités chargés de la répression dans la capitale se trouve à la tête de l'université de Téhéran !!! Un commandant des pasdaran dirige la banque nationale (Banque Melli)...

Ces nominations démontrent un déploiement guerrier face à une société mécontente et tendue. Elles indiquent clairement combien les mollahs redoutent l'avenir. Avec cette configuration répressive, le Guide suprême montre sa volonté de poursuivre la fuite en avant. Il se prépare à une grande confrontation avec la population. En introduisant les éléments favorables à Ahmadinejad au Majlis et en déclenchant une purge parmi les fidèles du régime, il entraîne le pouvoir à une confrontation avec la communauté internationale. Il faut voir aussi dans ce perpétuel amaigrissement des forces dominantes un signe de déclin et de désintégration.

Après la guerre Iran-Irak en 1988, le corps des pasdaran a donc entamé sa conquête du pouvoir. Dans les années 1990, il a occupé, discrètement, les organes culturels, économiques et politiques. Bon nombre de membres du bureau politique des pasdaran ont pris en main le contrôle de médias et d'institutions culturelles comme Hassan Chayanfar et Hossein Chariatmadari à la direction du journal *Keyhan* (principal journal, proche du pouvoir). Le pasdar Ali Larijani, un des premiers généraux des gardiens de la Révolution, a été propulsé ministre de la Culture et de l'Orientation islamique, chargé de la censure de la presse, l'édition, le cinéma et la radiotélévision. Suite à sa nomination, il a introduit de nombreux pasdaran au sein de son ministère et a ensuite pris en main la direction de la radiotélévision. Tous les directeurs de la radio et de la télévision du pays sont des commandants issus des pasdaran. Quand il devient secrétaire du Conseil suprême de sécurité nationale, Larijani prend en main les négociations nucléaires avec les Européens. C'est alors un autre général des pasdaran, Ezatollah Zarghami, qui est nommé à la direction de la radiotélévision pour le remplacer.

Le corps des pasdaran s'occupe également de toutes les écoutes téléphoniques dans le pays. Il est aussi chargé d'envoyer des parasites pour brouiller les radios et les chaînes satellites de l'opposition. La censure et le brouillage ont toujours fait partie de la guerre psychologique de la théocratie. Mais aujourd'hui l'intérêt que la population porte aux émissions TV de l'opposition a poussé les pasdaran à élargir leur champ d'action. Ces quinze dernières années, ils ont consacré toutes sortes de plans et de dépenses onéreuses pour améliorer l'efficacité du brouillage. Ces activités visant particulièrement la télévision proche de la Résistance *Sima-yé-Azadi- INTV* (Image de la liberté – Télévision nationale iranienne, www.iranntv.com), la chaîne en persan la plus regardée dans les foyers équipés de parabole. La direction des communications électroniques des pasdaran est devenue l'un des organes les plus importants chargés du brouillage. Actuellement le nombre de centres chargés de bombarder de parasites sont au nombre de 50. Les pasdaran ont l'intention de multiplier ces stations et d'atteindre les 300 en 2009.

Depuis 1994, près de 2000 commandants des pasdaran, mécontents du partage de la hiérarchie au sein des pasdaran, ont donné leur démission. Pour éviter qu'ils n'échappent à tout contrôle, ils ont été recyclés dans les affaires économiques. L'ancien ministre des pasdaran, alors directeur de la Fondation des Déshérités, les a pris en charge dans son organisme. Ils se sont transformés avec le programme de reconstruction, sous la présidence de Rafsandjani, en un levier essentiel de l'économie. Au point que la plupart des directeurs et des adjoints de l'une des plus puissantes fondations économiques du pays, la fondation des *Mostazafine* (déshérités), sont des commandants des pasdaran. Mais le vrai tournant a lieu en 2002. La nouvelle donne régionale pousse Khamenei à préparer les pasdaran à la prise totale du pouvoir.

A la faveur de fraudes « légales » en mars 2003, Khamenei a réussi, à l'issue des élections municipales, à placer des pasdaran aux postes de conseillers municipaux et de maires. Le scénario classique s'est joué une énième fois : le Conseil des Gardiens a écarté les candidats non approuvés. Ensuite, les pasdaran et les membres du Bassidj, hors de tout contrôle, se sont occupés des urnes et les ont bourrées.

Suite à cet épisode, aux élections du septième Majlis en 2004, les commandants des pasdaran ont afflué à la députation. Ils se sont présentés pour la plupart sous l'étiquette d'un nouveau parti, formé pour la circonstance, *Abad-garan* (ceux qui amènent la prospérité). Ainsi, près de 80 commandants et vétérans des pasdaran entrent au Majlis.

Avec la nomination d'Ahmadinejad, les pasdaran ont constitué un comité pour évaluer et choisir les ministres. Vingt-deux ministres, conseillers et vice-présidents d'Ahmadinejad sont issus des pasdaran. Les autres viennent du Vevak, ayant trempé durant de nombreuses années dans la répression. Après les ministres, l'ensemble des adjoints et des directeurs de services dans les ministères ont été choisis parmi les pasdaran.[7]

Ces éléments sont parmi les plus extrémistes et les plus vils du régime des mollahs. A titre d'exemple, le ministre de la Culture et de l'Orientation islamique, Mohamad Hossein Safar-Harandi, a directement participé à la répression des démocrates et à leurs interrogatoires sous la torture. En 1994, il était responsable du bureau politique des pasdaran et faisait partie des amis proches de Saïd Emami, alors vice-ministre du Renseignement qui a été assassiné en 1998 en prison[8]. Il est un des principaux instigateurs des meurtres en série d'intellectuels. Par le truchement du journal *Keyhan*, Safar-Harandi préparait le terrain psychologique à l'assassinat d'intellectuels en publiant contre eux des articles haineux.

L'étape suivante est celle des législatives de 2008. Là encore tout est programmé pour que la volonté du Guide suprême soit appliquée. Les candidats sont passés au crible d'un système de contrôle, avec d'abord les *comités exécutifs* du ministère de l'Intérieur et ensuite le Conseil de surveillance. Plus de 2000 candidats ont ainsi été radiés sous prétexte d'« insubordination au Guide suprême ». Un même nombre de candidats, découragés par les procédures, se sont désistés. C'est une victoire programmée puisqu'on a autorisé certains candidats à se présenter en faisant en sorte que les partisans d'Ahmadinejad n'aient aucun rival de poids, les filtres mis en place avaient déjà fait le travail. Les bassidji et les pasdaran font le reste en matière de fraude. Les législatives de 2008 ont été largement boycottées malgré l'appel de toutes les factions du régime à la participation. Selon les réseaux des Moudjahidines du peuple (OMPI) à l'intérieur du pays, réseaux qui ont surveillé les fréquentations de près de la moitié des bureaux de vote, soit plus de 25 000 d'entre eux, 95 % de la population a boycotté le scrutin. Même le ministère de l'Intérieur a laissé entrevoir une forte abstention. A titre d'exemple, Hadad Adel, arrivé en tête à Téhéran, a été élu selon les chiffres officiels avec 11,5 % des électeurs. Selon l'agence officielle ISNA, à Tabriz (nord-ouest de l'Iran), le premier élu de la province d'Azerbaïdjan, Massoud Pezechkzad est arrivé en tête avec 105 000 voix, soit 8,5 % de l'ensemble des électeurs de la province. L'agence officielle Mehr annonce 211 624 voix pour le premier élu de Machad dans le nord-est, Mohammad Reza Faker, soit un petit 11,5 % des électeurs. Au second tour, le boycott était si largement suivi que le régime n'a pu gonfler les chiffres de participation. Le taux officiel à Téhéran n'a été que de 10 % des électeurs (avec 700 000 bulletins). Résultat la faction la plus extrémiste du pouvoir, composée de tortionnaires et d'illustres inconnus, qui n'ont été que les exécutants des basses besognes du pouvoir, a fait son entrée au Majlis. Le député Rouhollah Hosseinian par exemple, qualifie l'ancien vice-ministre du Renseignement Saïd Emami, responsable des meurtres en série d'une centaine d'intellectuels, de « grand martyr » ! Ou encore Fatemeh Alia, une des rares femmes élues au Majlis, a personnellement torturé de très nombreuses prisonnières politiques membres des Moudjahidines à la prison d'Evine. Ou le mollah Morteza Agha-Tehrani, un commandant des agents en civil du Vevak chargés de la répression. Ce Majlis de godillots ne devrait pas entraver l'obtention de la bombe atomique par le régime.

Dans une étude commandée au sein du régime, il est précisé que *dans le corps médian du gouvernement, depuis les vice-ministres et les directeurs de départements, 70 % sont des pasdaran et près de 25 000 personnes sont des pasdaran qui ont pris des postes de directeurs* dans le gouvernement d'Ahmadinejad.

Behzad Nabavi, ancien ministre et l'un des dirigeants des Moudjahidines de la révolution islamique, un courant créé au début de la révolution pour contrer les Moudjahidines du peuple, déclare en octobre 2007 : « l'ancien gouverneur de Kerman a appris sa destitution par la radio. Un commandant des pasdaran a été mis à sa place. De nombreux commandants des pasdaran sont devenus gouverneurs et de nombreux vice-ministres sont issus des pasdaran ou entretiennent des relations étroites avec eux. » Behzad Nabavi appartient actuellement au courant de Khatami et de Rafsandjani.

Avec la prise du pouvoir d'Ahmadinejad, plus de 40 ambassadeurs de la République islamique issus de courants rivaux ont été rappelés et remplacés par des ambassadeurs plus favorables à la nouvelle politique.

L'infiltration des pasdaran ne se limite pas aux organes essentiels et vitaux. C'est un énorme puzzle qui remplace tout individu considéré comme non fiable.

Le Conseil suprême de sécurité nationale, le plus haut organe de décision après le Guide suprême, sous la direction d'Ahmadinejad, comporte dix membres. Il est doté d'un secrétariat formé de sept branches. Le secrétaire du Conseil et les chefs de quatre de ces services sont des pasdaran ; les autres sont des éléments issus des milieux de sécurité. Quatre membres du conseil sont des pasdaran[9].

Des éléments comme le général Hossein-Tache, responsable du département stratégique du Conseil suprême de sécurité, a pris en main la direction de ce service après la prise du pouvoir d'Ahmadinejad. Vice-ministre de la Défense, Hossein-Tache était le responsable direct des armes de destruction massive et plus particulièrement de l'arme nucléaire. C'est un des hommes-clés du régime dans l'avancée du programme de la bombe atomique. Il est actuellement remplacé à ce poste par Ahmad Vahidi, l'ancien commandant en chef de la force *Qods*. En raison de son expérience, Hossein-Tache a été muté récemment au projet nucléaire en tant que directeur de l'université Imam Hossein des pasdaran.

Le ministère de la Défense

Le ministère de la Défense et de la logistique des Forces armées a été créé en 1989. Jusqu'à cette date, ce ministère se chargeait de la logistique de l'armée et le ministère des Pasdaran de celle des gardiens de la Révolution.

Après la guerre du Golfe de 1989, les deux ministères ont fusionné dans le ministère de la Défense et de la logistique des Forces armées.[10]

Son ministre a toujours été un général des pasdaran et les directions du ministère sont essentiellement aux mains des pasdaran.

Mostafa Mohamad Nadjar, le ministre de la Défense d'Ahmadinejad est membre des pasdaran depuis 1979. Il a participé à la répression, aux opérations terroristes et à la production d'armes de destruction massive. Les états de service de ce pasdar sont des plus brillants ! Il a activement participé à la répression des Kurdes iraniens, particulièrement dans la région de Naghadeh au début de 1979. Ces affrontements ont entraîné des massacres dans la population civile kurde et les *peshmergas,* les maquisards kurdes. De 1982 à 1985 il a été actif dans le terrorisme et l'exportation de l'intégrisme. Il a dirigé des opérations au Moyen-Orient sur l'axe Liban-Palestine et les pays du Golfe et a effectué pour cela de nombreux déplacements au Liban.

Les pasdaran dans l'armée

La hiérarchie militaire après le commandant en chef des Forces armées (Khamenei), comprend l'état-major général des Forces armées dirigé par Hassan Firouzabadi, pasdar et bassidji, qui a placé dans la plupart des directions, des colonels des pasdaran. Le commandement de l'armée est également sous le contrôle d'un état-major composé de pasdaran.

L'ensemble des postes touchant à la sécurité au sein de l'armée classique ainsi qu'une partie importante des sections et des cadres du commandement général sont des pasdaran. Dans les conditions actuelles particulièrement sensibles, le régime cherche à écarter toute discordance entre l'armée et les pasdaran pour que l'armée soit totalement au service des objectifs du Guide suprême.

Les pasdaran au ministère du Renseignement

Le ministère du Renseignement et de la sécurité de l'Etat, le *Vezarat-e-Etelaat va Amniat Kechvar* (Vevak), a été constitué essentiellement de pasdaran.

Khamenei s'est toujours efforcé de laisser les postes-clés de ce ministère aux mains des gardiens de la Révolution. Les postes, jusqu'au niveau de directeurs de département au Vevak, les chefs du renseignement dans les provinces, sont tous occupés par des pasdaran. C'est ainsi que dans la pratique, l'ensemble des problèmes de sécurité du pays sont sous leur contrôle.

Par exemple, quand la section de recrutement du Vevak est aux mains des pasdaran, ils contrôlent également l'ensemble des recrutements au niveau gouvernemental, puisque tous les recrutements dans chaque ministère doivent passer par le contrôle du Vevak.

Les pasdaran dans les forces de sécurité de l'Etat

Les forces de sécurité de l'Etat, *Nirouyé Entézami*, sont formées en 1991 à l'époque de Rafsandjani, sur proposition du mollah Abdollah Nouri, alors ministre de l'Intérieur. Cette proposition reçoit l'aval du Guide suprême et voit le jour par la fusion de plusieurs : la gendarmerie, la police, les fameux Komitehs de la révolution islamique, la police judiciaire. Elles sont chargées d'« assurer l'ordre au sein de la société », ce qui dans le langage des mollahs signifie s'occuper de la répression ouverte. Elles agissent sous divers titres forgés selon les circonstances : lutte contre la débauche, *monkarat*, les femmes mal voilées, la police des écoles, la police des mœurs, etc. Chaque jour cette répression prend de nouvelles dimensions et a pour but de semer la terreur, d'empêcher tout mouvement de protestation de prendre corps. Les rafles et les descentes dans les quartiers contre les jeunes, la répression des protestations étudiantes et des manifestations, les arrestations et la répression des femmes, les exécutions publiques, la torture, le fouet, les châtiments humiliants des jeunes dans la rue, figurent au nombre de leurs responsabilités. Par exemple, dans la seule année 2007, en raison de l'augmentation des mouvements de protestation, elles ont été chargées de monter d'un cran les opérations d'intimidation contre de la population. Elles ont procédé à de nombreuses arrestations, tortures et même lynchage en public de jeunes, et de dizaines de milliers de femmes.

La formation des forces de sécurité de l'Etat est en réalité une reprise en main, par les Komiteh de la révolution (qui font partie des pasdaran) de la police et de la gendarmerie. À côté des forces de Bassidj et des bases *Sarollah* près des villes pour les protéger des émeutes – Khamenei a entièrement confié cette force aux pasdaran.

Durant la première année de présidence d'Ahmadinejad, cette force a été chargée de l'exécution de 280 Iraniens. En 2007 les exécutions ont frôlé le chiffre de 400, dont au moins un tiers en public ; dix des victimes avaient moins de 18 ans.

C'est au moment de la constitution de cette force, que les exécutions politiques, les lapidations ou les meurtres en série de femmes ont repris. Les agents des forces de sécurité de l'Etat et les miliciens du Bassidj sont autorisés à tirer sur la population dans les rues. La pratique de la torture et des viols sur les prisonniers a augmenté. Les organisations internationales des droits de l'homme ont fait état de la mort de cinq personnes dans les prisons, y compris des moudjahidines et deux étudiants dont tout laisse à penser qu'ils sont morts sous la torture. Une autorité des FSE a avoué que *des accusés avaient été attachés à des arbres et battus jusqu'à ce qu'ils commencent à parler avec l'arbre (sic),* (BBC, 12 juillet 2005).

La plus haute autorité judiciaire de Téhéran, qui en raison des conflits internes s'est vue menacée de licenciement, a levé le voile sur un certain nombre de pratiques dans les prisons, comme *le viol de femmes et de filles, ainsi que des jeunes de 13 ans maintenus dans les prisons pour des accusations élémentaires,* (BBC, 23 juillet 2005). Ces pratiques n'ont pour objectif que de répandre la peur dans la population et d'empêcher un soulèvement populaire.

Le service de protection et de contrôle des hauts responsables du régime

Le service de protection baptisé division *Vali-amr*, est formé par les pasdaran dans le but d'assurer la protection des responsables de haut niveau. Cette protection entoure les personnalités de l'Etat et des personnalités militaires, comme les chefs des trois forces, les chefs de l'armée et les commandants supérieurs des pasdaran, les ministres, les membres haut placés du gouvernement à divers niveaux, les responsables des organisations et des instances exécutives, les députés et les préfets.

Cette division ne se contente pas uniquement de protéger les hauts responsables du pays, elle les surveille et rapporte directement au Guide suprême leurs intentions et leurs déplacements. Ainsi, avec ce service, l'ensemble de la surveillance des membres du gouvernement et des pouvoirs est sous le contrôle des pasdaran. Ils sont devenus les yeux et les oreilles du Guide suprême. Par conséquent, le personnel chargé de la protection des autorités et des personnalités en visite à l'étranger relève des pasdaran qui se trouvent actuellement sur la liste noire du gouvernement américain.

Notes

1. Parmi lesquels le Dr. Laya Roshan, interviewée par l'agence *Reuters*. Hamid Akbarian, Bahman Jenat Sadeghi, Hamid Habibi, Bahman Tolou-Kechtian qui ont été témoins directs des crimes et des sévices infligés par Ahmadinejad dans les prisons sous le pseudonyme de Mirzaï et de Golpayegani.
2. Cette interview est parue sur le site Internet du journal iranien *Rouz*, le 5 juillet 2005.
3. Témoignage de Fereydoun Jourak, 13 septembre 2005.
4. Le cinéaste Fereydoun Jourak s'est dit prêt à apporter son témoignage devant toutes instances compétentes.
5. Le journal *Keyhan* du 5 décembre 2005 écrit à ce propos : « Le monument à la mémoire des martyrs de "l'opération Marines" a été gravé en quatre langues, persane, anglaise, française et arabe, dans la section des martyrs du Mouvement mondial de l'Islam. Ce monument se trouve à côté des monuments à la mémoire du martyr Moustapha Mazeh qui avait tenté de tuer Salman Rushdie, ainsi que du martyr Khaled Islamboli (assassin d'Anouar el Sadate) et d'autres martyrs des opérations suicides. Dans cette section on peut lire : à la mémoire de deux jeunes musulmans libanais qui à l'aube du 23 octobre 1983, au cours de deux opérations simul-

tanées de martyre, conduisant des camions d'explosifs, ont attaqué le siège des occupants américains (au sud de Beyrouth) et le siège des occupants français (à l'ouest de Beyrouth), et en faisant exploser leurs véhicules, ont tué 241 *marines* américains et 58 parachutistes français. Pour éviter un aveu flagrant *Keyhan* prétend « Nous ne connaissons pas leurs noms », mais ne manque pas d'ajouter : « nous continuerons dans leur voie ».

6. *IRNA* (agence de presse, officielle, de Téhéran), 4 novembre 2005.

7. Les noms de certains de ces colonels et généraux des pasdaran présents dans le gouvernement d'Ahmadinejad se trouvent en annexe.

8. Une centaine d'intellectuels et opposants ont été mutilés et assassinés. Quand l'affaire est devenue publique, le régime a jeté en pâture Saïd Emami qui a été « suicidé en prison ».

9. Voir l'annexe 10 : la liste des officiers des pasdaran au Conseil suprême de sécurité nationale.

10. Les fonctions et les responsabilités de ce ministère ont été décrites de la manière suivante : la défense des Forces armées dans les instances juridiques, l'élaboration d'articles de loi nécessaires aux Forces armées, la coordination de l'état-major commun de l'armée et des pasdaran, les achats à l'étranger selon la politique du gouvernement, construire et produire le matériel nécessaire aux forces militaires et aux forces de l'ordre, coordonner la recherche industrielle, accomplir les réparations qui ne sont pas dans la capacité des forces militaires et de l'ordre, étudier le budget des Forces armées et surveiller les dépenses, assurer les services médicaux des personnels des Forces armées et les services coopératifs des Forces armées ainsi que les différents salaires, préparer les cartes militaires et les services géographiques des forces.

Le site Shian

Août 2003 : Centre de formation et de recherches des Industries de la Défense

Mars 2004 : après les révélations du CNRI, le centre est rasé par les autorités et quatre mètres de terre sont prélevées pour ne pas laisser de trace de radioactivité.

En 2008, le site est transformé en Parc

Le 20 février 2008, le Conseil national de la Résistance iranienne révèle l'existence du centre de commandement et de contrôle pour la production de la bombe atomique au site Mojdeh situé à Lavizan (Est de Téhéran). Les installations du site de Shian ont été transférées dans ce centre baptisé : "le département de développement de l'application des technologie avancées" géré par le ministère de la défense. Lié par une passerelle à l'université Malek Achtar, le site bénéficie largement des services de recherche en armement qui se trouvent dans cette université du ministère de la défense.

La zone militaire de Khojir situé au Sud-est de Téhéran où est situé le complexe industriel Hemat qui produit notamment le missile Chahab 3.

A gauche l'entrée du complexe Hemat et son parking ainsi que l'héliport et la route menant au complexe industriel Alireza Nouri

Le complexe Alireza Nouri où sont concentrés les travaux pour la production de l'ogive nucléaire.

CHAPITRE 7

Les pasdaran : un capitalisme mafieux

Une structure moyenâgeuse du pouvoir et l'absence de tout contrôle démocratique ont préparé le terrain à la transformation d'une institution dont la mission était consacrée à la répression et à la guerre, en une bande mafieuse. A la fin de la guerre, le corps des gardiens de la Révolution était constitué de certains éléments « endoctrinés », imprégnés des idées les plus perverses et des approches les plus intégristes de l'Islam. Mais la découverte de sa vraie nature par le peuple, l'échec de l'intégrisme qui n'a pas pu imposer ses contre-valeurs à la société et surtout à la jeunesse, ainsi que l'anéantissement d'une grande partie de ses réserves humaines pendant la guerre ont conduit le corps des pasdaran, après deux ans de conflit, à se transformer, d'une force de volontaires et de professionnels, en une armée classique recourant aux recrutements forcés pour assurer sa survie. Constatant que les mollahs avaient fait main basse sur les richesses du pays en se les partageant, les pasdaran, qui se considéraient comme les seuls défenseurs du régime, ont exigé une part des bénéfices. Ainsi, en assurant leur présence dans des fondations religieuses à but commercial telles que la Fondation des *mustaz'afine*, la Fondation des martyrs, ils ont pu remplir leurs poches et celles de leurs proches. L'absence d'une vraie structure économique a libéré plus que jamais le champ au pillage, la malversation et la corruption généralisée. Au point que si l'on y regarde de près, on constate une situation désastreuse comme il y en a peu d'exemples dans le monde. Il s'agit d'un régime dans lequel « la maison du *Vali-e-Faghih* », à savoir Khamenei lui-même contrôle 35 % de l'économie. En fait, le corps des pasdaran constitue le troisième conglomérat commercial du régime après la Compagnie nationale du pétrole et la Fondation religieuse *Astane Qods Razavi*[1].

La Fondation des déshérités dirigée par les pasdaran et dont le premier président était Mohsen Rafiqdoust – le premier ministre des pasdaran –, contrôle le quart du produit national brut. Créée au début de la Révolution, cette fondation est actuellement l'un des plus grands groupes économiques du pays. Mais près de trois décennies après sa création, aucun chiffre sur ses biens et sur les entreprises qu'elle contrôle n'a été publié. Mohsen Forouzandeh, un autre chef du *Sepah* a succédé à Mohsen Rafiqdoust à la tête de la fondation.[2]

La Fondation des déshérités et des invalides contrôle 40 à 45 pour cent de l'économie non pétrolière, dont 64 mines très riches et les meilleurs terrains et produits agricoles de l'Iran. Elle est la plus grande entreprise à l'échelle du Moyen-Orient. Elle compte des centaines d'usines de production alimentaire, de matériel de construction, de production pétrochimique, 2786 grandes propriétés et immeubles, 320 sociétés commerciales, compagnies aériennes et flottes marchandes, 90 salles de cinéma, 250 sociétés de crédit et services bancaires et plusieurs sociétés d'édition et de presse. Une grande partie des mines d'or, d'argent et de platine, des stocks d'objets antiques et des bijoux souvent uniques au monde ; des complexes agro-industriels, des produits d'artisanat local (tapis, etc.), des milliers de fermes, les meilleurs vergers, des fruits secs de première qualité, qui constituent un des plus grands conglomérats du monde, sans avoir jamais présenté de bilan, ni rendu aucun compte.[3]

Ses revenus et recettes ont été estimés à environ 3.5 milliards de dollars en 2000.[4]

Il s'agit d'une économie féodale qui prospère en dehors des structures gouvernementales. Ces fondations ne paient pas d'impôt, et ne respectent pas les lois économiques votées par le propre parlement du régime. Elles importent chaque année l'équivalent de 11 milliards de dollars de marchandise en contrebande dont 1.8 milliards de dollars de stupéfiants.[5]

Ces bandes sont si bien implantées dans l'appareil judiciaire que toute plainte, portée contre elles, s'enlise. De plus, elles se servent de leurs liens organiques avec l'appareil de la répression pour couvrir leurs pillages et les dissimuler au regard des citoyens.

Ainsi, la corruption financière, le pillage des revenus pétroliers, des caisses de l'Etat et des biens publics ont eu pour résultat le développement de la spéculation et la généralisation de la corruption dans les administrations qui sont devenues les signes extérieurs du pourrissement du régime des mollahs. Des agents du régime qualifient, sous le manteau, cet état de choses « d'économie de pillage ».

Mais la mainmise du *Sepah* en tant que défenseur et bras armé du *Vali-e-Faghih* sur ces sources de richesse permet aux pasdaran d'avoir l'autonomie et les moyens nécessaires pour la propagation du terrorisme et de l'intégrisme à travers le monde, l'acquisition d'armes de destruction massive et la répression à l'intérieur du pays.

Se servant au maximum du levier économique, la force *Qods* a créé au cours des dernières années les couvertures nécessaires à l'exportation du terrorisme et de l'intégrisme. En investissant massivement en Irak, en Afghanistan et au Liban ces dernières années, elle a créé des façades pour ses activités terroristes et financé son ingérence dans ces pays. La contrebande de la technologie et des pièces proscrites pour les armes de destruction massive se fait souvent par le biais des entités économiques spécialement créées par le *Sepah*. Les autorités du régime estiment qu'avec les réseaux de contrebande que la force *Qods* contrôle via la Fondation des déshérités, elles seront en mesure de contourner les sanctions actuelles et futures du Conseil de sécurité de l'ONU. Cette perception a été renforcée par l'attitude complaisante de certains interlocuteurs occidentaux du régime et la timidité des premières sanctions du Conseil de sécurité.

La hausse constante du prix du baril de pétrole ces dernières années a multiplié les recettes pétrolières, mais l'essentiel de ces revenus a été dépensé pour financer le terrorisme, la répression, l'acquisition de l'arme nucléaire, l'armement du *Sepah* ainsi que pour approvisionner abondamment les comptes bancaires des dirigeants du régime et des généraux des pasdaran. Au même moment, le peuple s'appauvrit chaque jour davantage : 80 % de la population vit aujourd'hui au niveau du seuil de pauvreté ou en dessous.

Naissance d'un complexe militaro-financier

Les pasdaran jouent un rôle exclusif dans l'économie du pays à travers la Fondation coopérative du *Sepah* et le QG de Reconstruction dit *Khatam-ol-Anbia*. Ils exercent ainsi un monopole dans tous les domaines économiques.

Créée en 1988 pendant la guerre Iran-Irak, la Fondation coopérative du *Sepah* est le plus ancien organe économique des pasdaran.

En 1989, sur l'ordre de Khamenei, le QG du génie militaire *Khatam-ol-Anbia* est devenu le QG de la Reconstruction : il est chargé de prendre en main les activités économiques du *Sepah* après la guerre.

Les deux organes se partagent les tâches : le QG *Khatam* et les entreprises sous son contrôle se lancent dans le bâtiment et les travaux publics comme la construction de ponts, de tunnels ou de forages pétroliers, tandis que la Fondation coopérative investit plutôt dans le commerce et la finance.

En plus de la Fondation coopérative du *Sepah*, l'état-major des Forces armées a créé dans les années 1990 des fondations coopératives semblables au sein du Bassidj, des Forces de sécurités de l'Etat (police), de l'armée (régulière) et du ministère de la Défense.

Selon une loi votée par le Majlis en 1994, les Forces armées ont reçu l'autorisation de créer « des entreprises de construction et de services techniques ». Mais c'est le *Sepah* qui monopolise pratiquement ces activités, consolidant davantage ses positions exécutives et économiques au sein des structures du pouvoir. Ainsi les entreprises affiliées au *Sepah* telles que le QG *Khatam* ont décroché des projets de construction de barrages, de routes et d'équipements estimés à plusieurs milliards de dollars.

En 1993, sur l'ordre de Khamenei, les fondations coopératives du *Sepah* et du Bassidj sont exonérées d'impôts.[6]

C'est l'article 247 de la Constitution du régime qui a ouvert la porte à l'entrée du *Sepah-e-pasdaran* dans les activités économiques et commerciales. Selon cet article, « le gouvernement est tenu d'utiliser les capacités des Forces armées en temps de paix en vue de leur participation à la reconstruction du pays ». C'est ainsi que le *Sepah* se lance dans les activités économiques à la fin de la guerre Iran-Irak et y consacre environ 30 % de ses capacités techniques (les 70 % restant alimentent les activités militaires). Les projets économiques du *Sepah* réalisés en 2004 sont d'une valeur globale de 12 milliards de dollars.

A l'arrivée d'Ahmadinejad aux affaires, les projets économiques confiés au *Sepah* prennent une ampleur grandissante. Rien que dans un seul cas en juillet 2006, deux milliards de dollars ont été prélevés dans le Fonds de réserve en devises étrangères du gouvernement pour financer les nouveaux contrats accordés au QG *Khatam*. Il est aussi à noter qu'en cette même année 2006, le QG Khatam a signé, en l'espace d'un mois, trois gros contrats d'une valeur totale de 7 milliards de dollars avec le gouvernement dans le domaine de l'exploitation pétrolière et gazière.

Selon une estimation, en 2007, les entreprises affiliées au *Sepah* contrôlaient plus de 57 % des importations et 30 % des exportations non pétrolières. Les recettes annuelles du *Sepah* résultant de ces transactions s'élèvent à 5 milliards de dollars.

Hamid-Reza Baradaran, ancien directeur de l'organisation de la gestion économique et du budget, a déclaré que 35 % du chiffre d'affaire du pays sont contrôlés par un gouvernement « fantôme ». S'il n'a pas précisé quelles entreprises et entités formaient ce gouvernement « fantôme », de nombreux experts estiment que la part du lion revient aux pasdaran et le reste aux autres fondations et entités contrôlées par Khamenei lui-même. Plus de 500 grandes ou petites entreprises appartenant au *Sepah* sont actives en Iran. Leurs filiales sont également actives dans les pays du golfe Persique notamment aux Emirats Arabes Unis, à Dubaï et dans d'autres pays du Moyen-Orient, de l'Asie centrale, de l'Asie du sud-est, des pays européens ainsi qu'en Afrique et en Amérique latine. Rien qu'aux Emirats Arabes Unis, 483 sociétés écrans du *Sepah* ont des filiales…

Actuellement, plus du tiers des importations du pays passent par les marchés illicites, des réseaux économiques souterrains, et des quais non officiels installés près des ports officiels. Le *Sepah* dispose de 181 de ces quais et des ports illégaux sur l'ensemble du territoire national[7]. En outre, le *Sepah* a de nombreux aérodromes à sa disposition destinés aux mêmes fins : par exemple, l'aérodrome Payam à Karadj, officiellement destiné aux transports postaux.

Depuis l'arrivée au pouvoir d'Ahmadinejad, afin de renforcer davantage ce cartel, il utilise l'influence de plusieurs chefs des pasdaran qu'il a nommés ministres ou chefs d'entreprises publiques pour appuyer les activités économiques du *Sepah*. Par exemple, la vente en contrebande gigantesque du pétrole irakien estimée à 20 milliards de dollars s'effectue par le biais du *Sepah*.

Le QG de la Reconstruction *Khatam-ol-Anbia*

Une partie de l'énorme quantité d'équipements du génie saisis et rassemblés pendant la guerre Iran-Irak a été mise à la disposition du QG *Khatam-ol-Anbia* et des entités sous son autorité. Le nombre de personnes des unités de génie du *Sepah* et de ses autres unités qui constituent actuellement le QG *Khatam* s'élève à 40 000. De plus, 15 000 agents du Bassidj ont été affectés au secteur des « services techniques » du QG *Khatam*. Ce dernier poursuit ses activités économiques grâce à des centaines de sociétés nationales surnommées les *Ghorbs* (proches, disciples) de *Khatam-ol-Anbia*. Ces activités vont de l'importation d'appareils électroménagers à la construction d'automobiles comme le groupe industriel Bahman (constructeur de la marque Mazda). Le QG *Khatam* est également actif dans la sous-traitance de la construction des oléoducs et gazoducs, des ponts et chaussées, des constructions de barrages, de ports, du bâtiment et… la contrebande du pétrole irakien, la gestion des quais illégaux et des ports d'usage exclusif pour les importations et les exportations, ainsi que des services techniques consacrés aux projets nucléaires et balistiques.

Parmi les entreprises et entités affiliées au QG *Khatam* on peut citer : Ghorb Nouh (« Noé »), qui constitue l'unité de génie de la marine du *Sepah*, Ghorb Amine, Ghorb Charif, Ghorb Bassidj, Ghorb Ghadir, Ghorb Kerbala, Ghorb Mohandessi (ingénierie), etc.

Ce QG a également créé des sociétés pour l'aider dans l'avancement de ses visées dont : la Société *Razmandegan* (combattants), la Société *Razmjou* (« guerriers »), la Société nationale de la Construction, la Société d'assurance de la Fondation coopérative du *Sepah*, et la Société de transports *Djavan seyre Issar* (« jeune voyage sacrifice »). Cette dernière, par exemple, permet au *Sepah* de poursuivre ses visées terroristes et interventionnistes dans d'autres pays sous couvert d'activités commerciales. Plus spécifiquement, cette société est chargée du transport des passagers (agents de *Qods*) à l'intérieur de l'Iran ainsi qu'en Irak, en Turquie et en Syrie. En outre des établissements divers comme *Kowsar* (Source) dont les filiales sont impliquées dans des activités économiques, de construction ou dites de « secours et assistance », sont présents dans des pays comme l'Irak, l'Afghanistan et la Turquie. En Irak, *Kowsar* sert de façade aux activités terroristes de la force *Qods* sous couvert d'une association caritative. En fait, ces sociétés et établissements sont impliqués à la fois dans des activités économiques et dans le soutien aux activités terroristes du régime iranien. Ces établissements fournissent également au régime les canaux nécessaires pour mener certaines opérations qu'il ne peut confier aux sociétés iraniennes qu'il juge peu fiables ou aux sociétés étrangères.

L'entreprise *Hara* est l'exemple type de ce genre d'établissements. Il s'agit d'une société affiliée au QG *Khatam* et gérée par le *Sepah*. Active dans la construction des tunnels, elle a été impliquée dans la construction de la plupart des tunnels utilisés pour dissimuler les sites nucléaires du régime.

La société *Hara* – grotte dans laquelle le Prophète s'est recueilli – mène en parallèle de ses activités publiques des missions confidentielles. En raison de l'extrême sensibilité de sa mission, *Hara* dépend directement de l'état-major de la force *Qods*, mais ses projets lui sont confiés par le QG *Khatam*. De même, elle est liée de près au *Ghorb Nouh* (le génie de la marine du *Sepah*). Actuellement, la société *Hara* est impliquée dans deux projets secrets. Le premier concerne le complexe *Ghatran* (production d'eau lourde) près du village de Khandab, dans le centre de l'Iran. L'autre projet porte sur la construction des tunnels au centre de production du combustible nucléaire d'Ispahan. Elle a mis en place une installation appelée *Sadaf* (coquille) où ses ingénieurs travaillent sur le tunnel d'Ispahan.

Lors de la dix-huitième assemblée générale des chefs et des responsables du *Sepah* en septembre 2007, l'entreprise *Rah-e-Sahel* (chemin de la plage) a été présentée par l'état-major interarmes du *Sepah* comme la meilleure entreprise du QG *Khatam* et à ce titre a reçu une brassée d'éloges. Cette société est un exemple intéressant de la diversité des activités du *Sepah*. Son directeur général l'ingénieur Esmail Hadir-Kerdar, est membre du *Sepah* depuis 1979. Sur le front de la guerre Iran-Irak, il a travaillé dans le génie du ministère du *Sepah* avant de rejoindre le génie de la marine du *Sepah*. Il y reste jusqu'en 2000 date à laquelle il fait son entrée à *Rah-e-Sahel* et devient son directeur général en 2004. *Rah-e-Sahel* dépend du QG de reconstruction *Nouh*. L'entreprise a été créée un an après la mise en place du QG *Nouh*. Plus de 2000 employés travaillent à temps plein à son siège central et dans ses ateliers. Au cours de cette même 18e assemblée, Esmail Hadir-Kerdar a révélé que *Rah-e-Sahel* a réalisé plus de 70 projets divers du ministère du Pétrole, du ministère des Transports, de la Société de télécommunications et du ministère de l'Energie. D'après lui, elle a actuellement plusieurs projets en cours pour une valeur totale de plus de 6 000 milliards de rials dont 2 500 milliards de projets dits « EPC » (conception, matériaux, exécution).

Parmi les projets importants réalisés ou en cours de réalisation par *Rah-e-Sahel* figurent : les projets de la construction de réservoirs *LNG* et *LPG* pour la conservation du gaz liquéfié, la construction des quais et installations portuaires pour l'exportation du gaz liquéfié, le projet de construction des bâtiments et des oléoducs souterrains *Alfine 5* et *11*, le projet de construction des entrepôts mécanisés et des installations portuaires pour l'exportation de soufre *Pars*, la construction de la première tranche de l'autoroute conduisant à la raffinerie *Parsian*, la conception et la construction des installations de protection du port *Pars* ainsi que de deux nouveaux quais, la construction de la sixième tranche de l'autoroute à 4 voies *Djam-Taheri-Assalouyeh*, l'excavation dans le port *Chahid Radjaï*, les opérations d'excavation et d'installation des câbles de fibres optiques entre Téhéran et Ahvaz, Djask-Minab et Bouchehr-Borazdjan…

Comme le montrent ces exemples, le *Sepah* a accaparé des activités économiques dans les domaines les plus variés. Ainsi, il s'avère que ceux qui prétendaient vouloir faire des affaires avec le régime des mollahs pour jeter des passerelles et communiquer avec la société iranienne pour les inciter à la modération, trompaient le monde. En effet, la plupart des compagnies pétrolières actives en Iran comme le groupe *Total* font forcément des affaires avec les *Sepah*-e-pasdaran. Autre exemple, dans la construction automobile, des sociétés comme *Renault* ont obligatoirement affaire avec les pasdaran. Il en va de même dans le bâtiment, les travaux publics ou autres constructions de ports… Par exemple, des sociétés comme l'Italienne *Trevi*, spécialisée dans la construction de quais, ou les Néerlandaises *Royal Hauskonig* et *Royal Booskalis* pour les opérations de dragage de la phase 2 du port chahid Radjaï doivent obligatoirement opérer dans le cadre d'un consortium dirigé par le QG *Khatam*.

L'élargissement du champ d'activités du QG *Khatam-ol-Anbia*

Mohsen Rezaï, actuellement secrétaire du Conseil de discernement des intérêts de l'Etat, et à ce titre son numéro 2 derrière Rafsandjani, évoque les activités du QG de la Reconstruction *Khatam-ol-Anbia* des pasdaran (dont il était commandant en chef jusqu'en 1997) en ces termes : « Ce QG était une création précieuse au sein du *Sepah*. Il a accompli de grands projets nationaux. Pendant la période où j'avais la responsabilité du *Sepah*, ce QG a réalisé des projets de reconstruction d'une valeur de 5 000 milliards de rials ».

Rahim-Safavi, alors commandant en chef du *Sepah* a déclaré en 2007 : « Plus de 1 500 grands projets ont été réalisés par le QG *Khatam* au cours des 17 dernières années. »

Selon un rapport du *Sepah* à la Commission du Budget du Majlis, le QG *Khatam* a 812 sociétés enregistrées à l'intérieur et à l'extérieur du pays. Il comptait 225 projets en cours en 2006. A quoi s'ajoute une centaine de gros projets confiés au QG par le gouvernement Ahmadinejad au cours de 2007.

Parmi ces projets, on note celui de la construction du gazoduc d'Assalouyeh jusqu'à la frontière pakistanaise via la province de Sistan obtenu par le QG *Khatam* sans appel d'offre. Il s'agit d'un projet d'une valeur de 2,2 milliards de dollars alors que selon les lois en vigueur, tout contrat de plus de 10 millions de dollars doit être assujetti à un appel d'offre selon des normes établies.

D'autres gros projets ont été confiés récemment au QG *Khatam* : le développement d'une partie du champ gazier Pars du sud d'une valeur déclarée de 2,5 milliards de dollars, le développement des installations portuaires de Tchahbahar et plusieurs projets dans les domaines pétroliers et gaziers en particulier d'une valeur totale de 7 milliards de dollars. Il a été officiellement déclaré que le QG a obtenu ces contrats en participant à des appels d'offre conformément aux lois en vigueur et en proposant des devis moins chers.

Le 26 avril 2007, Taheri, vice-ministre des Transports, affirmait : « Le QG *Khatam* a gagné le premier appel d'offre concernant le projet de l'élargissement du port de Tchahbahar (le quai *Chahid Behechti)* : le QG s'est engagé à réaliser ce projet en trois ans pour un coût de 341 millions de dollars. »

Le port de Tchahbahar est d'une importance stratégique capitale pour le régime, car situé en dehors du golfe Persique, au bord de la mer d'Oman. C'est une voie d'accès à l'Océan Indien sans passer par le contrôle du détroit d'Ormuz.

Les facilités accordées au QG *Khatam* par le gouvernement Ahmadinejad avec sa composition « pasdaran-mollahs » ont même provoqué des protestations de certaines factions du régime. Le 28 juin 2006, des députés de la fraction minoritaire du Majlis ont, dans une mise en garde adressée à Mahmoud Ahmadinejad, protesté contre l'obtention, par le *Sepah*, du contrat de 2 milliards de dollars concernant les phases 15 et 16 du champ gazier Pars-sud.

Souvent d'énormes investissements ont été accordés au *Sepah* sur un plateau d'argent.

Par exemple, le 30 août 2006, des sources à l'intérieur du régime ont rapporté que la société d'excavation *Oriental Oil* a été transférée du ministère du Pétrole au QG *Khatam* avec tous ses équipements et son capital. L'actif de cette société est estimé à 80 millions de dollars. Il est clair, par ailleurs, que des entités comme le QG *Khatam*, la Fondation des déshérités ou d'autres organes économiques du *Sepah* ne s'appuient pas uniquement sur le soutien gouvernemental, mais étant eux-mêmes des organes armés de répression, ils sont capables d'écarter leurs adversaires ou concurrents en recourant à des méthodes musclées, au chantage, à l'intimidation et même aux arrestations et à la torture. En mai 2004, mécontent d'un contrat signé avec une société turque pour la gestion de l'aéroport Imam Khomeiny nouvellement construit, le *Sepah* a empêché son ouverture en envoyant des blindés sur les pistes d'atterrissage. Il a invoqué pour prétexte, des questions de sécurité nationale, mais en vérité il protestait contre le fait que le contrat n'avait pas été octroyé à des sociétés sous son contrôle.

Le commandement

Le QG *Khatam* est situé avenue Moallem, à Téhéran, dans l'immeuble jouxtant celui de l'état-major des Forces armées. Depuis sa création, le commandement du QG *Khatam* a toujours été confié au commandant en chef du *Sepah*. Ainsi, c'est Mohammad-Ali Jafari, l'actuel commandant en chef du *Sepah*, qui assure aujourd'hui le commandement du QG *Khatam*. Un commandant en chef adjoint du *Sepah* assure la gestion de toutes les affaires du QG. Il s'agit actuellement du colonel Abdol-Reza Abedzadeh, surnommé « Sardar Abed ». Nommé depuis 2005 à ce poste, le colonel Abedzadeh, 55 ans, originaire du Khouzistan[5], et ingénieur du pétrole, a participé à la guerre Iran-Irak notamment comme chef de bataillon chargé du « nettoyage » des fronts de l'ouest, du nord-ouest et du sud. Il est épaulé par des chefs adjoints le colonel Khodabakhchi, chargé de la coordination, le colonel Tolou'i, chargé des mines, le colonel Ali-Morad Ettehad, chargé des industries, Elm-ol-Hoda, chargé de l'inspection et Sadeghi, chargé de la planification.

Les activités économiques du *Sepah* ne font l'objet d'aucun rapport au gouvernement ou au parlement. Elles sont gérées sous la surveillance directe du Guide suprême. Aucun bilan ni rapport financier chiffré sur les activités économiques du *Sepah* ne sont publiés. Son budget reste confidentiel.

Une société d'audit nommée *Hessan* contrôle les biens et les comptes du *Sepah* sous la surveillance directe d'Ali Khamenei. Les comptes du *Sepah* et leurs actifs et passifs sont examinés une fois par an lors des réunions appelées « l'Assemblée des "ghorbs" de "Khatam-ol-Anbia" ».

La Fondation coopérative du Sepah-e-pasdaran

Il s'agit d'un établissement à but non lucratif. Le capital de base a été fourni par Khamenei. Tous les capitaux de cette fondation appartiennent à Khamenei. En vertu d'une loi votée par le Majlis, sur l'ordre de Khamenei, et communiquée au ministère de l'Economie et des Finances, tous les revenus de cette fondation sont exonérés d'impôt.

Au cours d'un processus de privatisation en 1989, la Fondation coopérative du *Sepah* a pris possession de nombreuses entreprises publiques, notamment du groupe de construction d'automobiles Bahman.

Cette fondation est dotée d'un conseil d'administration composé des hauts gradés du *Sepah* et d'une direction générale.

Il est intéressant de noter la composition de cette direction générale : son directeur général, le colonel Amir-Hayat Moghaddam a respectivement été commandant en chef adjoint de l'armée de terre du *Sepah*, commandant en chef adjoint de son armée de l'air et, sous Ahmadinejad, gouverneur du Khouzistan[8] avant d'être nommé à ce poste.

Le directeur général adjoint, le colonel Maddah, est l'un des chefs de la force *Qods*, inspecteur en chef de l'état-major interarmes.

Le directeur général adjoint chargé des affaires économiques est le colonel Akbari.

Le directeur général adjoint chargé des affaires juridiques et de l'inspection est le pasdar Ghabichavi, celui chargé de la logistique le pasdar Kamal, des affaires administratives le pasdar Djavabtchi, de la planification le colonel Faradjpour, du fond du logement le pasdar Babamoradi.

Le directeur des assurances est Hachémi, alors colonel, le directeur financier le colonel Ostad-Hossein, le directeur commercial le pasdar Mirmohammadi. Le secrétariat est assuré par le pasdar Rezaï.

En outre, Khamenei est représenté au sein de la Fondation par un mollah nommé Fakhri qui lui rend compte directement.

La fondation coopérative du *Sepah* (CFCS) est impliquée dans un grand nombre d'activités : de la construction de centres commerciaux au commerce du tabac en passant par le pétrole, les raffineries et l'importation des produits de consommation.

Elle a investi massivement par exemple dans les sociétés *holding* de la Fondation coopérative du *Sepah*, la société *holding* Saadi, le groupe Bahman ou l'établissement bancaire *Ansar-al-Mohadjerine* (Partisan des Migrants).

La société d'investissement Saadi a investi dans la plupart des industries lourdes du pays. Une partie du capital de la Fondation des martyrs lui appartient. Créée en 1984, au nom des familles des soldats morts pendant la guerre, elle contrôle une partie importante de l'économie du pays.

En août 2007, la société Saadi cédait une partie des actions des sociétés de pétrochimie Arak, Pétrochimie de Kharg, du groupe Bahman, de la société de constructions automobiles Iran-Khodro, Saipa, de la société d'investissement national de l'Iran, des mines et des métaux, de l'acier du Khouzistan et des services agricoles.

Au cours du même mois d'août 2007, elle acquiert une partie des actions des sociétés nationales (publiques) du cuivre (Sarchechmeh), de l'acier (Khouzistan), des mines et des métaux, des services agricoles et du ciment (chahroud) pour la somme de 5,188 milliards de rials.

Pour ses transactions bancaires et financières la Fondation coopérative du *Sepah* s'appuie sur un établissement bancaire et financier lui appartenant, *Ansar-al-Modjahedine*.

Le régime a l'intention d'utiliser activement cet établissement comme une banque privée après l'entrée en vigueur des sanctions de l'ONU et des Américains contre le *Sepah*. Le régime espère ainsi réaliser des transactions du *Sepah* sous couvert de cet établissement et contourner une partie des sanctions.

Groupe Bahman

Le groupe Bahman a été créé à la fin de l'année 1973 à l'époque du chah. Sous la dénomination Khalidj Co., s.a.r.l au capital de 600 000 rials, cette société ayant pour objet social la représentation commerciale, des activités de transport, notamment maritimes et des activités d'intermédiaire a été enregistrée sous le n° 3939 du registre des sociétés.[9]

Le 19 juillet 1999 sa dénomination a été changée en « Groupe Bahman ». La Fondation coopérative du *Sepah* en est l'actionnaire principal.[10]

C'est pour cette raison que le directeur général et le président du conseil d'administration sont désignés par la Fondation. C'est le cas de Mohammad-Reza Sorouche, l'actuel directeur général, et celui de Homayoun Cheikh-ol-Eslam, l'actuel président du conseil d'administration.

Ce groupe est chargé de l'achat et de la vente d'actions et d'autres valeurs boursières pour le compte de la Fondation coopérative du *Sepah*. Il est impliqué dans la plupart des transactions boursières.[11]

Des sociétés de la FCS ont des licences commerciales à l'étranger ; ce qui permet au corps des pasdaran de les exploiter comme couverture pour contourner les sanctions. Parmi celles-ci : la société des « Ingénieurs consultants des équipements légers préfabriqués », la société de l'Acier *Zagross* (la FCS en est actionnaire), le complexe agro-industriel *Fadak* et la société de l'ingénierie *Ofogh-e-Tossé-e-Sabérine*. Cette dernière est impliquée dans l'achat d'équipements de communication, de caméras et de micros pour les organes de sécurité, dont les départements de sécurité et de renseignement des pasdaran. La société *Ofogh-e-Sabérine* a des antennes commerciales en Allemagne, en Angleterre, en Chine, en Malaisie, à Dubaï et Singapour. Il existe de nombreuses autres sociétés appartenant aux FCS comme : la société de télécommunication et d'électronique *Modje Nasr Gostar*, la société de construction *Chechsad Dastgah*, la société *Andicheh va Omran-e-Mohit* et la société *Gouya*. Celle-ci fait aussi partie de cet ensemble de sociétés actives à l'étranger : bénéficiant de nombreux[12] canaux, cette société peut librement acheter tout article électronique et de télécommunications dans les pays arabes et asiatiques.

En fait toutes ces sociétés qui financent les pasdaran lui servent aussi de couverture pour mener ses activités illicites dans le monde y compris pour coordonner et financer ses activités terroristes.

Notes

1. Fondation dirigée par le mollah Tabassi qui rassemble les dons au mausolée de l'imam Reza, le huitième imam des chiites et le seul des douze Imams qui est enterré à Machad.
2. C'est le frère d'Ahmad Forouzandeh que les Etats-Unis ont inscrit sur leur liste des sanctions en décembre 2007.
3. *Le Point*, 3 décembre 1999.
4. *Le Figaro économique*, 11 décembre 2000.
5. Sahra'ian, directeur du projet d'études de l'ONU sur le blanchiment d'argent, cité dans le quotidien *Yas-e-No*, 14 septembre 2003.

Décret du Guide suprême/no. 30/4-7595/48886 :

6. « Considérant le fait que les statuts de la Fondation coopérative du Bassidj ont été endossés par Son Eminence le Guide suprême, et que selon l'article 12, la dite fondation et ses agences affiliées tombent dans la catégorie des personnes morales imposables selon l'article 133 du code des impôts directs de décembre 1987 et son amendement ultérieur, et en tenant compte de la décision n° 30/4-12702 en date du 25 mars 1993 de la commission générale du Haut Conseil des impôts rendue dans le cas de la Fondation coopérative du *Sepah*, le contenu de la circulaire n° 30/4-

1066/15716 du 17 juin 1995 sera également applicable à la Fondation coopérative du Bassidj. »

7. « Sur 202 quais d'importations dans l'ensemble du pays, 181 ont été installés sans autorisation », a déclaré Mohsen Bahrami, porte-parole du QG de la lutte contre la contrebande de marchandises et de devises, mars 2005.

8. Région peuplée par la minorité arabe.

9. Selon une décision de l'assemblée extraordinaire des actionnaires du 7 juin 1971, la dénomination de la s.a.r.l « Khalidj Co. » a été changée en société « de la Construction d'automobiles Mazda », et le 27 juin 1984 en « Iran-Vanette ». Elle a été transformée en société anonyme le 15 mars 1992 et cotée en bourse de Téhéran le 9 mars 1994.

10. Les actionnaires du Groupe Bahman sont :
La Fondation coopérative du *Sepah*, 45,4 %
Société d'investissement Ghadir, 7,2 %
Société d'investissement Etezad-e-Ghadir, 7,1 %
Société d'investissement Kechavarz-e-Sabz (« Agriculteurs verts »), 4,2 %
Société d'investissement Bahman, 2,4 %.

11. Voir en annexe 6 certaines sociétés dont le Bahman est actionnaire.

12. Voir en annexe 7 la liste des sociétés dépendant de la FCS qui en possède parfois la totalité des actions.

CHAPITRE 8

« Le corps des pasdaran, inspiré par sa mission idéologique, s'occupera du Djihad pour Dieu et de la lutte pour répandre la jurisprudence de la loi de Dieu partout dans le monde. »
Introduction de la Constitution de la République islamique.

Le terrorisme au service de l'intégrisme

Depuis sa fondation, une mission essentielle du corps des pasdaran a été « l'exportation de la révolution » par le biais du terrorisme. Cette fuite en avant violente, des mollahs hors des frontières est un exutoire pour ses insuffisances, ses frustrations et son isolement intérieur. Ce n'est pas un hasard si l'exportation de la révolution et celle du terrorisme sont devenues les deux mamelles de la théocratie.

Il n'a fallu que très peu de temps pour découvrir une fois au pouvoir, qu'un environnement démocratique ferait fondre l'intégrisme comme la neige au soleil. Une soi-disant « République islamique » en provenance directe du Moyen Age était incapable de résoudre les problèmes d'une société au seuil du XXIe siècle. La rupture avec le peuple au lendemain de la révolution était donc inévitable. Le recours à la terreur a d'abord été un moyen de contrôler le pays avant de devenir une méthode de gouvernement. De même la violence et le terrorisme sont devenus des méthodes de chantage pour s'imposer sur la scène internationale. Le recours à des mercenaires venus d'autres pays musulmans amplifiait cette illusion de force.

Le terrorisme est donc à la fois une stratégie et une tactique, pour l'établissement d'un empire intégriste. Y renoncer équivaudrait à un sabordage pur et simple.

C'est pourquoi le Guide suprême porte une attention toute particulière aux activités hors d'Iran des pasdaran. Au titre de commandant en chef des forces armées, le mollah Ali Khamenei est le seul à pouvoir nommer ou destituer son haut commandement.

Du point de vue de l'Etat islamique, le *Vali-e-faqih* est « chargé des affaires des musulmans du monde entier » (*vali-e-amr-e-moslemin-e-jahan*), et Téhéran se considère comme la « métropole du monde musulman » (*Om-ol-Qura*). Par conséquent, le *Vali-e-Faghih* estime être le tuteur du monde musulman, persuadé qu'il doit imposer son idéologie à tous les fidèles. Bien qu'il se serve du levier confessionnel chiite contre les sunnites pour semer la discorde en Irak, et bien qu'il opprime la minorité sunnite d'Iran, il n'hésite pas à s'élever au rang de l'ensemble des musulmans pourtant en majorité sunnites. C'est un des multiples paradoxes de ce régime.

En 1979, l'unité des mouvements de libération voit le jour au sein du corps des pasdaran, pour concrétiser ce titre orgueilleux de Guide suprême. En 1981, l'unité rejoint la section des relations internationales qui a pour ambition de couvrir tous les mouvements islamistes au Moyen Orient. La tâche est reléguée dans les années suivantes à la sous-direction des renseignements des pasdaran qui va donner au terrorisme sa forme actuelle.

Engagés dans la guerre irano-irakienne, les pasdaran mènent toutefois des opérations terroristes dans des pays voisins, voire au-delà. Ils créent pour cela quatre bases.

La base Ramezan, chargée des opérations commandos en Irak. La base Ansar, pour celles des pays à l'est de l'Iran. (Elle va diriger des dizaines d'assassinats au Pakistan, où elle mène notamment une opération d'envergure contre les réfugiés iraniens à Karachi en 1987). La base Hamzeh dans la province d'Azerbaïdjan occidental s'occupe des opérations menées en Turquie. Ses groupes terroristes sont actifs dans l'assassinat d'opposants iraniens, d'intellectuels turcs et de diplomates étrangers ; on se souvient du colonel Heydari et du pilote Hassan Mansouri assassinés en 1987. Le commandant de cette opération sur le terrain n'était autre que Mahmoud Ahmadinedjad, l'actuel président du régime.

Enfin la base Bilal, chargée des opérations dans le reste du monde notamment au Liban ou en France.

La France, cible des opérations terroristes des pasdaran dans les années 1980

La France ne cache pas son soutien à l'Irak dans le conflit qui l'oppose à l'Iran. Un différend l'oppose également aux mollahs pour une dette dans le projet d'Eurodif.[1] En outre, les dirigeants de la Résistance iranienne trouveront asile en France.

Il n'en fallait pas plus pour que dans les années 1980, ce pays devienne la cible privilégiée du corps des pasdaran.
Le régime choisit de viser en France les opposants iraniens réfugiés politiques et les ressortissants français. L'objectif est de soumettre la France à des pressions et au chantage.

De nombreux opposants sont assassinés au cours de ces années. En mars 1980, Chahriar Chafiq, un membre de la famille du chah, est abattu devant son domicile parisien. Le 18 juillet 1980, un commando mené par Anis Naccache rate de peu à Neuilly Chapour Bakhtiar, dernier premier ministre du chah, mais une Française et un policier ont été tués et trois gardiens de la paix blessés, dont un restera paralysé à vie. Libéré avant la fin de sa peine Anis Naccache travaille actuellement en Iran et au Liban pour le compte du régime.

En janvier et février 1986[2], une vague d'attentats touche Paris. Fouad Ali Saleh, accusé d'avoir tué 12 personnes et d'en avoir blessé des centaines, est arrêté en 1987 transportant des explosifs. Il confirme après son arrestation que son commanditaire était bien Téhéran. Il a d'ailleurs été étudiant en sciences religieuses dans la ville sainte de Qom en Iran.

Lotfi ben Khala'a, un Tunisien membre des réseaux du régime iranien, est interpellé par la police française. Ben Khala'a se révèle une taupe de la DST et il révèle que la vague d'explosions qui a touché la France est la conséquence d'un ordre de Khomeiny à Khamenei (alors président de la République islamique), à Ali Akbar Rafsandjani (alors président du *Majlis*) et à Rafiqdouste ministre des pasdaran. Il explique que les objectifs du régime en France vont au-delà des attentats et visent « l'assassinat de personnalités ».

En juillet 1987, un DC 10 de la compagnie Air Afrique est détourné par le libanais Mohammed Harriri. Cet avion effectuait la liaison Paris-Brazzaville avec une escale à Rome. Il avait à son bord 163 passagers. Il a été détourné vers Genève où Hussein Hariri est arrêté. Un passager français est tué au cours de cette opération à l'aéroport de Genève. Le président de la Confédération suisse met en cause dans une interview le gouvernement iranien.

En 1986, après les élections législatives qui ramènent Jacques Chirac au poste de premier ministre, deux attentats les 17 et 20 mars dans un train et aux Champs-Elysées coûtent la vie à deux personnes et en blessent deux autres. Etait-ce un rappel pour des engagements que la France n'aurait pas tenus ? Chirac salue alors le « grand pays » qu'est l'Iran, et demande au président de la République de libérer Anis Naccache.

Objectif : assassiner le dirigeant de la Résistance iranienne

Après le renversement du chah, Khomeiny assoit sa dictature religieuse en créant les leviers nécessaires. Sa dictature est fondée sur un concept intégriste et démagogique qui reflète une vision déformée de l'Islam. Tous ceux qui s'opposent à cette ligne vont être éliminés soit par ruse, soit par des violences et le recours à des actes criminels.

Mais la théocratie se heurte aussi à de farouches opposants. Dans son premier discours qui suit sa libération des prisons du chah, Massoud Radjavi s'insurge contre les atteintes aux libertés et refuse de qualifier la révolution d'« islamique », estimant qu'il s'agit d'un stratagème des mollahs pour monopoliser la révolution et supprimer les autres courants. Très vite, l'OMPI s'affirme comme l'axe principal de l'opposition. Lors de la première élection présidentielle, Massoud Radjavi devient le rassembleur de l'opposition laïque et démocratique contre la dictature montante, jusqu'à ce que Khomeiny, craignant une défaite, décide de briser son mutisme et d'interdire la candidature de son principal opposant sous le prétexte ridicule qu'il n'a pas voté pour la Constitution. Des centaines de milliers de gens se rassemblent alors dans les meetings organisés par l'OMPI à travers le pays[3]. Khomeiny décide d'en finir en écrasant physiquement l'OMPI[4]. Plus tard son propre dauphin l'interpellera pour lui dire que le mouvement des Moudjahidines du peuple est une pensée et une philosophie que les exécutions ne peuvent pas faire disparaître. Malgré ses 120 000 exécutés, l'histoire prouvera qu'il avait raison.

Après la répression sanglante de la manifestation pacifique du 20 juin 1981, Massoud Radjavi fonde dans la clandestinité à Téhéran le Conseil national de la Résistance iranienne (CNRI). Il réussit ensuite à quitter le pays par une opération périlleuse conçue et menée par le réseau de l'OMPI infiltré dans l'armée de l'air : il gagne la France à bord d'un avion piloté par le colonel Behzad Moezi[5].

Jusqu'en 1986 Massoud Radjavi vit chez son frère le cardiologue Saleh Radjavi à Auvers-sur-Oise, hors de portée de Khomeiny qui cherche à se débarrasser de ses opposants au plus vite et avec le minimum d'éclats, pour stabiliser son régime. La création du CNRI est un coup dur pour Khomeiny. Il va déployer tous ses moyens pour démanteler cette coalition… Le levier par excellence est bien sûr le terrorisme. En 1986, suite à un marchandage hors norme avec les mollahs pour libérer les otages français au Liban, le gouvernement Chirac fait pression sur Massoud Radjavi qui décide de quitter la France et de s'installer en Irak, près de la frontière iranienne.

Par conséquent, de 1981 à 1986, une des missions les plus importantes des unités de renseignements du corps des pasdaran est le projet d'assassinat de Massoud Radjavi. L'unité de renseignements des pasdaran lance des dizaines de plan contre lui, neutralisés par une vigilance accrue de la part de l'OMPI : connaître les méthodes du régime permet de comprendre sa méthodologie du terrorisme au niveau régional et international.

Tentatives d'infiltration de l'OMPI

L'unité de renseignement des pasdaran cherche à infiltrer, sous différentes formes, l'OMPI à des fins terroristes.

En juin 1982, un groupe nommé Combattants de la liberté en Iran s'est fait passer pour une scission de l'organisation des Moudjahidines de la révolution islamique[6], une formation intégriste créée au début de la révolution par opposition à l'OMPI. Ces dissidents ont ensuite fait une demande d'adhésion au CNRI. Ils exigent de rencontrer Massoud Radjavi, président du Conseil. La Résistance est avertie par ses réseaux intérieurs que la véritable intention du groupe est de s'approcher du leader de l'opposition pour l'assassiner.

Dans une tentative semblable en 1982, l'unité de renseignement des pasdaran envoie un de ses membres nommé Ali Akbar Niknedjad en Suisse, avec l'étiquette d'opposant au régime et de sympathisant de l'OMPI. Il cherche à infiltrer l'OMPI à travers son organisation en Suisse. Le plan est déjoué et neutralisé grâce une fois de plus aux renseignements venus d'Iran.

Un projet de l'unité de renseignement consiste à parachuter des commandos à Auvers-sur-Oise, pour attaquer la résidence de Massoud Radjavi. Les agents des pasdaran entament la reconnaissance des aéroports militaires et civils aux alentours de cette résidence. Simultanément, l'unité de renseignement avertit Chirmohammadi, le directeur général des sinistres du Croissant rouge iranien qu'ils ont l'intention de recourir à son aide. Il est prévu que deux individus chargés de transférer de l'armement léger et semi-lourd, comme des bazookas et des mortiers, et les membres du commando soient acheminés en France à bord d'un avion du Croissant Rouge. Mais le plan est jugé trop risqué et l'unité de renseignement est obligée de l'abandonner.

Un autre plan consiste à envoyer un commando d'élite de 14 pasdaran en France. Ils envisagent d'utiliser le terrain de football en face de la résidence à Auvers-sur-Oise pour pénétrer dans le quartier et attaquer la Résistance. Pour exécuter ce plan, le 8 janvier 1983, un certain Madjid Karchenasse, attaché culturel de l'ambassade iranienne à Paris, et Mohammad Soleimani, membre de l'Association islamique en France (actuel ministre des Communications d'Ahmadinejad), sont envoyés en mission de reconnaissance, caméras vidéo au poing, à Auvers-sur-Oise. Mais ils sont repérés par la gendarmerie chargée de la protection de la résidence.

En novembre 1982, l'unité de renseignement envoie en Turquie un commando mené par un certain Behrouz Makoui, qui sera ensuite transféré en France. Ils ont eux aussi dépêché deux agents en reconnaissance à Auvers-sur-Oise, qui sont très vite neutralisés.

En 1991, après l'assassinat de Chapour Bakhtiar en France, Massoud Hendi un fonctionnaire de l'ambassade d'Iran à Paris qui travaille en réalité avec l'unité de renseignement des pasdaran est emprisonné. Hendi est également impliqué dans les préparatifs d'une tentative d'assassinat contre Massoud Radjavi. Il a travaillé sur un plan prévoyant l'usage d'hélicoptères à partir de l'aérodrome de Taverny près d'Auvers-sur-Oise. Le plan est finalement jugé inapplicable et abandonné.

Un autre plan prévoit l'utilisation de camions piégés. Hedayatollah Behnedjad, diplomate du régime à Paris, est chargé de la reconnaissance locale pour un attentat. Il juge le plan impraticable et écrit que : « nos éléments ont vérifié sous toutes les coutures la résidence de Radjavi mais ils n'ont trouvé aucun moyen d'y mener une opération au camion piégé. »

L'ambassade iranienne charge Chafi Aghamohamadian, responsable de l'Association islamique en France, de se rendre à la résidence de Massoud Radjavi en se faisant passer pour un journaliste. Il cherche, entre autres, des renseignements sur la configuration de la résidence et des informations sur les réunions et les conférences publiques de Massoud Radjavi, y compris les dates et les lieux, ainsi que l'agenda de ses déplacements à Paris et dans d'autres pays.

Abassali Rajabi, un responsable de l'Union des Associations islamiques en Europe, qui dépend des équipes opérationnelles des pasdaran et réside en Allemagne, est chargé d'établir « des relations avec des journalistes » en vue d'obtenir « des informations sur l'intérieur de la résidence de Radjavi ».

En décembre 1984, l'Unité de renseignement a envoyé à Hambourg, à Londres et à Paris trois équipes spéciales pour l'assassinat de Massoud Radjavi. Les équipes de Londres et de Hambourg sont chargées du soutien logistique et celle de Paris est opérationnelle. Le commandant de l'équipe de Paris se nommait Amid-o-din Fahri. Il n'a pas pu se procurer les renseignements nécessaires malgré une longue période de reconnaissance. A force de traîner, le plan risque d'être mis à jour. Les terroristes ont regagné l'Iran via Damas.

Depuis, le pouvoir a perfectionné ses méthodes.

Notes

1. L'Iran a prêté un milliard de dollars à la France, à l'époque du chah, pour la construction de l'usine Eurodif. En contrepartie, l'Iran détenait 10 % de sa production d'uranium enrichi. Après la chute du chah (1979) Khomeiny rompt le contrat et réclame le remboursement du prêt.

2. Une série d'attentats très meurtriers dont la filière des commanditaires remonte jusqu'en Iran (cf. réquisitoire de l'avocat général Gino Necchi), bombe aux Galeries Lafayette et au Printemps, 51 blessés (7 décembre 1985) ; aux Champs-Élysées, 7 blessés (3 février 1986) ; tentative d'attentat à la Tour Eiffel (le même jour) ; attentats à la bombe à la librairie Gibert-Jeune, 4 blessés (le lendemain) et à la Fnac au Forum des Halles, 15 blessés (le surlendemain) ; tentative d'assassinats dans le TGV Paris-Lyon (17 mars 1986) ; à la Galerie Point-Show sur les Champs-Élysées,

2 morts et 21 blessés et tentatives d'attentats contre le RER, ligne A, stations Étoile et Auber (tous deux le 20 mars 1986).
3. *The Iranian Mojahedin*, Ervand Abrahamian, New Haven, Yale University Press, 1989.
4. cf. *Moudjahidines du peuple : la résistance aux ayatollahs*, Medhi Abrichamtchi, Jean Picollec, 2004.
5. *Nucléaire iranien*, Yves Bonnet, Michel Lafon, 2008.
6. Il s'agit d'une organisation fondée au début de la révolution, par Behzad Nabavi, par la fusion de plusieurs groupes intégristes pour contrer les Moudjahidines du peuple. Dotés d'une idéologie totalitaire, les membres participent activement à la répression des sympathisants de l'OMPI. Très isolé dans la population, ce groupe se rapproche plus tard de Khatami, s'efforçant de cacher son passé derrière une façade de « modération ».

Chapitre 9

La force *Qods* est chargée d'exporter la « Révolution »

Après la disparition de Khomeiny après la fin de la guerre avec l'Irak, le corps des gardiens de la Révolution se lance dans des opérations terroristes d'une envergure inédite. En 1990, Khamenei rassemble au sein d'un nouvel organisme, la force spéciale *Qods*[1], les officiers et les commandants les plus expérimentés des pasdaran, y compris ceux qui, au sein du renseignement, étaient passés maîtres en matière de prises d'otages et d'assassinats dans les années 1980. Cette force à qui on avait confié la mission vitale d'exporter la révolution est alors commandée par Ahmad Vahidi, à l'époque commandant du renseignement militaire des pasdaran. Mohsen Rezaï, commandant en chef des pasdaran, fort encouragé par la formation de cette force en quelque sorte fine fleur des pasdaran, avait déclaré : « Un jour, les étincelles de la colère et de la haine des musulmans brûleront à Washington, et ce sera aux Etats-Unis d'en assumer les conséquences (…) un jour viendra où nulle part au monde les juifs ne trouveront d'endroit où se réfugier, à l'instar de Salman Rushdie »[2]. Quelques mois plus tard, le 16 mars 1992, le *Djihad islamique* faisait exploser une voiture piégée devant l'ambassade d'Israël à Buenos Aires, faisant 29 morts et 250 blessés. Cette opération a été menée sous le commandement de la section libanaise de la force *Qods*. Une ère nouvelle commence dans le terrorisme international.

La mission et l'organisation de la force *Qods*

La mission générale de la force *Qods*, conformément à son statut interne, est décrite de la façon suivante dans un document confidentiel :

> 1 – collecter des renseignements militaires et stratégiques des pays environnants ;
> 2 – soutenir les mouvements de libération dans les pays islamiques et non islamiques ;
> 3 – contrer et supprimer les dissidents et les opposants de la République islamique d'Iran ;
> 4 – entraîner, organiser, mener la propagande et diriger le mouvement « révolutionnaire » dans les pays musulmans pour y instaurer un pouvoir islamique.

Afin de réaliser ses objectifs, la force *Qods* est composée de 12 départements dont le QG du personnel[3]. L'ensemble des effectifs de la force *Qods* atteint 21 000 hommes auxquels il faut ajouter un nombre considérable d'agents étrangers.

Les relations internationales de la force *Qods* sont celles d'un ministère des Affaires étrangères qui aurait laissé la diplomatie au vestiaire pour se consacrer au terrorisme. Cette force *Qods* est composée de 10 unités. Chaque unité équivaut à un QG qui gère les problèmes politiques et culturels des pays ciblés. Elles sont chargées de recruter dans leur pays de mission afin de mettre ces agents au service des opérations terroristes. Ces unités, au nombre de dix, sont les suivantes :

— l'unité des affaires irakiennes
— l'unité des affaires turques
— l'unité des affaires afghanes
— l'unité des affaires pakistanaises
— l'unité des affaires libanaises
— l'unité des affaires syriennes
— l'unité des affaires du Moyen-Orient
— l'unité des affaires russes
— l'unité des affaires africaines
— l'unité des affaires européennes et américaines

Elles s'occupent également des questions qui touchent au renseignement et à la politique de chacun de ces pays ou régions. Les relations politiques du régime avec les intégristes et terroristes à l'étranger se font par le biais de ces unités.

En constituant 9 corps d'armée, la force *Qods* partage le monde entre les pays musulmans, européens et américains. Voici la liste de ces corps, unités opérationnelles des pasdaran : Le premier corps de la base de commandement pour l'Irak, le 2e pour le Pakistan, le 3e corps pour l'Azerbaïdjan et les anciennes républiques soviétiques, le 4e corps pour l'Afghanistan, le 5e corps pour les opérations terroristes en Turquie, le 6e corps pour les opérations terroristes dans la région du golfe Persique, le 7e corps pour le Liban et la Syrie, le 8e corps pour l'Afrique y compris l'Algérie, le Maroc, la Tunisie et le Soudan, le 9e corps s'occupe essentiellement des opérations en Europe et en Amérique.

Les bases de commandement

Ce n'est pas un hasard si le QG de commandement de la force *Qods* à Téhéran se trouve dans l'ancienne ambassade des Etats-Unis, qui s'appelle actuellement la caserne Kazemi. Elle se trouve à côté du QG de commandement uni des pasdaran. Les anciens étudiants de la Ligne de l'imam, aujourd'hui quinquagénaire commandants la force *Qods*, se délectent chaque jour du souvenir de leurs aventures de jeunesse lorsqu'ils se lançaient dans leur première prise d'otages.

La force *Qods* est composée de quatre bases de commandement qui dirigent des activités opérationnelles et la collecte de renseignements des différentes régions. La première, la base Ramezan, dépend du 1er corps de la force *Qods*, et se consacre à l'espionnage et aux opérations terroristes en Irak. Son QG principal est à Téhéran et dispose de quatre bases stratégiques dans la région frontalière : Fajr au sud (dans la ville d'Ahwaz), Nasr (à Naghadeh), Raad (à Marivan) Zafar pour l'ouest à Kermanchah.

La deuxième base principale est celle de Nabi-Akram qui dépend du 2e corps. Sa mission est de mener des opérations de renseignements auprès des tribus révoltées contre le régime dans la province du Sistan[4] et du Baloutchistan, et de contrer les réseaux qui concurrencent les pasdaran dans les trafics. Certaines affaires liées au Pakistan dépendent également de cette base. C'est pourquoi son emplacement se trouve dans la ville de Zahedan située dans la province du Sistan-Balouchistan iranien, près de la frontière pakistanaise.

La troisième base principale est celle de Hamzeh qui appartient au 3e corps. Elle opère dans la région du nord-ouest et de la Turquie. Elle est située dans la ville d'Oroumieh dans la province de l'Azerbaïdjan de l'ouest. Cette base dirige l'ensemble des activités terroristes et de renseignements du régime en Turquie. Elle est en relation avec certains groupes kurdes séparatistes et elle est chargée également de réprimer les organisations kurdes iraniennes à l'intérieur de l'Iran. C'est cette base qui bombarde et mène des opérations de commando contre les Kurdes iraniens repliés en Irak.

La quatrième base principale est celle d'Ansar qui dépend du 4e corps. Elle établit essentiellement des contacts avec les Afghans et les Pakistanais. Elle est dotée de plusieurs bases tactiques dans les villes de Zabol au Sistan-Baloutchistan, Machad, Birjaveh, Birjand et Taibad dans le Khorassan à la frontière afghane. L'organisation et le soutien des groupes afghans réfugiés en Iran, les opérations de renseignements sur les frontières afghane et pakistanaise, l'utilisation des forces afghanes et pakistanaises, sont du ressort de cette base.

Actuellement, les principales activités de la force *Qods* se déroulent en Irak. Mais elle est aussi très active en Afghanistan et au Liban.

L'élimination physique des opposants, premier objectif de la force *Qods*

Comme avant la constitution de la force *Qods*, le premier objectif des pasdaran reste l'élimination physique des opposants, y compris à l'étranger.

Le 13 mars 1990, au cours d'une opération commune entre le Vevak et la force *Qods*, le régime tente d'assassiner le président de la commission des Affaires étrangères du CNRI, Mohamad Mohadessin, « ministre » des Affaires étrangères de la Résistance. Il était alors à Istanbul pour une rencontre diplomatique. La force 5 000 de *Qods*, qui opère en Turquie, était chargée d'organiser son assassinat. Pour ce faire, des Turcs ont été recrutés. Mohamad Mohadessin a échappé à l'attentat. Mais Hossein Mir Abedini, membre de la commission des Affaires étrangères du CNRI, a été grièvement blessé par balle.

Le 24 avril 1990, le plan d'assassinat du Pr. Kazem Radjavi, ancien ambassadeur d'Iran à l'ONU et représentant du CNRI à la commission des droits de l'homme de l'ONU, est mis en œuvre. Kazem est le frère aîné de Massoud Radjavi. Alors que Massoud était dans les prisons du chah, il lui a sauvé la vie par une campagne énergique menée au niveau international en faveur des prisonniers politiques. Il a réussi à contraindre le régime du chah à commuer la peine de mort en détention à perpétuité. Il est également à l'origine de nombreuses résolutions condamnant les violations des droits de l'homme en Iran, à la commission des droits de l'homme et à l'assemblée générale de l'ONU. C'est pourquoi le régime des mollahs lui voue une haine particulière.

L'organisation de l'assassinat de Kazem Radjavi s'est faite sous la direction d'Ahmad Vahidi, commandant de la force *Qods*, et en collaboration avec Fallahian, alors ministre des Renseignements. Mais l'opération a été exécutée par des agents du Vevak. Le juge d'instruction suisse Roland Châtelain, à la suite de son enquête, a conclu à la participation de 13 agents du régime porteurs de passeports diplomatiques ou de service, envoyés par le gouvernement iranien pour cette opération en Suisse. Le juge Jacques Antenen, successeur de Roland Châtelain, a lancé un mandat d'arrêt contre Fallahian en avril 2006.

Le 4 juin 1992, une opération commune entre le Vevak et la force 5 000 des pasdaran utilisant des agents turcs de la force *Qods*, enlève, torture, mutile et assassine à Istanbul Akbar Qorbani, membre des Moudjahidines du peuple en Turquie. Après l'arrestation du réseau turc intégriste qui avait agi sous les ordres de la force *Qods*, les mercenaires du régime ont indiqué à la police l'emplacement du corps mutilé d'Akbar Qorbani. Ils ont avoué avoir agi sur ordre de leurs commanditaires iraniens.

Le 5 juin 1992, la force 5 000 a préparé des attentats à la voiture piégée devant le bureau des Moudjahidines du peuple en Turquie. Ces attentats ont été déjoués grâce à la vigilance des membres de l'OMPI qui ont averti la police turque.

Le 28 juillet 1993, le ministre des Renseignements du régime avouait dans une interview télévisée que : « dans la lutte contre les opposants (…) nous avons réussi à infiltrer la direction de ces groupes et à les arrêter (…) Ils ont été obligés de fuir à l'étranger mais nous avons continué nos activités. Nous les pourchassons même à l'étranger (…) nous avons réussi à frapper plusieurs de ces groupes à l'étranger. »

Quelques mois plus tard, en septembre 1993, au cours d'une opération commune du Vevak et de la force *Qods*, le secrétaire général du Parti démocratique du Kurdistan d'Iran, Charafkandi et plusieurs de ses compagnons, des opposants kurdes iraniens, sont assassinés dans le restaurant *Mykonos* à Berlin.[5] En 1994, Zahra Rajabi, représentante du CNRI en mission humanitaire en Turquie était assassinée.

En Italie, le 16 mars 1993, Mohammad-Hussein Naghdi, représentant du CNRI à Rome, est assassiné lors d'une opération commune de la force *Qods* et des renseignements iraniens.

Après dix ans d'investigations et deux ans de procès, la cour criminelle de Rome rend son verdict le 13 décembre 2006, accablant l'État iranien. Ce verdict précise notamment : « en comparant les assassinats en question avec les activités publiques des membres du Conseil national de la Résistance et autres organisations, on peut conclure que : ces crimes démontrent la volonté du régime de Téhéran de mener une bataille sans limite et sans frontière, par tous les moyens contre ses opposants afin de les éliminer. Une guerre que le régime « avoue » dans la masse d'interviews et de communiqués […]. À la lumière de ces faits indéniables, confirmés non seulement par la foule de documents de la presse internationale, mais en référence aux sources étendues […], on peut comprendre que l'assassinat de Naghdi avait pour objectif de faire taire une autorité importante de la résistance, un homme capable de mobiliser les réseaux de relations internationales en faveur de son combat, un opposant fier qui ne pardonnait pas les dérives du régime de Téhéran et qui bénéficiait de l'admiration et du respect sans faille du monde politique italien ».

Le *canon pliable* de 320 mm

Le 13 mars 1996, la douane belge intercepte un container du navire iranien *Kolahdouz,* en provenance directe de Bandar Abbas en Iran. Le bateau a fait déposer sur le quai 369 du port d'Anvers un seul container, n° CU288626, sur lequel est inscrit : 1225 cartons d'ail au vinaigre et de cornichons au sel exportés par la République islamique d'Iran – depuis le port de la marine Bandar Abbas, golfe Persique, direction Anvers, destinataire le magasin Parsa à Munich, en Allemagne. Les douaniers découvrent avec étonnement qu'en réalité ce container renferme non pas de l'ail ou des cornichons mais un mortier de 320 mm avec ses obus bien dissimulés.

Simultanément, un exemplaire identique de ce mortier géant a été découvert en Irak. Le deuxième exemplaire avait été placé de manière à toucher le bureau central de l'OMPI à Bagdad pour atteindre Massoud Radjavi. L'exemplaire découvert à Anvers était destiné à la France pour être utilisé contre la résidence de la présidente de la République élue du CNRI, Maryam Radjavi, à Auvers-sur-Oise.

Le ministère du Renseignement avait ordonné en 1994 la construction de cette arme capable de toucher une cible à 700 m, mortier géant mais transportable sur un camion. Les obus de 200 kg pouvaient exploser au-dessus de la cible avec un degré de destruction important. Cet engin a été commandé à l'arsenal Hadid des industries de la défense chargé de fabriquer des armes spéciales. Cet obus, surnommé par les pasdaran *canon gigogne* (pliable) de 320 mm, a été conçu par le pasdar Afrachteh sous la houlette du colonel Mostafa Mohamad Nadjar, alors chef de l'Arsenal Hadid. Najar est celui qui deviendra plus tard le ministre de la Défense d'Ahmadinejad. La réalisation du mortier a demandé 4 mois. 20 exemplaires ont été construits. En automne 1995, ils ont été livrés au Vevak.

Le 7 novembre 1995, lors d'une réunion du Conseil suprême de sécurité nationale, présidée par Rafsandjani, et en présence du colonel Vahidi, commandant de la force *Qods* et d'Ali Fallahian, ministre du Renseignement, on annonce la préparation des 20 mortiers.

Bien que pour les membres du Conseil de Sécurité, il était évident que l'usage de ce genre d'armes en Europe aurait des conséquences négatives pour les relations internationales du régime, ils en approuvent l'utilisation contre Maryam Radjavi en France et Massoud Radjavi à Bagdad, tous deux considérés par le pouvoir comme étant les principaux dirigeants de la résistance aux mollahs.

Trois exemplaires de ces mortiers ont tiré leurs obus quelques mois plus tard contre le siège des Moudjahidines à Bagdad, touchant un hôpital proche et le siège de la ligue des avocats irakiens voisin du bureau de l'OMPI.

Les opérations terroristes contre des cibles non iraniennes

La force *Qods* a également d'autres prérogatives, comme celle de faire avancer les objectifs de la théocratie et du Guide suprême dans les pays étrangers par le biais du terrorisme et du chantage. Ainsi la Turquie a également subi directement les frappes de la force *Qods*.

Celle-ci utilise des agents turcs qu'elle a formés en les incluant à ses propres éléments. Elle mène de la sorte dans les années 1990 une série d'attentats et d'assassinats en Turquie contre des cibles turques ou étrangères[6]. Il n'est pas étonnant de constater que les réseaux qui ont servi à l'élimination des membres des Moudjahidines du peuple, du CNRI ou d'autres opposants en Turquie, et ceux qui ont procédé aux assassinats des intellectuels et libres-penseurs turcs sont identiques.

Dans les autres pays, la force *Qods* n'a pas chômé. Le 18 juillet 1994, à Buenos Aires, le centre juif d'Amia est détruit par une explosion spectaculaire, faisant 86 morts, et des dizaines de blessés. Cette explosion a été fomentée près d'un an avant l'opération lors d'une réunion du conseil suprême de sécurité nationale dirigé par Rafsandjani, le 14 août 1993. Cette réunion a eu lieu en présence des membres du conseil, notamment le général pasdar Ahmad Vahidi, commandant de la force *Qods*.

Trois sujets avaient été abordés ce jour-là : la situation de la conférence sur la Palestine, la stratégie nationale concernant les activités terroristes et l'avenir de l'Irak.

Lors de l'étude de la stratégie nationale pour le soutien au Hezbollah libanais, il a été décidé qu'en réponse au rapt d'un des dirigeants du Hezbollah au Liban par Israël, des représailles devaient être organisées. Le choix fut porté sur un objectif israélien en Argentine. Au cours de la réunion, l'Argentine est assimilée au « Petit Israël » en raison de la présence d'une forte communauté juive dans ce pays. Cet objectif a été approuvé, d'autant plus qu'en 1987, l'Argentine avait annulé un accord sur le nucléaire avec le régime.

Une étude sur ce sujet y a été exposée et la décision d'exécuter cette opération a été prise : Khamenei l'a confiée à Ahmad Vahidi, patron de la force *Qods*. Le 10 août 1994, le responsable de la commission des Affaires étrangères du CNRI a révélé dans une conférence de presse à Washington le rôle de la force *Qods* et du Vevak, ainsi que l'implication du ministère des Affaires étrangères de Téhéran, dans l'explosion de Buenos Aires. A la suite de l'enquête du juge argentin, un mandat d'arrêt a été lancé contre 9 responsables du régime, dont Ali Akbar Velayati, ministre des Affaires étrangères, le commandant de la force *Qods* Ahmad Vahidi, le pasdar Asghari.... En 2006, le gouvernement argentin a demandé à Interpol de lancer des mandats d'arrêts internationaux, appelés notices rouges, contre ces personnes. Téhéran a alors déclenché une opération de *lobbying* et de pression sur Interpol pour empêcher que ces notices rouges soient publiées.

Finalement, lors de la 76e session de l'assemblée générale d'Interpol au Maroc, il a été décidé de lancer des mandats d'arrêt contre 6 personnes, les plus hautes autorités du régime de Téhéran et l'un des dirigeants du Hezbollah libanais, Imad

Mughnieh, qui sera assassiné à Damas le 13 février 2008. Les Iraniens visés sont : Ali Fallahian (ministre du Renseignement de l'époque et l'actuel conseiller de sécurité de Khamenei), Mohsen Rabbani (chef des écoles théologiques à l'étranger et responsable du département international du bureau du Guide suprême), Ahmad Reza Askari (troisième secrétaire de l'ambassade d'Iran en Argentine, officier supérieur de la force *Qods*), Ahmad Vahidi (vice-ministre de la Défense), et Mohsen Rezaï (commandant en chef des pasdaran à l'époque de l'attentat et actuel secrétaire du Conseil de discernement des intérêts de l'Etat).

Le 25 juin 1996, lors d'une gigantesque explosion en Arabie Séoudite, une grande partie des bâtiments résidentiels, dans lesquels logent les forces américaines, les tours Khobar, s'effondrent, tuant 19 Américains. 109 autres Américains, 147 Séoudiens et 118 Bengalais sont blessés. Cette opération a été commandée par le colonel Ahmad Charifi, commandant du corps 6 000 de la force *Qods*.

Le 31 juillet 1996, lors d'une rencontre avec les commandants des gardiens de la Révolution, Khamenei leur rend hommage pour cette opération en déclarant : « L'ensemble des pays qui encouragent le terrorisme, particulièrement les États-Unis, et soutiennent les sionistes terroristes qui occupent la Palestine, recevront des coups. » Depuis le milieu des années 1990 jusqu'à ce jour, la force *Qods* a concentré ses activités sur le Liban, l'Irak, la Palestine, l'Afghanistan et les pays du golfe Persique. Elle s'est efforcée d'accroître ses positions en développant et en consolidant des éléments qui lui sont proches dans ces pays. Elle a également été active dans des pays comme l'Azerbaïdjan ou, plus lointains, comme la Bosnie ou le Yémen. De nombreux membres de milices yéménites sont actuellement entraînés dans des camps de la force *Qods* en Iran. Ils rejoignent souvent leur pays après avoir suivi ces entraînements.

Pour la Palestine, la force *Qods* fait appel à plusieurs organismes : l'unité des affaires du Moyen-Orient, l'unité des affaires libanaises, le 7e corps de la force *Qods*.

La force *Qods* agit en coordination avec l'ambassade d'Iran en Syrie. Voici les directives données au 7e corps en avril 2007 : entraîner des éléments militaires du Hamas et du Djihad islamique et créer des centres d'entraînement de cette force dans la bande de Gaza. Activer les bases intermédiaires pour transférer l'argent ou le matériel et d'autres moyens vers la bande de Gaza en utilisant notamment des organismes à but caritatif. Envoyer des forces militaires du Hamas et du Djihad islamique en Iran pour y compléter leur entraînement. S'efforcer d'infiltrer les brigades des martyrs Al Aqsa, la branche militaire du Fatah[7].

Le régime de Téhéran s'efforce par des moyens financiers et militaires de renforcer le Hamas face à l'autorité centrale palestinienne.

La Bosnie

En 1991, la guerre en Bosnie est un point de départ pour les activités de la force *Qods*. A l'époque, un corps des pasdaran commandé par Mohammad Reza Naghdi (actuellement un des adjoints d'Ahmadinejad) est dépêché sur place. Son adjoint était Hossein Allah Karram, commandant des pasdaran qui dirige les agents en civil ayant participé à la répression des étudiants en 1999.

Après les accords de paix de Dayton qui ont exigé le retrait de toutes les forces militaires de Bosnie, dans les 60 jours, la force *Qods* à qui il a été demandé de se retirer, a maintenu sa présence à travers une nouvelle organisation chargée d'activités culturelles, économiques et de reconstruction. En multipliant les activités caritatives telles que la reconstruction des mosquées détruites, elle voulait attirer la population meurtrie pour recruter des agents fidèles.

La République d'Azerbaïdjan

Après l'effondrement de l'Union soviétique, les pasdaran ont multiplié leurs activités dans les pays d'Asie centrale, y compris en Azerbaïdjan.

Ce pays est limitrophe de la province iranienne du même nom. La population des deux côtés de la frontière est à majorité chiite et parle l'azéri. La nécessité du développement des activités des pasdaran passait par une consolidation des institutions intégristes dans ce pays, afin d'y faire du prosélytisme. C'est pourquoi le Centre mondial des sciences islamiques de Qom a envoyé un certain nombre de ses agents, se faisant passer pour des étudiants en théologie, sous couvert d'activités culturelles dans la République d'Azerbaïdjan. Cet organisme a publié des livres et diffusé l'idéologie du régime des mollahs dans ce pays. Simultanément, un organisme soi-disant culturel, le conseil commun culturel irano-azerbaidjanais a été fondé, dans le but d'étendre les objectifs intégristes du régime.

Nasser Hamidi Zaré, ambassadeur de Téhéran, a mené des activités conjointes avec des organismes dépendants de Khamenei, y compris celui appelé *Majma-e-taghlid* (l'assemblée de l'imitation).

Les autorités d'Azerbaïdjan ont, à maintes reprises, tenté d'empêcher les activités illégales de ces centres. Le *Hosseinyieh Ahl Beit*[8] des Iraniens de Bakou, fondé par l'Iran, est le principal centre de rassemblement et de recrutement d'intégristes. Afchar Soleimani et Nasser Hamidi Zaré, ambassadeurs successifs du régime à Bakou, utilisent ce centre pour attirer les personnes susceptibles d'être recrutées afin de les envoyer en Iran suivre des entraînements. Ils en font ainsi des vecteurs de l'exportation de la révolution vers l'Azerbaïdjan.

Un des organisateurs de ces réseaux intégristes en Azerbaïdjan est le représentant de Khamenei dans ce pays, le mollah Ali Akbar Odjagh Nejad. Il agit sous couvert d'attaché culturel de l'ambassade. Il a dépensé des millions de dollars pour attirer des Azerbaïdjanais et les envoyer en Iran.

Après le 11 septembre 2001 et surtout après le verdict du tribunal de Berlin qui a condamné les plus hautes autorités du régime iranien pour l'assassinat d'opposants kurdes dans ce pays, mettant en avant le rôle de Rafsandjani et du Guide suprême dans cette opération ; après le mandat d'arrêt lancé par la justice suisse contre Fallahian, ministre iranien des Renseignements pour son rôle dans l'assassinat du Pr. Kazem Radjavi et le verdict du tribunal de Rome sur le rôle des plus hautes autorités du régime dans l'assassinat de Mohammad

Hussein Naghdi, représentant du CNRI à Rome ; suite aux mandats d'arrêts contre les plus hautes autorités du régime après l'attentat contre le centre Amia en Argentine, la force *Qods* a concentré ses activités en Europe sur le travail de renseignement et sur la création de réseaux dormants. Mais le gros de ses activités s'est concentré en Irak, puis au Liban et en Afghanistan.

Les pasdaran au Liban

A la fin de la présidence de Jacques Chirac, les émissaires de l'Iran avaient fait comprendre au gouvernement français que « Téhéran réactiverait le Hezbollah à Beyrouth, si la France adoptait une position radicale [sur le dossier nucléaire] au Conseil de Sécurité de l'ONU » [9]. Ce n'était pas la première fois que le régime des mollahs transformait la situation au Liban en un levier du chantage sur l'Occident. Si Khomeiny considérait l'Irak comme une cible idéale pour l'exportation de sa révolution en raison de ses longues frontières, de son histoire commune avec l'Iran de la majorité chiite de sa population entre autres raisons, le Liban serait la deuxième cible. Sa forte population chiite, son voisinage avec Israël et la Syrie, et le débouché sur la Méditerranée le rendent d'une importance irremplaçable pour les visées des mollahs.

L'histoire du Liban depuis l'arrivée au pouvoir de Khomeiny est marquée abondamment par les ingérences des pasdaran, des prises d'otages dramatiques et des opérations terroristes. L'exportation de la révolution était d'une telle importance pour

Khomeiny qu'en pleine guerre contre l'Irak, il n'a pas hésité à envoyer le 6 juin 1982, au Liban, une brigade de pasdaran (la brigade « Mohammad-Rassoulollah ») sous le commandement de Hossein Mosleh, membre de l'unité du renseignement du *Sepah*. Elle avait pour objectif d'instaurer au Liban une théocratie à l'image de l'Iran ; rien de moins. Cette unité a été plus tard remplacée par un corps spécial, *Sepah* du Liban (Corps du Liban) fort de 2000 pasdaran, sous le contrôle du commandant en chef adjoint du renseignement des pasdaran. Ce corps dont le commandement se trouvait à Damas, a installé ses bases au Liban, notamment dans la vallée de la Bekaa.[10] Cette force y a été responsable, pendant les années 1980, de nombreuses prises d'otages et d'attentats. Après la création de la force *Qods* en 1990, les pasdaran du Liban sont passés sous son commandement.

Trois ans après l'arrivée des pasdaran au Liban, Hossein Mosleh expliquait ainsi les objectifs du *Sepah* dans ce pays :

« Des activités culturelles, l'exportation de la révolution islamique au Liban, la formation et l'entraînement de nos frères libanais, l'organisation de nos frères libanais et pour ceux qui ont réussi les trois premières étapes, faciliter leur utilisation (entrée en action). »[11]

Il précise ce qu'il entend par entraînement : « A ce stade, nous avons commencé la formation de nos frères libanais dans deux domaines, idéologique et militaire (…) Ces enseignements se font à plusieurs niveaux. D'abord, le niveau élémentaire enseigné dans les mosquées et les *Husseinyias* [établissements religieux chiites destinés surtout à la vénération et à la commémoration du martyre de l'Imam Hussein].

Ensuite, les enseignements généraux et enfin les formations spécialisées (…) Plus de 40 % des cours sont idéologiques » Autrement dit, les 60 % restants sont des entraînements paramilitaires et d'opérations commandos.

A propos de la troisième étape, il explique : « Au terme des deux premières étapes, c'est-à-dire enseignements idéologiques et militaires, nous commençons à organiser ces personnes… »

Au terme des trois étapes le candidat est prêt à l'emploi. Ces étapes, que décrit Mosleh, illustrent le schéma complet du processus d'embrigadement que le régime poursuit également dans d'autres pays. Il s'agit du schéma classique de fabrication d'une machine au service du terrorisme dans divers pays : abuser des motivations et des sentiments religieux pour recruter des individus ou des groupes. Dans certains autres, le régime facilite le voyage des personnes recrutées en Iran sous des prétextes divers (tourisme, pèlerinage, séminaires). Après une évaluation préliminaire effectuée par les organes du Renseignement, certains seront sélectionnés pour recevoir un entraînement en vue d'opérations terroristes.

Prises d'otages et attentats au Liban

Le travail entrepris par Mosleh a vite porté ses fruits. Dix mois seulement après l'installation des pasdaran au Liban, les premières grandes opérations ont lieu. Parallèlement, ce pays connaît une décennie marquée par de nombreuses prises d'otages dont personne ne doute de l'identité des commanditaires, car les pays visés entrent directement en négociation avec le régime de Téhéran. Les interlocuteurs du gouvernement français dans les négociations sur les otages des années 1980 sont des pasdaran comme Mohsen Rafiqdoust, le ministre des pasdaran. C'est ce dernier qui négocie et entame un marchandage simultané avec d'un côté, l'émissaire du président François Mitterrand, Eric Rouleau[12], et de l'autre, Jean-Charles Marchiani, représentant du premier ministre Jacques Chirac, pour satisfaire les revendications du régime notamment l'expulsion de France de Massoud Radjavi.[13] Saisissant les faiblesses des émissaires de Jacques Chirac et la nonchalance plus générale de l'Occident, le régime se sent renforcé par l'usage de ce levier et devient plus agressif. Défendant ouvertement ce recours au chantage, Rafsandjani déclare : « Que peuvent faire les Libanais, sinon prendre des otages ? »[14]

Le 18 avril 1983, une voiture bourrée d'explosifs s'est encastrée dans l'immeuble de l'ambassade américaine à Beyrouth et en a démoli une partie faisant 17 morts...

L'attentat suicide du 23 octobre 1983 contre le QG des marines américains à Beyrouth a coûté la vie à 241 militaires américains. Commentant cet attentat, le quotidien *Los Angeles Times* écrit le 23 octobre 1988 : « Fouillant dans les ruines du QG des marines à Beyrouth, détruit en 1983 par une explosion tuant 241 marines américains, les équipes communes des départements de la Défense, de la Justice et de la CIA ont obtenu des éléments d'information permettant d'établir l'identité de ceux qui ont généré, selon le FBI, probablement la plus grande explosion non nucléaire depuis la Seconde Guerre mondiale.

Cherchant dans des tonnes de gravats de béton, les enquêteurs ont trouvé une partie d'un pivot de roue du camion lancé sur l'immeuble. Au bout de trois années de travail minutieux, le FBI a retrouvé des traces du montage de ce camion dans une usine de *Mercedes-Benz* en Iran. D'après un ancien responsable du Pentagone : « Ils ont même découvert que le moteur du camion y avait été reconstruit ». Dans une interview au quotidien iranien *Keyhan*, Hachémi Rafsandjani revendique ouvertement la responsabilité de cet attentat en évoquant « un coup dur porté à l'Amérique » : « Lorsque les *marines* américains ont débarqué dans ce pays, le peuple libanais a vu leurs visages détestables, il s'est décidé et la jeunesse libanaise, au prix de nombreux sacrifices, a fait s'effondrer les immeubles sur leurs têtes (…) Le coup dur porté à l'Amérique au Liban et l'humiliation qu'elle a subie ont été mis, à juste titre, à notre compte et c'est effectivement à notre compte. » [15]

Evoquant le même événement, Mohsen Rafiqdoust, alors ministre des pasdaran, affirme pour sa part :

« C'est un cocktail d'explosifs et d'idéologie qui a, d'un seul coup, envoyé en enfer 400 officiers, sous-officiers et soldats américains dans leur QG ; le TNT et l'idéologie venaient tous les deux d'Iran. » [16]

La force *Qods* a créé un état-major et un commandement indépendants pour le Liban. C'est le général Mostafa Rabi'i, ancien chef d'état-major de la force *Qods*, qui assure actuellement le commandement. Il est également l'adjoint du général Qassem Soleimani, commandant en chef de la force *Qods*.

Le *Hezbollah* libanais et le *Valayat-e-Faghih*

Au Liban le Hezbollah est devenu une sorte de prolongement du régime iranien et de sa politique, une base avancée pour les visées du régime : voir un jour la création d'une théocratie sœur dans ce pays.
Les chancelleries savent certainement que le mollah Hassan Akhtari, président de l'Assemblée mondiale d'*Ahl-e-Beit*, un organe de propagande du régime, très actif dans les pays musulmans, a été l'ambassadeur du régime en Syrie jusqu'en 2007. Mais ce que le public sait moins, c'est qu'il est quasiment membre du conseil de la direction du Hezbollah. Il y veille à l'application des visées de Khamenei.

Des pasdaran de la force *Qods* se rendent souvent au Liban sous couvert diplomatique en tant qu'employés ou invités de l'ambassade. Sur le plan politique, Téhéran compte sur les manœuvres du Hezbollah, pour faire obstacle au succès du processus électoral, conduisant ainsi le Liban vers une impasse. A ce propos, le druze Walid Joumblat, chef du Parti socialiste progressiste du Liban déclarait : « Ce qui place la question syro-libanaise dans un contexte instable, c'est qu'elle est liée au nouveau président intégriste de l'Iran et au fait que l'Iran exploite son alliance avec la Syrie et le Hezbollah dans son affrontement stratégique avec Israël et les Etats-Unis (…) La situation est telle qu'il semble que nous défendions les installations nucléaires iraniennes aux frontières libanaises ».[17]

C'est précisément là qu'il faut chercher les racines de la guerre de 33 jours.

La guerre de 33 jours au Liban : le rôle des pasdaran

La guerre de 33 jours au Liban est l'événement-type qui démontre l'ingérence directe du régime iranien au Liban. Lors de la présentation de la nouvelle stratégie des pasdaran appelée « la guerre asymétrique » le commandant en chef du *Sepah* a évoqué l'exemple de la guerre de 33 jours au Liban. Cette guerre était à la fois un test pour le *Sepah* et un avertissement à l'Occident. Cependant avec ce conflit, le régime a aussi montré ouvertement son jeu dans la région en juillet et août 2006.

Seyed Kazem Delkhosh, alors député de Guilan au Majlis a confié à quelques proches en privé : « Nous avons déclenché la guerre du Liban. Nous en avons établi le plan lors du dernier voyage de Hassan Nassrallah, le chef chiite du Hezbollah libanais, à Téhéran avant la guerre. »

La guerre éclate le 12 juillet 2006 suite à la capture de plusieurs soldats d'une patrouille israélienne par le Hezbollah.

Cette date n'est pas choisie au hasard. A cette époque personne ne doute de l'échec des négociations du régime avec les Européens et du renvoi du dossier nucléaire devant le Conseil de Sécurité. Le général des pasdaran Ali Laridjani qui est l'interlocuteur des Européens dans ces négociations est en route pour Bruxelles pour rencontrer Javier Solana[18]. Il sait que le sommet du G8 à Saint-Petersbourg est imminent. Le régime craint d'y voir le G8 poussé vers une position commune et ferme à son égard. Laridjani fait escale à Damas, rencontre le président syrien Bachar al-Assad et demande à Hassan Nasrallah de se rendre à Damas pour les derniers préparatifs de la guerre en attente du feu vert de Téhéran. La rencontre avec Solana à Bruxelles se solde une nouvelle fois par un constat d'échec et l'expression mutuelle de regrets. Sur la route de retour à Téhéran il fait à nouveau escale à Damas où il donne le feu vert pour le déclenchement de la guerre. Un rapport interne énumère les principaux objectifs du régime :

« Entraîner le Conseil de Sécurité, l'ONU, la Ligue arabe, l'Union européenne et les Etats-Unis dans une situation de crise. Profiter de cette situation pour faire annuler, ou au moins retarder, l'adoption d'une résolution contre les activités nucléaires du régime. Envoyer un message de force aux Etats-Unis : le Hezbollah, un groupe inféodé à notre pouvoir, est suffisamment puissant pour mettre Israël en échec. Alors prenez garde ! Ne sous-estimez pas notre puissance et optez plutôt pour un compromis. »

Israël, qui n'était pas préparé à une guerre, est surpris par cet affrontement et faute d'informations précises sur l'étendue des préparatifs du régime dans le sud du Liban, perd cette guerre de 33 jours. Côté Hezbollah, ce conflit a, avant tout, révélé aux yeux de la communauté internationale l'ampleur de sa dépendance au régime de Téhéran et l'ingérence de ce dernier dans les affaires libanaises. En réalité, non seulement la décision politique et le feu vert pour la guerre sont venus de Téhéran, mais ce sont aussi les autorités du régime et la force *Qods* qui ont conduit les opérations militaires sur le terrain. Le régime avait installé, à cette fin, deux QG de crise, l'un à Téhéran, l'autre à Damas.

Dans le QG spécial du Liban, installé au ministère iranien des Affaires étrangères, se trouvaient : le général Qassem

Soleimani, commandant en chef de la force *Qods*, l'adjoint du général Firouzabadi, chef d'état-major des forces armées, Taherian, vice-ministre du Renseignement pour le renseignement extérieur, Mehdi Mostafavi (adjoint du ministre des Affaires étrangères), chef du QG, Afkham, directrice générale de l'information et de la presse, Bagheri, vice-ministre des Affaires étrangères pour les pays arabes et africains, Rahimpour, directeur général pour l'Europe et Asghar Mohammadi, directeur général pour les pays arabes du Moyen-Orient, secrétaire du QG.

La cellule de crise à l'ambassade iranienne à Damas, est présidée par le mollah Akhtari ; il assure la coordination entre le théâtre des opérations et Téhéran, avec le concours du pasdar Razi Moussavi. L'ambassade du régime à Damas assure la coordination de la logistique, des déplacements, du transport d'armement des opérations de secours vers le Liban.

Pendant le conflit, la force *Qods* a testé ses tactiques de guerre asymétrique : utilisation de petites unités pour attaquer les chars et véhicules blindés, utilisation massive de roquettes et de missiles fournis au Hezbollah par le régime iranien dont certains étaient tirés par des unités du *Sepah*. Ces roquettes ont atteint des cibles pouvant aller jusqu'à 40 km à l'intérieur du territoire israélien. L'échec d'Israël dans cette guerre est considéré comme un succès pour la nouvelle stratégie du *Sepah*. Cette guerre a pourtant causé de très importantes pertes humaines et matérielles pour la population du Sud-Liban, provoquant aussi la colère et l'indignation des Libanais contre les vrais responsables de ce conflit auquel il ne trouvait aucune logique libanaise.

C'est pour cette raison que Téhéran s'est mis à distribuer de l'argent à la population sinistrée du sud du Liban en déclarant par exemple qu'il donnerait 12 000 dollars à chaque Libanais dont la maison avait été détruite, pour la reconstruire, s'efforçant ainsi de réparer et d'empêcher la montée du mécontentement contre Téhéran.

Exprimant le sentiment général dans son pays, Walid Joumblat affirmait : « Cette guerre n'était pas celle du Liban mais imposée au Liban, par le pouvoir iranien. » [19]

La force *Qods* en Afghanistan

Depuis 1990 et simultanément avec la naissance de la force *Qods*, la garnison Ansar, sous les ordres de Moussavi, s'est de nouveau activée comme principal canal d'exportation de la révolution en Afghanistan. Elle a intensifié ses activités à travers quatre bases stratégiques le long de la frontière entre l'Iran et l'Afghanistan. Elles sont installées à Zahedan (province du Sistan-Balouchistan) sous le commandement du colonel Gholamreza Baghbani à Zabol (dans la même province) sous le commandement du colonel Sadeghi à Birjand et à Taybad (province de Khorassan). Le QG de ces garnisons se trouve à Machad, chef-lieu de Khorassan limitrophe de l'Afghanistan.

La garnison Ansar est à l'origine de la formation de la force militaire *Sepah-e-Mohammad*. Ses activités ont commencé sous le régime de Nadjibollah[20] (1987-1992).

Après la prise du pouvoir par les taliban en avril 1992, la garnison Ansar entraîne de nombreux éléments liés à Téhéran et repliés en Iran. Dès la chute des taliban, ils les font retourner en Afghanistan en les mêlant à la foule des nombreux réfugiés afghans chassés d'Iran vers leur pays.

La force *Qods* a tenté d'installer les éléments du *Sepah-e-Mohammad* au sein des institutions qui se sont créées après la chute des taliban. Depuis il se consacre à la fortification de ses positions en Afghanistan.

Notamment en continuant à infiltrer des éléments liés à la force *Qods* dans des postes administratifs et politiques à collecter des renseignements sur les forces de la coalition et sur le gouvernement de Karzaï et à établir des réseaux étendus inféodés au régime des mollahs dans toutes les provinces.

L'ambassade du régime à Kaboul est un des principaux centres de la garnison Ansar. Cinq des treize personnes de cette ambassade à Kaboul appartiennent à la force *Qods*, et une sixième au ministère du Renseignement. L'ambassadeur lui-même, Bahrami, est un pasdaran.

Il en va de même pour les consulats des mollahs à Hérat et à Kandahar. Parmi les 12 membres de ces consulats, plus de la moitié relève du ministère du Renseignement et de la force *Qods*.

Forte de son expérience en Bosnie, au Liban et en Irak, la force *Qods* a créé un réseau d'institutions caritatives et d'entreprises de reconstruction, couvrant ainsi ses activités secrètes et terroristes. Elle prépare le terrain pour repérer et recruter des sympathisants en Afghanistan. Ces institutions organisent des activités pédagogiques, médicales, caritatives, logistiques, religieuses. Citons l'Organisation de la Culture et des

Communications islamiques qui dépend directement du Guide suprême, l'établissement Al Hoda ou l'institut Mohammad Bagher qui finance aussi les activités de la force *Qods* en Afghanistan.

Depuis avril-mai 2007, suite à des décisions prises lors d'une réunion du commandement de la force *Qods*, une intensification des activités terroristes du régime a été planifiée dans les pays de la région, notamment en Afghanistan.

Suite à l'adoption de ce plan le 23 mai 2007, la force *Qods* a commencé le transfert d'armements lourds et légers en Afghanistan : des missiles sol-air SAM7, du plastic, des mines anti-personnel, des mines antichars, des fusils d'assaut Kalachnikov, des lanceurs de roquettes antichars, des mitrailleuses et des mortiers. Ont été utilisés pour cette mission, d'une part les agents de la garnison Ansar au nord-est de l'Iran, d'autre part les contrebandiers des provinces de Hilmande ou de Kandahar au sud de l'Afghanistan.

L'Armée de Mohammad, depuis Kandahar, a opéré dans les provinces de Farah, Nimrouz, Orouzgan et Hilmande.

Toutefois, la concentration actuelle des activités de la force *Qods* s'effectue sur l'Irak devenu un enjeu stratégique vital pour Téhéran.

Notes

1. *Qods* qui veut dite *la sainte* est le surnom de la ville de Jérusalem.
2. Quotidien *Keyhan* 21 octobre 1991.
3. Voir l'organigramme de la force *Qods* en annexe n° 10.
4. Au sud-est de l'Iran, voisine du Pakistan.

5. L'un des principaux exécutants, condamné à une lourde peine de prison, l'Iranien Darabi, à l'expiration de sa peine en 2008 a regagné l'Iran.
6. Parmi les personnalités assassinées par ces réseaux à l'époque, nous nommerons :
— le professeur Muammer Aksoy, président de la ligue des juristes turcs, ancien député, une des personnalités anti-intégristes les plus connues, tué le 31 janvier 1990 ;
— Çetine Emaç, journaliste qui s'attaquait aux intégristes, abattu en sortant de sa voiture le 7 mars 1990 ;
— Touran Dursun, journaliste, exécuté le 4 septembre 1990. Ses agresseurs ont fui directement en Iran, où ils sont réfugiés ;
— Kais al-Robayï, diplomate irakien, tué par l'explosion d'un pain de plastic dans sa voiture, le 26 mars 1991 ;
— Ugur Mumcu, journaliste turc, tué dans l'explosion de sa voiture le 24 janvier 1993, une des personnalités laïques les plus populaires dans son pays.
7. Le mouvement dont est issu le président palestinien, Mahmoud Abbas.
8. Lieu de rassemblement religieux chiite.
9. *Le Nouvel Observateur*, 11 mai 2006.
10. Dans le Sud-Liban.
11. Entretien avec *Payam-e-Enghelab* (Message de la Révolution) (journal du *Sepah-e-pasdaran*), juin 1985.
12. Ancien journaliste du *Monde*, chargé des problèmes du monde arabe, il a été nommé ambassadeur en Turquie par François Mitterrand.
13. *Le Monde* du 6 mai 1988.
14. *Ettella'at*, le 7 novembre 1986.
15. *Kayhan* (Le Monde), 2 juillet 1987.
16. *Ressalat* 20 juillet 1987.
17 *Washington Post*, 6 janvier 2006.
18. Haut représentant de l'Union européenne pour la politique étrangère et pour la sécurité commune.
19. Agences de presse, 16 juillet 2006.
20. Président pro-soviétique de la république afghane. Il fut exécuté en septembre 1996 par les taliban.

Chapitre 10

La force *Qods* en Irak

Le 22 décembre 2001, quand le Conseil suprême de sécurité nationale se réunit en grand secret autour du Guide suprême Khamenei pour examiner la question irakienne, un seul scénario s'impose : « L'attaque imminente des Etats-Unis contre l'Irak va entraîner la région dans une période de turbulences. D'énormes dangers guettent la République islamique. La situation qui en découlera doit être contrôlée par la République islamique ; il lui faut donc avoir la haute main sur le futur gouvernement irakien, à travers l'Assemblée suprême de la révolution islamique en Irak et le bras irakien de la force *Qods* ». Du coup, cette dernière réclame 26 020 000 de dollars pour un an, et les obtient illico. L'argent va servir à reconstruire et renforcer la 9e brigade Badr.

Dès lors, la force *Qods* va se consacrer pendant deux ans à recycler les membres de la brigade Badr qui ont au fil des ans disparu dans la nature en abandonnant toutes activités politiques et militaires. En créant des cellules dans les mosquées, *Qods* cherche à recruter de nouveaux combattants pour la brigade Badr. C'est une priorité.

C'est en 1982 que Khomeiny fonde en Iran l'Assemblée suprême de la révolution islamique irakienne. Ce n'est qu'un organisme fantoche et non un courant politique religieux indépendant. En 1984, les gardiens de la Révolution en forment le bras armé, la 9e division Badr. Cette force est incorporée aux pasdaran et ne sera jamais une unité indépendante.

La brigade Badr est un pur produit des pasdaran. Lors de l'anniversaire de la mort d'un commandant nommé Ismaïl Daghayeghi, Mohsen Rezaï, le commandant des pasdaran, le présente comme le premier commandant en chef de la brigade Badr. Daghayeghi est pourtant un pasdar iranien. Il explique : « nous avons eu plusieurs étapes dans la collaboration avec les forces irakiennes. (...) D'abord elles ont été entraînées et utilisées comme spécialistes, dans certaines unités et divisions des pasdaran. Après la prise de Khoramchahr nous avons conclu d'organiser une brigade indépendante constituée d'effectifs irakiens pour qu'elle puisse agir indépendamment et retourner en Irak (...) nous avons désigné notre frère, le martyr Ismaïl Daghayeghi, pour mettre sur pied cette brigade Badr. Il était le plus apte à le faire. Après l'opération Kheibar nous l'avons chargé avec d'autres commandants de mettre sur pied les entraînements Malek Achtar à l'université Imam Hussein. Après un certain temps durant lequel l'organisation des forces combattantes irakienne s'est fortifiée, nous avons conclu que l'on pouvait recruter parmi les prisonniers de guerre irakiens des volontaires. Comme certains de ces prisonniers libérés avaient brillé dans certaines opérations nous avons inclus dans l'organisation certains de ces prisonniers volontaires. »

La brigade Badr et l'ASRII d'Abdelaziz Hakim, marionnettes et instruments du régime des mollahs de Téhéran, gangrènent aujourd'hui l'Irak. Pour comprendre l'enchevêtrement du régime des mollahs, la brigade Badr et l'ASRII, il suffit de noter que le mollah Chahroudi, chef du pouvoir judiciaire iranien, n'est autre que l'ancien porte-parole officiel de l'ASRII !

En 2001 le débat fait rage à l'intérieur du régime sur l'avenir de la région et le destin de la théocratie. Tout le monde s'interroge sur la situation après la guerre en Irak, si elle a lieu.

9 septembre 2002. Une réunion très confidentielle se déroule dans la résidence de Khamenei à Jamaran au nord de Téhéran. La préoccupation est sur tous les visages. Les principaux ténors du pouvoir sont là, à commencer par Khatami, le président. Il s'agit d'analyser la situation en Irak. Cela fait quelque temps que la région est sous le coup des événements qui se préparent. Après l'attaque en 2002 en Afghanistan, tout le monde parle de l'imminence de la frappe américaine contre l'Irak. L'avenir est incertain. Chacun exprime son inquiétude. La réunion conclut sur une analyse : « L'attaque de la coalition contre l'Irak est certaine et aboutira à une présence à long terme des États-Unis en Irak. » Par conséquent les conditions vont complètement changer en ce qui concerne le régime. On prévoit que le régime sera menacé par deux dangers : l'un immédiat et l'autre à long terme. La menace immédiate est la présence des forces américaines près des frontières iraniennes. Le danger stratégique est la formation d'un gouvernement pro-occidental et démocratique en Irak. Ce serait un péril pour l'avenir du régime du *Velayat Faghih* et pour-

rait le faire exploser de l'intérieur. Ce serait une carte efficace pour faire pression sur le régime. Les mollahs étaient d'accord, par ailleurs, que l'on ne pouvait renoncer stratégiquement à l'Irak.

C'est pourquoi pour repousser les dangers proches où lointain, il faut trouver une solution. Et la solution qui va sortir des turbans des mollahs sera la « diplomatie cachée » avec l'aide des opposants irakiens, ou mieux encore le bras irakien de la force *Qods* qui va devoir empêcher toute stabilisation de la situation en Irak après la guerre. Pour les mollahs, il va de soi que le levier essentiel qui pourra garantir leurs intérêts en Irak est « la vaste présence des forces dépendant du pouvoir iranien et l'instabilité perpétuelle en Irak dans le but de forcer l'occupant à partir et à laisser s'instaurer un pouvoir religieux dans ce pays. »

Suite à cette réunion, le conseil suprême de sécurité nationale travaille pendant plusieurs semaines sur un plan qui sera adopté et dont voici le contenu : la force *Qods* et les gardiens de la Révolution sont chargés d'exécuter la ligne de Téhéran en Irak. Les activités des pasdaran en Irak font partie de la politique stratégique du régime. Depuis le 9 septembre 2002, l'ensemble des ingérences politiques, terroristes et militaires du régime en Irak est chapeauté par la force *Qods*.

Cette décision ne répond pas seulement à une situation critique. Pour Téhéran elle est la seule issue stratégique avec bien sûr l'acquisition de l'arme atomique pour stabiliser le régime. L'Irak est une proie unique. Pendant des années Khomeiny a rêvé d'occuper *Qods* (Jérusalem), après avoir pris Kerbala et instauré un régime intégriste en Irak.

Il faisait pourtant un calcul stratégique. L'Irak était le pays le plus propice à l'exportation de la révolution. Le tiers de la population est chiite. Le pays compte six mausolées sur les douze imams chiites. Nadjaf accueille les plus grands séminaires chiites, qui rivalisent avec la ville sainte de Qom. De plus, il existe 1 200 kilomètres de frontière commune avec l'Iran. C'est en raison de cette situation géopolitique particulière que Khomeiny voyait dans l'Irak le premier pays où il fallait instaurer un régime frère, en fait un régime fantoche. Ce serait ensuite un tremplin pour l'ensemble du Moyen-Orient. C'était du reste la mission des pasdaran.

Cette fois-ci, non seulement dans le but de réaliser un rêve, mais surtout pour empêcher la théocratie d'être happée dans le tourbillon des bouleversements multiples, Khamenei entraîne la totalité du régime vers une stratégie dangereuse en Irak. Il calcule également que même si Khomeiny a échoué dans la guerre avec l'Irak, le renversement du régime irakien et l'invasion américaine ont créé un tel chaos, qu'il ne peut rêver de conditions plus propices.

La situation résultant de la guerre et de l'erreur de calcul des Américains, qui en attaquant l'Irak ont sorti l'intégrisme de sa boîte de Pandore, offre au Guide suprême la meilleure occasion d'infiltrer ce pays.

La force *Qods* et l'occupation clandestine de l'Irak

Le déclenchement de la guerre à la fin de l'hiver 2003 va accélérer les préparatifs des troupes, du matériel et des armes en

Iran. La force *Qods* organise plusieurs réunions avec ses mercenaires en Irak, notamment la brigade Badr et l'ASRII. On prépare les unités à s'infiltrer dans le pays. Au fur et à mesure, elle fait passer ses unités avant même que le nouveau pouvoir irakien ne soit installé au printemps 2003.
Les unités infiltrées sont les suivantes :

— L'unité 60 044 s'installe au Kurdistan dans les villes de Kirkouk, Erbil, Soleymanieh et Mossoul sous le commandement de Mohammad Mehdi Al Bayati (actuel commandant de l'organisation de la brigade Badr à Kirkouk. Il est devenu député irakien, tout en conservant son poste à la brigade Badr) ;
— L'unité 60 310 se déploie dans la province de Diyala sous le commandement d'Abouzar Khalessi, dont le vrai nom est Ali Hamoud Sa'adi (il a été assassiné en septembre 2004 dans la ville de Mahmoudieh au sud de Bagdad) ;
— L'unité 60 450 entre à Samaveh. Le commandant de cette région, Abou Ahmad Roumissi, dirigeait en Iran la caserne d'entraînement du Hezbollah à Varamine. Il a également commandé la division Imam Ali à la garnison Bisoutoune de Kermanchah dans l'ouest de l'Iran ;
— L'unité 60 750 s'empare de la province de Bassora. Elle est commandée par Abou Ahmed Rached depuis la ville de Dezfoul en Iran. Il dirigeait la division Heydar Karar et compte au nombre des confidents de Khamenei ;
— L'unité 60 840 prend pied à Nadjaf sous le commandement de Haj Abou Ali Nadjafi qui était aupara-

vant commandant de la logistique de la 9e brigade Badr à Kermanchah. (Il est devenu gouverneur de Nadjaf) ;
— L'unité 61 000 s'installe dans la province de Nasserieh sous le commandement d'Abou Nour Hosseini. (Il servait jusque-là dans les services de renseignement de la zone sud pour la 9e brigade Badr. Il a également commandé la protection de la zone verte à Bagdad[1] et assure maintenant la protection des bâtiments du ministère du pétrole) ;
— L'unité 62 500, se déploie dans la province de Kout sous le commandement de Hossein Mahboubeh al-Hadi, alias Abou Ali Vasseti. (Il dirige aujourd'hui la police de cette province) ;
— L'unité 63 000 est affectée à la province d'Al Amareh sous le commandement d'Abou Majed al-Basri. Il a été chargé par le gouvernement irakien du contrôle du point de passage à Chalamtcheh à la frontière irano-irakienne permettant l'infiltration d'hommes et de matériel en Irak pour le compte de la force *Qods* ;
— L'unité 63 600 prend pied à Helleh dans la province de Babylone sous le commandement de Fazel Yasseri Djabr. Il dirigeait auparavant le service d'entraînement de la 9e brigade Badr à la garnison de la gorge de Kenecht à Kermanchah ;
— L'unité 64 700 prend position à Kerbala sous le commandement d'Ismaël Nadjar Khalil ;
— L'unité 64 600 est envoyée à Bagdad sous le commandement d'Abou Mostafa Cheibani. En raison de l'étendue de Bagdad et de l'absence de contrôle sous

un seul commandement, la brigade Badr partage le commandement en cinq axes. Cheibani qui est un chef d'importants réseaux chargés d'assassinats et d'enlèvements organisés par la force *Qods* en Irak, poursuit ses activités clandestines. Il est actuellement recherché par la force multinationale pour avoir commandité des assassinats en Irak.

Jusqu'au renversement du régime irakien baasiste, la force *Qods* aura fait entrer dans ce pays près de 40 000 hommes, pour la plupart irakiens et organisés au sein de la Brigade Badr.

En 2007, le CNRI rend publique à Paris la liste de 32 000 salariés de la force *Qods* en Irak avec leur code, leur identité et leur grade. Ce document top secret affiche les noms iraniens et irakiens, les comptes bancaires, les grades et les fonctions, et le montant de leurs salaires. C'est ainsi que la force *Qods* a pu créer en Irak plus de 20 partis et groupes de taille plus ou moins importante qui dépendent d'elle. De plus, elle a constitué des groupes qui soutiennent ses objectifs dans le domaine du renseignement et des opérations terroristes dans l'ensemble du pays.

Sur cette liste de salariés de la force *Qods* en Irak on peut notamment relever les noms de Hadi Al Ameri (un des commandants de la Brigade Badr mais aussi président de la commission de sécurité et de défense au parlement irakien), Abd Al Karim Hassan (député de Babylone, incorporé par la force *Qods* en 1983), Hamed Hosseini (commandant de régiment de la garde spéciale au ministère de la défense), Bachir Al Vandi (responsable de la sécurité au ministère de l'intérieur irakien, il a aussi dirigé les prisons secrètes sous le contrôle de ce ministère en Irak), Hossein Bagdadi (ancien gouverneur de Bagdad), Mohammad Ali Hessani (gouverneur de la province d'Al Mossana), Hassan Rached (conseiller municipal de Bassora), Hossein Mahboubeh (commandant de la police de la province de Wasset), Ghassem Tamimi (commandant des services de renseignements de la police de la province de Dyala), Ismael Majedi (chef de la police de la province Al Amara)...

A la vue de cette liste on peut conclure, qu'en plus des escadrons de la mort, le régime iranien a infiltré toutes les infrastructures du nouveau gouvernement irakien. De nombreux responsables directs de la force *Qods* occupent des postes-clés.

Par ailleurs, ces agents détiennent dans le sud de l'Irak des responsabilités régionales par le biais de la violence, du chantage ou en déversant des flots d'argent.

Pour propager l'intégrisme, la force *Qods* dispose de plus de 30 journaux, sept chaînes télévisées, six stations radio, près de 500 librairies, magasins de ventes du Coran et vidéos-clubs dans l'ensemble de l'Irak, particulièrement dans les provinces à majorité chiite. En quelques années, des millions de livres, de brochures, de CD et de DVD, de posters et de textes idéologiques propageant la culture du *Velayat-e-Faghih* ont été diffusés gratuitement dans le pays.

Pour mener ses activités terroristes et de renseignement, la force *Qods* a acquis en secret plus de 3 000 bâtiments, appartements, jardins, terrains, hôtels et magasins, dont la plupart servent de têtes de pont. Ces lieux servent de planque à des agents irakiens ou iraniens installés sous diverses couvertures et de points d'appui aux officiers de la force lors de leurs déplacements. Elles servent aussi aux réseaux terroristes du régime. On peut dire que c'est la force *Qods* qui a acheté le plus grand nombre de bâtiments et de résidences à Bagdad, Kerbala, Nadjaf et Bassora. Cela a d'ailleurs été dénoncé à maintes reprises dans la presse irakienne comme une pratique de Téhéran.

A la mi-mai 2003, soit un mois après le renversement de Saddam Hussein, Khamenei convoque l'ensemble des commandants de la brigade Badr et les dirigeants de l'Assemblée suprême de la révolution islamique irakienne qui étaient rentrés en Irak à peine un mois auparavant. Qassem Soleimani, commandant en chef de la force *Qods* les rassemble les 21 et 22 mai chez le Guide suprême. Après avoir entendu les rapports directs des commandants sur place il a ordonné à Qassem Soleimani d'organiser la brigade Badr en Irak en prenant pour modèle le Bassidj et de les infiltrer dans l'ensemble des nouveaux organes du pouvoir irakien. Depuis, le général pasdar Qassem Soleimani rend compte directement à Khamenei de la progression de cette opération.

L'ambassade du régime à Bagdad

Depuis le renversement de l'ancien régime irakien, l'ambassade des mollahs joue un rôle majeur dans la conduite de l'ingérence en Irak. Comme la force *Qods* a été désignée comme l'unique interlocuteur, l'ambassadeur ne pouvait qu'en être issu. Hassan Kazemi Qomi en est en effet un officier supérieur, vétéran du Liban et de l'Afghanistan. A l'ambassade, il travaille avec une équipe indépendante de pasdaran composée de Nasseri, Nourbakht et Jabari.

Le groupe est chargé des contacts les plus sensibles et les plus essentiels avec les organisations, les partis et les médias irakiens liés à Téhéran. Il a constitué un vaste réseau de renseignement et d'espionnage dans l'ensemble du pays qui se charge, selon les circonstances, d'opérations terroristes.

La principale mission de Kazemi Qomi est de conspirer contre l'OMPI présent depuis 20 ans dans ses bases à la frontière irano-irakienne et de mener des activités d'espionnage et de terrorisme en Irak. Ces activités terroristes se focalisent sur la cité d'Achraf située à 100 km au nord-est de Bagdad et à 80 km de la frontière iranienne, dans la province de Diyala. Y sont installés près de 4000 membres de l'OMPI. Abandonnant leurs bases sur la frontière, ils se sont rassemblés dans cette cité depuis l'occupation de l'Irak par les forces de la coalition. Ils bénéficient du statut de personnes protégées en vertu de la IVe convention de Genève et sont sous la protection de la force multinationale. Cette cité, peuplée d'hommes et de femmes décidés à tenir tête à l'intégrisme, est devenue un symbole et un bastion de résistance et de persévérance du peuple iranien face au régime des mollahs.

L'occupation de l'Irak a entraîné le chaos permettant aux éléments de la force *Qods* d'occuper des postes-clés dans le nouveau pouvoir à Bagdad. Cette ingérence du régime iranien en Irak a provoqué une nouvelle forme de résistance face à l'occupation rampante de l'intégrisme en Irak. Les Irakiens ont commencé à exprimer leur écœurement face aux agissements répressifs de la brigade Badr et de la force *Qods*. Le pouvoir des ayatollahs pensait qu'il pourrait longuement tromper les Irakiens en faisant usage de leur sensibilité chiite et islamique. En réalité il est confronté à une population irakienne de sensibilités religieuses et ethniques diverses, mais refusant l'instauration d'une république islamique fantoche dans leur pays. On entend de plus en plus dénoncer en Irak « une deuxième occupation » encore plus dangereuse que la première.

C'est la raison pour laquelle l'ensemble des forces irakiennes anti-intégristes a tissé des liens étroits avec la cité d'Achraf et considère ce foyer de l'opposition au régime iranien comme un obstacle majeur à son ingérence. C'est à ce titre que 5,2 millions d'Irakiens ont signé en 2005 une déclaration commune en faveur de l'OMPI dans laquelle ils dénoncent l'intervention iranienne. 300 000 Irakiens chiites du sud ont eux aussi signé une déclaration soutenant la cité d'Achraf et les Moudjahidines du peuple dénonçant les ingérences du régime iranien dans leur pays.

La force *Qods* et son ambassade à Bagdad s'efforcent donc par tous les moyens de démanteler ce foyer de résistance. C'est pourquoi ils organisent, planifient et effectuent des opérations terroristes contre Achraf. Deux membres de l'OMPI, Hossein Pouyan et Mohamad-Ali Zahedi, ont été enlevés à Bagdad. A deux reprises, les canalisations d'eau d'Achraf ont été détruites par des attentats. Le 8 février, la station de pompage, qui ravitaille Achraf et 20 000 habitants de la région en eau, a été dynamitée. Dans un autre attentat, 13 ouvriers irakiens de la cité d'Achraf sont tués sur la route menant à la cité. Individuellement, de nombreux Irakiens anti-intégristes qui travaillent ou sont en relation avec Achraf sont sauvagement assassinés[2]. Se pliant aux pressions des mollahs, le gouvernement Maliki, a coupé les rations gouvernementales en combustible, en nourriture et en médicaments de la cité. Mais toutes ces pressions n'ont pu venir à bout de ces combattants déterminés de la liberté à la cité d'Achraf, ni décourager les femmes et les hommes irakiens anti-intégristes qui les soutiennent.

L'organisation du travail de la force *Qods* en Irak [3]

Pour faire avancer ses projets – déplacements des commandants, acheminement du matériel, des armes et des munitions, financement des salaires de ses agents et mercenaires en Irak – la force *Qods* utilise diverses couvertures. Une kyrielle de sociétés lui permet de ne pas sortir des structures facilement identifiables et d'agir sur l'ensemble du territoire. Elle fait feu de tout bois, de la culture aux dispensaires, mais aussi des agences classiques qui sont également une source de renseignements et permettent une meilleure organisation. Le commandement de ces forces en Irak est centralisé à la base Ramadan, et dans les garnisons en dépendant le long de frontière irano-irakienne depuis lesquelles ils commandent les groupes terroristes en Irak. La force *Qods* bénéficie également, pour faciliter ses déplacements clandestins, de l'aide de l'ambassade à Bagdad qui entretient de bonnes relations avec certains dirigeants et groupes politiques irakiens. Après la chute de l'ancien régime, Qassem Soleimani, le commandant en chef de *Qods*, et Mohsen Forouzandeh (l'actuel commandant de la force en Irak qui vient d'être placé sur la liste noire américaine) se sont installés à Kerbala pour organiser la force dans le Sud du pays. Leur tâche terminée, ils ont regagné l'Iran.

Lors d'un raid américain à Erbil, Farhadi, le commandant de la base Zafar, est arrêté dans un centre de la force qui fonctionne sous couvert du consulat iranien (non-officiel). Il est capturé avec quatre autres membres en janvier 2007. Comme nous l'avons déjà dit, Mohamad Jaffari Sahraroudi, l'assassin de Ghassemlou à Vienne, qui a dirigé durant des années le service de Renseignements des pasdaran, se trouvait sur place. Il est rentré en Iran la veille. Sahraroudi chapeaute l'ensemble des opérations d'ingérence en Irak au Conseil suprême de la Sécurité nationale iranienne.

Le siège Kowsar

En octobre 2003, la force *Qods* installe un centre baptisé Kowsar, avec pour objectif affiché l'assistance économique et sociale. Il s'agit d'un quartier général qui va agir sous diverses formes et identités. Il bénéficie des services d'autres organismes soi-disant humanitaires des mollahs, comme la Fondation des Martyrs, le Comité d'entraide de l'Imam, le Croissant Rouge, et d'autres organisations supposées indépendantes. Toutes agissent en Irak sous l'autorité de Kowsar.

Ce siège est dirigé par le colonel Hadj Mansour Haghighat-Pour. Il dispose de représentants et de bureaux dans plusieurs villes irakiennes. La principale responsabilité de Kowsar est de fournir la logistique nécessaire aux groupes affidés et d'établir des caches pour les activités de la force. Kowsar agit sous les identités les plus diverses. Il a récemment monté un nouvel organe : « le siège du soutien au peuple opprimé d'Irak». Il a mis sur pied un office de la reconstruction de Bagdad et des villes saintes de Kerbala et Nadjaf dont le directeur est ce même colonel Haghighat-Pour. Il s'agit d'un moyen permettant les déplacements des commandants de la force *Qods* en Irak. Il sert aussi à transporter des armes et des explosifs. C'est ainsi que des unités sous le couvert de restauration ou de reconstruction des lieux saints ont investi Kerbala et Nadjaf et se déplacent sous l'étiquette de membres de l'Office de la reconstruction.

La force *Qods* mène ces activités en collaboration étroite avec l'Assemblée suprême de la révolution islamique en Irak, l'ASRII, la 9e brigade Badr, et en particulier avec un organe gouvernemental irakien appelé « Vaqf-e-chiyé » contrôlé par l'ASRII. La plupart des mollahs du bureau du *Vali Faghih* sont pris en charge par cet organisme.

Le siège Mobine

La force *Qods*, l'Assemblée mondiale de la famille du prophète, l'Assemblée Taghribe, les séminaires théologiques de Qom, le ministère de l'orientation, tous ont reçu pour mission de Khamenei, de préparer le terrain à l'instauration d'une théocratie en Irak. Le colonel Hossein Chariatmadari, représentant personnel de Khamenei, le décrit de cette manière : « Les chiites de l'Irak, à savoir la majorité absolue de la population, et les autres musulmans d'Irak, partagent des croyances communes avec le peuple iranien et des frontières géographiques. Bien que respectables, ces dernières ne peuvent faire obstacle aux croyances religieuses communes. C'est pourquoi, tout comme la constitution de la République islamique d'Iran est une émanation de la croyance religieuse du peuple, et non un attachement ethnique ou national, le peuple irakien en s'appuyant sur ses croyances islamiques, considérera très certainement comme son devoir religieux d'instaurer une république islamique dans ce pays, et dans cette voie, il regarde vers l'Iran islamique. » Le régime des mollahs s'efforce, par tous les moyens, d'imposer qu'une infime minorité intégriste décide du destin de la population irakienne y compris d'une majorité de musulmans irakiens et particulièrement chiites, qui ne sont pas intégristes et ne souhaitent pas l'établissement d'un pouvoir religieux. Ils sont opposés à cette volonté qui veut barrer la route aux forces démocratiques et indépendantes et instaurer un clone de Téhéran dans leur pays.

C'est avec cet objectif que la force *Qods* a établi le siège Mobine sous la direction du pasdar Danaï en Irak. Le Conseil suprême de Sécurité nationale donne alors une directive le chargeant de contrôler et de diriger l'ensemble des activités culturelles et d'exportation de la révolution en Irak, en collaboration avec plusieurs ministères et organes religieux dépendant de Téhéran.

Le bureau central de Mobine se trouve à Téhéran, avenue Pardisse, sur la place Vanak, au nord de la capitale. C'est là que se déroulent toutes ses réunions. Ses principaux objectifs en Irak sont les suivants : établissement de stations de radio-télévisions régionales et nationales ; organisation de l'enseignement idéologique pour les groupes chiites ; fournir des arguments et des bases de réflexions aux groupes dépendant de la force *Qods*, comme l'ASRII, Badr, le *parti Dawa*[5], le Hezbollah, le mouvement du *15 Cha'aban*[6], le mouvement *Seyed-o-chohadda*, l'organisation *Sarollah*, et autres organisations chiites affidées à Téhéran. Mobine doit aussi repérer et recruter ceux qu'il juge le mieux à même de recevoir une formation plus poussée et de se mettre au service du régime iranien. Une autre mission consiste à monter des expositions de livres et de posters dans différentes villes d'Irak. La distribution gratuite de livres, d'affiches, de CD et DVD religieux, la création de vidéo-clubs religieux ou de bibliothèques pour la vente et la lecture de la propagande intégriste font aussi partie de ses missions.

Pour avancer, Mobine dispose en Irak de « l'institution culturelle Mobine », sous l'étiquette de laquelle il agit. Les salariés de cette institution appartiennent à la 9e brigade Badr, à l'ASRII, au Hezbollah et à d'autres groupes dépendant du régime. Actuellement il dispose de plus de 100 bibliothèques, 80 vidéoclubs, plus de 300 magasins de vente de livres et de brochures religieux dans le pays.

Le QG Mobine a déjà organisé plus de 20 grandes expositions de livres de propagande dans l'ensemble de l'Irak, notamment à Bagdad, Nadjaf, Bassora et au Kurdistan. Lors de ces événements des milliers de livres, de brochures, de posters, de CD et de DVD sur Khomeiny, le Guide suprême Khamenei et les autres dirigeants de la théocratie ont été distribués gratuitement. A Nadajf, un nombre considérable de CD a été diffusé gratuitement en plus de photos et de posters de Khomeiny et de Khamenei.

La base tactique Fajr du commandement de la force *Qods* à Ahwaz

Fajr est une base tactique du commandement de la force *Qods* pour l'ingérence dans les provinces sud et centrale de l'Irak. Elle entretient les communications avec les réseaux des milices terroristes et les responsables des groupes et des partis irakiens liés au régime de Téhéran dans le sud. Elle est située dans la ville d'Ahwaz sur la place Tchahar Chir. Le général Abtahi commande ses activités depuis la base Fajr où il collabore avec des commandants parmi les plus expérimentés de la force *Qods* pour diriger des organisations chargées du terrorisme en Irak, comme le Hezbollah.

Le général Abtahi, l'un des officiers les plus anciens de la force *Qods* qui a longtemps dirigé les pasdaran au Liban, commande depuis août 2006 les réseaux terroristes en Irak. Il bénéficie de son expérience auprès du bassidj. Après la chute du régime, il a été chargé par la force *Qods*, de diriger les activités des pasdaran dans le golfe Persique et aussi en Irak sous couvert de l'organisme culturel Mobine. C'est le général Rabi'i qui l'a remplacé au Liban. Abtahi entretient des relations avec des éléments et des groupes irakiens dépendants du régime sous couvert des activités culturelles de Mobine.

L'un des commandants de la base Fajr est le colonel Chouchtari. Il dirige à lui seul plusieurs de ces milices qui sèment la terreur dans les provinces du sud et à Bagdad. Il dirige ces réseaux depuis la ville frontalière de Khorramchahr en Iran. Il lui arrive souvent de se rendre en Irak et de prendre contact avec les commandants de ces réseaux comme Abou Djamal Fartoussi, Abou Hoda, Abou Eslam et Zoheir al-Moussavi qui dirigent chacun des escadrons de la mort. Au début, les objectifs de ces escadrons et milices étaient l'élimination des cadres du parti Baas. On leur avait notifié qu'il ne fallait pas rentrer en conflit avec les forces américaines ni avec celles de la coalition. Petit à petit, le cercle des opérations et des attentats s'est élargi, jusqu'à l'élimination physique, les enlèvements de personnalités, de chefs de tribus, d'intellectuels, qui d'une manière ou d'une autre, s'opposaient à l'ingérence iranienne en Irak.

Simultanément, les attentats à la bombe ensanglantaient le pays pour empêcher toute stabilité. Des attentats qui souvent ne prenaient pour cible que des civils innocents. Les forces de la coalition n'ont pas été longtemps épargnées puisque des bombes placées au bord des routes les ont rapidement visées. Le but était d'éliminer d'abord physiquement tous ceux qui empêchaient un coup d'état rampant du régime en Irak, de créer des tensions et d'accroître l'instabilité pour les forces de la coalition afin de rendre la situation incontrôlable.

Le réseau terroriste *Hezbollah*

La force *Qods* en Irak a établi divers réseaux terroristes, comme le mouvement *15 Cha'aban* ou le mouvement *Seyed-o-chohada*. L'un d'entre eux est l'organisation du Hezbollah en Irak. Il est dirigé par un commandant irakien de la force

Qods, Djamal Ebrahimi, surnommé Abou Mohandesse. Le Hezbollah en Irak a commencé ses activités à Bagdad et à Bassorah avec l'aide du Hezbollah libanais.

Les membres de cette organisation ont suivi pour la plupart un entraînement militaire et terroriste à Bassora. Ils reçoivent leurs armes et leurs munitions par la frontière iranienne de Chalamcheh près de Bassora.

Les commandants et les forces spéciales du Hezbollah irakien vont suivre un entraînement militaire en Iran, après avoir été acheminés dans le pays par le sud. Ils débarquent par groupes de 30 à 50 dans la ville d'Ahwaz et sont ensuite emmenés à Téhéran. La force *Qods* dispose en Iran de plusieurs casernes de formation qui s'occupent de l'entraînement de ces groupes. La formation dure 30 jours. D'origine irakienne, Djamal Ebrahimi est sous le commandement du général Abtahi. Son vrai nom est Djamal Djafar Mohamad-Ali al-Ebrahimi. En Iran, il est connu en tant que Djamal Ebrahimi. Dans les années 1980, il a été l'un des éléments les plus compétents dans l'organisation d'un réseau de terreur que le régime iranien a envoyé au Koweït. Il a planifié un attentat contre les ambassades américaine et britannique en 1984, pour lequel il est recherché par Interpol. Il se replie ensuite en Iran, et commande pendant une longue période la brigade Badr.

Djamal Ebrahimi est un officier supérieur de la force *Qods* qui a suivi la formation de commandement, DAFUS – *Danechkadeh Farmandehi va Setad Nirouyeh Sepah* – c'est-à-dire l'Ecole de Commandement et de l'état-major des pasdaran à l'université Imam Hossein. Il est toujours commandant au sein de la force *Qods* pour l'Irak et reçoit un salaire. (Son compte bancaire en Iran est le 501460275 et son code de salaire dans la liste des 32 000 personnes rendue publique par la Résistance iranienne est le 3829770). Abou Mehdi Mohandesse est devenu membre du parlement irakien pour la province de Babel lors des dernières élections législatives, s'étant présenté sur la liste de la coalition unie dirigée par Abdelaziz Hakim. L'organisation des Moudjahidines du peuple d'Iran a révélé son rôle dans le commandement des réseaux terroristes de la force *Qods*. Actuellement recherché par les forces de la coalition, il est passé dans la clandestinité, et c'est pourquoi il n'assiste plus aux sessions du parlement. Il a transféré le commandement de son organisation en Iran, dans la province de Kermanchah.

Djamal Ebrahimi est rentré en Irak en 2003 après le renversement du gouvernement irakien. Il a d'abord mis sur pied, sur ordre de la force *Qods*, une organisation qui se nomme *Tajamo-e-Eslami*, le rassemblement islamique, en Irak. En deux ans, 950 anciens cadres de confiance de la Brigade Badr ont gonflé les rangs de ce nouvel organisme sur ordre de Qassem Soleimani. Le *Tajamo-e-Eslami* a ouvert des bureaux dans pratiquement toutes les provinces irakiennes, et a joué un rôle important dans la mise en place des organisations paramilitaires chiites liées à l'Iran qui mènent des opérations terroristes. Après la mise en place de cette organisation, il s'est vu confier l'organisation du Hezbollah de l'Irak.

Plusieurs fers au feu

Dans ce chapitre, nous avons abordé essentiellement le rôle de l'ASSRII et de la 9e brigade Badr, parce qu'elles ne sont pas une force seulement à la solde du régime iranien, elles font partie intégrante des pasdaran et de la force *Qods*. Cela ne veut pas dire que le régime n'entretient pas de liens avec d'autres factions en Irak.

Il est évident que le régime iranien a principalement investi sur ses agents directs à savoir l'ASRII de Hakim et sur une profonde infiltration du gouvernement irakien.

Mais les atouts de la force *Qods* en Irak ne se limitent pas à ces éléments ; elle n'a pas ménagé ses efforts pour influencer des tendances indépendantes de Téhéran.

Bien que Moqtada Sadr n'ait pas séjourné en Iran à l'époque du gouvernement de Saddam Hussein, Téhéran a tout fait pour récupérer son mouvement et le mettre sous tutelle. C'est pourquoi sur la question iranienne, on peut constater un éventail de forces au sein du mouvement de Sadr, allant des éléments hostiles à la présence iranienne aux mercenaires de la force *Qods*.

Selon les médias étrangers en Irak, l'assaut, en mars 2008, des forces gouvernementales contre les hommes de Sadr à Bassora n'était que l'affrontement de deux factions dépendantes du régime iranien se disputant la région pétrolière de Bassora.

Le 25 mars, Michael Weir, le correspondant de la chaîne CNN, estimait que « la tactique de l'Iran consiste à soutenir toutes les autres factions tout en soutenant les éléments-clés du gouvernement irakien. Il soutient même Al-Qaïda sunnite [...]. Ainsi, l'Iran a tous ces éléments en main et attend de voir la tournure des événements [...]. Les factions impliquées dans la bataille de Bassora, sont soit totalement soutenues par l'Iran, soit proches de ce dernier d'une manière ou d'une autre. [...] Cette cacophonie amuse beaucoup le régime iranien. Nous assistons à un conflit entre deux factions, toutes deux soutenues par l'Iran ».

Au terme de ces combats de mars 2008 à Bassora, l'envoyé spécial du *Monde*, Patrice Claude, constatait : « S'il subsistait le moindre doute quant à l'influence majeure désormais exercée par l'Iran dans les affaires de son voisin irakien, le cessez-le-feu conclu, dimanche 30 mars, entre le chef radical chiite Moqtada Al-Sadr et trois *missi dominici* représentant le premier ministre Nouri Al-Maliki, également chiite, devrait l'avoir définitivement levé. Car c'est à Qom, le quartier général du pouvoir religieux iranien, que les négociations ont eu lieu. Et c'est, selon une bonne source, sous la houlette d'un militaire iranien, et pas n'importe lequel puisqu'il s'agit du général Qassem Soleimani, chef des brigades *Al-Qods* du corps des pasdaran, que ce cessez-le-feu a finalement été conclu. Incidemment, au moins deux des trois envoyés spéciaux de M. Maliki, à savoir Hadi Al-Ameri et Ali Adib, sont titulaires de la double nationalité irako-iranienne et ils ont, l'un et l'autre, vécu des années en exil à Téhéran. M. Adib est membre du même parti religieux que le premier ministre (Daawa), et M. Ameri est le chef d'une puissante milice alliée, l'organisation Badr, qui domine l'encadrement de la nouvelle armée nationale irakienne et qui fut créée, financée et entraînée en Iran à partir de 1980 ».[6]

Avoir plusieurs fers au feu en Irak ne se limiterait pas aux factions chiites. Contrairement à une idée répandue, le régime investit beaucoup sur des tendances extrémistes sunnites. Il se sert de tous ceux qui lui sont tributaires, d'une manière ou d'une autre. Disposer des leviers sunnites lui permet d'attiser le feu de la guerre civile à sa guise et au moment voulu. Ce n'est pas par hasard si les cibles d'Al-Qaïda en Irak et celles des groupes réputés à la solde de Téhéran sont identiques : les personnalités indépendantes et les intellectuels opposés à l'influence des mollahs en Irak et qui œuvrent pour mettre sur pied une coalition politique indépendante composée des chiites, sunnites, chrétiens et autres.

Ce jeu du régime lui donne les atouts nécessaires pour sacrifier au gré des circonstances une partie de ses alliés au profit d'autres qui lui sont plus utiles.

Notes

1. Zone ultra-protégée où sont groupées les institutions du gouvernement irakien, le QG des forces de la coalition et les ambassades.
2. Parmi ces Irakiens qui ont été la cible d'attentats en raison de leur soutien à l'OMPI et en opposition à l'ingérence en Irak, on peut citer Abdul Rahim Nasrallah, dirigeant du parti national de la justice et du progrès (octobre 2006), l'Ayatollah Mohammad Moussawi, dirigeant du parti de l'unité islamique (en 2006), Mohammad Al Bayati, gouverneur de la ville de Soleiman-bak (septembre 2006), le député Mohammad-Hossein Awadh, du Front du dialogue national (avril 2007), le Cheikh Salman Al-Jabouri, dignitaire de la province de Diyala (décembre 2007)…

3. Voir l'organigramme de *Qods* en Irak, annexe 11.
4. Parti islamiste chiite inféodé à l'Iran, dont est issu le premier ministre irakien Nouri Al Maliki.
5. Force paramilitaire constituée par la force *Qods en Irak.*
6. *Le Monde*, 2 avril 2008.

CHAPITRE 11

Les pasdaran à la recherche de l'arme nucléaire

En 2002, pour la première fois, lors d'une conférence de presse, le Conseil national de la Résistance iranienne (CNRI) révèle l'existence de deux sites nucléaires secrets : celui de Natanz, énorme usine d'enrichissement d'uranium, et le site d'Arak, usine de production d'eau lourde.

En octobre 2002, Mohamed El Baradei le directeur de l'AIEA doit effectuer une visite en Iran, mais Téhéran diffère cette venue. Mohamed El Baradei se rend en Iran 5 mois plus tard, en février 2003. Il visite une partie de ces deux sites et reste stupéfait du niveau d'avancement des projets nucléaires. Alireza Akbari, directeur d'un institut d'études stratégiques du régime de Téhéran, avait à l'époque évoqué les révélations faites par la Résistance iranienne et affirmé : « au départ, Mohamed El Baradei a envoyé une lettre aux autorités iraniennes. En se fondant sur les allégations des Monafeghines[1] (expression utilisée par le régime pour désigner les Moudjahidines du peuple), il a demandé à l'Iran de préciser si des activités nucléaires secrètes étaient menées à l'insu de l'AIEA». C'est ainsi que le monde a découvert l'existence d'un énorme programme nucléaire clandestin en Iran.

Ces révélations des sites de Natanz et d'Arak ne sont pas les seules de la Résistance iranienne. Le CNRI avait déjà révélé en 1991 l'existence du site Moalem Kalaieh. Mais trop accaparé par leurs préoccupations mercantiles les poussant à la complaisance avec les mollahs, les pays occidentaux n'y avaient pas porté intérêt et aucune mesure n'avait été prise : le régime pouvait continuer tranquillement son programme.

Le 20 février 2003, le CNRI a dévoilé le rôle de la société *Kala Electric*. Officiellement usine de fabrication d'horloges, c'est en réalité un laboratoire pilote des centrifugeuses. Le régime a traîné avant d'autoriser les inspecteurs de l'agence à visiter ces locaux. Lorsqu'enfin ils ont pu s'y rendre, ils ont trouvé un bâtiment vide fraîchement repeint. Au cours des tests, ils ont découvert dans les locaux de la société *Kala Electric* des traces d'uranium hautement enrichi à 54 %. A la suite des révélations successives de la Résistance iranienne et des observations des inspecteurs de l'AIEA sur le terrain, il se forme petit à petit un puzzle qui laisse entrevoir l'ampleur du programme nucléaire que ce régime a mis en place pour se doter de l'arme atomique. Grâce aux réseaux dont dispose la Résistance iranienne à l'intérieur du pays, celle-ci dévoile à plus de 80 reprises les différents aspects de ce programme nucléaire secret.

Le régime iranien avait déployé beaucoup d'efforts pour dissimuler ce programme, mais la Résistance dispose de techniciens et de personnes bien introduits dans les instances officielles et, malgré les graves menaces qui pèsent sur eux, les plans secrets du régime ne sont jamais restés longtemps ignorés de la Résistance. Les renseignements continuent à parvenir grâce à l'implantation de ces réseaux que le régime est incapable de tarir. Ceux-ci sont souvent confirmés a posteriori par les experts de l'AIEA, via des documents échangés entre le régime et l'Agence, ou encore par les déclarations et les aveux tardifs des autorités iraniennes. Même si souvent Téhéran n'a pas autorisé les experts de l'Agence à se rendre sur le terrain pour vérifier ces informations.

Suite à ces révélations, la communauté internationale s'est subitement réveillée et a réalisé que, sous la présidence de Khatami, le régime avait accéléré son programme nucléaire secret, tout en prônant la « modération » afin de berner l'Occident. Cependant, un certain nombre de politiciens occidentaux refuse de voir la réalité et n'abandonne pas l'espoir de composer avec les mollahs.

Malgré ces révélations, le régime des mollahs tente de cacher l'évidence, répétant inlassablement qu'il s'agit d'un programme civil. Prenant parfois leurs interlocuteurs pour des imbéciles, ils brandissent une supposée fatwa délivrée par Khamenei selon laquelle « l'Islam est contre la bombe atomique ». Selon un proverbe persan, le renard à qui l'on demande : « quelle est ta preuve ? », montre sa queue et répond : « voici mon témoin ».

Le régime des mollahs pense que l'opinion publique n'a pas de mémoire, au point de se laisser duper par ce genre de mensonge. Les auteurs de ces mensonges sont ceux qui, pendant la guerre, ont envoyé des enfants sur les champs de mines, ont lapidé des femmes et ont toujours manipulé la religion pour justifier leurs atrocités. Quel crédit peut-on accorder aux prétentions de ces mollahs sans scrupule ?

Le premier péché du régime est de mener clandestinement une activité de prolifération nucléaire bien que signataire du Traité de non-prolifération (TNP). On peut légitimement se demander quel est son objectif. Malgré les déclarations des autorités sur l'aspect civil de leur programme, personne ne doute de sa finalité militaire. Il faut savoir que jusqu'à présent, il n'existe en Iran qu'un seul réacteur nucléaire de production d'électricité dont la construction est inachevée ; de plus le combustible dont il a besoin est fourni par la Russie. Alors pourquoi vouloir avec un tel acharnement maîtriser le cycle de la production du combustible ? Dans ce contexte, l'entêtement du régime et le refus des propositions de la Troïka[2] sont étonnants. Mais les déclarations du mollah Hassan Rohani, ancien secrétaire du Conseil suprême de la Sécurité nationale, sont très révélatrices : « la capacité en matière de cycle de combustible nucléaire équivaut à celle de fabriquer l'arme nucléaire : il suffit pour cela que le pays prenne la décision politique de se doter d'une telle arme ».

Pour cette raison, les déclarations optimistes et parfois crédules du directeur de l'AIEA et de certaines autorités européennes telles que Javier Solana, doivent amuser leurs interlocuteurs au sein du régime des mollahs. Les négociations entre la Troïka[2] et le régime de Téhéran ont duré quatre ans sans résultat. Plus exactement, ces négociations ont servi à une seule chose : le régime a réussi à gagner du temps et à berner un peu plus ses interlocuteurs européens.

Le 21 octobre 2003, Téhéran signe un accord avec la Troïka où il s'engage à suspendre l'enrichissement de l'uranium. Mais le 22 juin 2004, le régime viole cet accord. Entre-temps, le mollah Hassan Rohani révèle que cette suspension leur a permis de gagner du temps et de faire progresser leur programme nucléaire : « lorsque nous avons accepté de suspendre l'enrichissement, nous ne disposions même pas de UF 6[3] pour l'enrichir. Nous avons donc volontairement accepté de suspendre l'enrichissement, pour calmer le climat international et compléter les infrastructures nucléaires du pays ».

Montrant les craintes du régime après la guerre contre l'Irak et en Afghanistan, Rohani dévoile certains aspects afin d'écarter les critiques de la faction rivale au sein du pouvoir et affirme en 2004 : « après la révélation du site de Natanz et la découverte par l'Agence de traces de contamination à un niveau élevé, il y a eu soudain beaucoup de rumeurs. Ils ont tout fait pour essayer d'envoyer notre dossier au Conseil de Sécurité, afin de mettre en place un embargo (...). Nous avons pu écarter les menaces. Alors que le dossier était dans les coulisses du Conseil de Sécurité, nous avons réussi à le ramener au niveau de l'AIEA. Une fois les installations d'Ispahan complétées, nous avons produit de l'UF 6. Lorsque nous avons suspendu l'enrichissement, les installations à Ispahan étaient en construction. Nous les avons achevés pendant la suspension de l'enrichissement et nous avons construit les installations d'eau lourde à Arak pendant cette période. C'est dans ce contexte de suspension que nous avons pu compléter Natanz. »

Suite à ces déclarations, Ali-Reza Akbari, un responsable des services de sécurité du régime (directeur de l'Institut d'études stratégiques) a vivement protesté contre les propos de Rohani en écrivant qu'en divulguant des informations « classifiées liées à la sécurité nationale » ce dernier avait « trahi et gravement nuit à la stratégie diplomatique de l'Iran » pour se disculper ». Parce que « l'ancien secrétaire du Conseil suprême de la Sécurité nationale avoue que l'Iran a été impliqué dans des activités qui ont été cachées à l'AIEA. Dans la terminologie juridique de l'AIEA, cela signifie "interdiction d'accès", une infraction susceptible d'entraîner le pays qui l'a commise devant le Conseil de Sécurité ».

Le rapport de la communauté des renseignements américaine – qui a fait beaucoup de bruit –, affirme explicitement que le régime a été impliqué dans la fabrication de la bombe atomique avant d'arrêter ces activités à l'automne 2003 en raison des inspections et des pressions internationales et qu'actuellement il n'a pas d'arme nucléaire. Le rapport ajoute que si le régime reprend ses activités de fabrication de la bombe et qu'elles avancent sans entrave, il accédera à la bombe dans un délai minimum de deux ans. Le délai le plus long serait d'ici 2015.

Or, nous sommes en mesure de savoir que le régime a poursuivi clandestinement l'effort pour de la bombe, a fourvoyé les agences et a pu échapper aux missions d'observation de l'ONU.

Les renseignements recueillis par la Résistance prouvent que le régime poursuit sa course à la bombe atomique. D'après les experts, s'il obtient la capacité d'enrichir l'uranium au-delà de 90 %, il pourra fabriquer la bombe en l'espace de 45 jours. Mis à part des questions sans réponses et des preuves qui attestent la nature militaire du programme nucléaire du régime, l'élément le plus criant est la conduite entière de ce programme par les pasdaran au sein du ministère de la Défense.

La direction et la conduite du programme nucléaire iranien sont conçues d'après la structure du commandement militaire des Forces armées. Tous les organes impliqués dans ce programme sont coordonnés au sein du Conseil suprême de la Sécurité nationale qui les dirige. A l'instar de son hégémonie sur le politique et l'économie, le *Sepah*, qui a pour objectif l'accession à l'arme nucléaire, contrôle totalement l'Organisation de l'énergie atomique de l'Iran (l'OEAI). Cette dernière est entièrement au service et sous la tutelle des pasdaran.

L'accession à l'arme nucléaire : une nécessité vitale

L'histoire des efforts de l'Iran pour accéder à l'arme nucléaire remonte à l'époque du chah. De nombreuses études, enquêtes et ouvrages ont été publiés à ce sujet. Le régime du chah avait signé un grand nombre de contrats pour construire des centrales électriques nucléaires. Aujourd'hui, certains font des parallèles entre les deux régimes, la question de leur accession au nucléaire, mais aussi entre le régime et d'autres pays de la région (Israël, Pakistan) pour convaincre que Téhéran défend un droit légitime. Ce que ce genre d'analyses ignore, c'est la nature expansionniste et belliqueuse d'un régime fondé sur une idéologie relevant d'un extrémisme religieux et qui a un besoin constant de déclencher des crises et des guerres pour se maintenir en place.

Ce régime s'est efforcé de faire croire que la question nucléaire était un enjeu « national » et donc un « droit inaliénable ». Pourquoi devrait-on faire confiance à un régime qui a abusé de la religion pour tromper son peuple ? Comment croire les promesses d'un pouvoir qui a trahi, au lendemain de la révolution, les promesses que ses dirigeants avaient faites au sujet des libertés, qui a fait assassiner ou exécuter 120 000 de ses citoyens uniquement parce qu'ils s'opposaient à sa conception du pouvoir ?

En fait, les mollahs et leurs lobbies ont tendance à effacer le cœur du problème. La question principale concernant le nucléaire iranien n'est pas de savoir si l'Iran a le droit ou non à l'accession à la technologie ou à l'arme nucléaire. La question est de savoir s'il faut permettre à la dictature religieuse des mollahs d'accéder à la bombe atomique pour piétiner davantage la souveraineté du peuple iranien et continuer à propager l'intégrisme à travers le monde. La réponse à cette question a été avant tout donnée par le peuple iranien et elle mérite d'être prise en compte. Pour légitimer leur effort, les mollahs ont essayé de faire croire que l'accession à la technologie nucléaire était une revendication des Iraniens dans leur ensemble. Un faux message relayé par les soutiens occidentaux des mollahs, qu'ils soient des experts ayant besoin de visas d'entrée dans le pays, des journalistes chouchoutés par les ambassades du régime ou... Mais personne n'a osé poser la question aux véritables interlocuteurs, c'est-à-dire au peuple iranien.

Le gouvernement Ahmadinejad en a fait le slogan principal du régime : « La technologie nucléaire est notre droit inaliénable… ». Mais la réponse des Iraniens n'a pas tardé. Ils ont tourné ce slogan en dérision. Lors des manifestations d'étudiants, ceux-ci ont lancé : « La liberté est notre droit inaliénable ». Les enseignants criaient au cours de leurs manifestations : « Une vie décente est notre droit inaliénable » et les travailleurs qui exprimaient leur ras-le-bol de l'oppression : « Un emploi est notre droit inaliénable ». Et au cours des manifestations marquant le 1er mai en 2007 on pouvait lire sur les banderoles : « Non au programme nucléaire, non aux salaires de misère… ».

En posant la vraie question dans toutes ses dimensions, on peut alors comprendre pourquoi la Résistance iranienne est opposée à l'accession du régime de *Velayat-e-Faghih* à la technologie nucléaire.

Avant tout, parce qu'il s'agit d'un programme militaire pour l'essentiel mis en route, pour stabiliser le régime des mollahs qui est très secoué. C'est pourquoi une majorité d'Iraniens y est opposée. Pour la Résistance, l'arme nucléaire aux mains des mollahs n'est comparable à aucun autre cas semblable dans le monde. On peut s'opposer légitimement à l'arme nucléaire aux mains des superpuissances et lutter pour un désarmement général pour protéger notre planète, ce que font depuis des années certains mouvements et individus, mais aujourd'hui le monde est face à un dilemme. Il y a le danger immédiat et l'urgence d'agir. Un nouvel Hitler veut accéder à l'arme nucléaire. Quel est le devoir de toute force et de tout être conscient et épris de valeurs humaines ? Défendre le « droit inaliénable » des mollahs à la technologie nucléaire comme le font certains lobbyistes sans scrupule ?

Ce qui est étonnant c'est que certains décideurs à travers le monde apparemment plongés dans un sommeil profond, ne trouvent aucun motif pour faire barrage à l'expansionnisme et au bellicisme du régime de *Velayat-e-Faghih* qui, au nom de l'Islam, tente d'entraîner le monde dans un affrontement global.

De par son hostilité au monde moderne et à la technologie, Khomeiny a arrêté le programme nucléaire au lendemain de la Révolution. Il a vite regretté cette décision et s'en est rétracté. Avec l'éclatement de la guerre Iran-Irak, il a ordonné au *Sepah* de créer un centre de recherche sur l'arme nucléaire.

Depuis, toutes les étapes de la production de l'arme nucléaire ont été placées sous le contrôle du *Sepah* et du ministère de la Défense, également dirigé par le *Sepah*, pour permettre au *Valayat-e- Faghih* d'exercer son hégémonie sur ce programme.

S'adressant aux responsables des recherches nucléaires de l'Iran en 1981, Mohamad-Hossein Behechti (l'un des mollahs les plus proches de Khomeiny) disait : « La politique de l'Iran dans le domaine nucléaire vise l'accession à l'arme nucléaire. »

En 1983, l'unité spéciale nucléaire du Centre de recherches du *Sepah* créait un centre spécial et secret de recherches au nord de Téhéran près de la place Vanak. Le *Sepah* a ensuite embauché les meilleurs experts nucléaires des universités du pays, qui ont rejoint la grande partie des experts formés par le centre d'études nucléaires de l'Organisation de l'énergie atomique de l'Iran, l'OEAI, au terme d'un cycle de deux ans.

Le cessez-le-feu et la stratégie de la défense préventive

Le 16 juillet 1988, juste avant sa défaite dans la guerre contre l'Irak et l'acceptation du cessez-le-feu, dans une lettre expliquant sa nécessité, Khomeiny souligne que d'après les chefs militaires, « pour reprendre l'offensive, si Dieu le veut, nous devrons nous équiper de 350 brigades d'infanterie, 2 500 chars, 3 000 pièces d'artillerie, 300 avions de combat, 300 hélicoptères et une quantité considérable d'armes laser et nucléaires – qui seront nécessaires pour les guerres du futur [4] ».

Ainsi après le cessez-le-feu le 17 juillet 1988, l'acquisition de ces armes, et surtout l'arme nucléaire, sera la priorité du carnet de route.

C'est sur cette base que le régime adopte la stratégie de la défense préventive en 1989. Elle reposait sur trois piliers :

— la capacité de subir et de supporter des pertes énormes dans des guerres de longue durée ;
— la création d'un immense arsenal de missiles de moyenne et de longue portée pour compenser la faiblesse de l'aviation du pays ;
— s'appuyer essentiellement sur la technologie nucléaire militaire pour créer un arsenal d'armes atomiques.

Suite aux déclarations de Khomeiny, Mohsen Rezaï, le commandant en chef du *Sepah*, met personnellement le projet d'arme nucléaire à l'ordre du jour. Notons que ce projet a été dès le départ confié aux pasdaran.

Le programme nucléaire du régime aux mains des pasdaran

En 1991, dans un rapport à Rafsandjani, l'unité spéciale nucléaire du régime estime que l'obstacle principal sur le chemin de l'accession à l'arme nucléaire est l'absence de coopération des pays étrangers fournisseurs des techniques nécessaires.

Rafsandjani organise une réunion commune de l'unité nucléaire des pasdaran et de l'OEAI. Les participants ont adopté les décisions suivantes pour faire avancer le projet d'arme nucléaire :

— mobiliser et activer toutes les capacités et toutes les sources de la technologie nucléaire dans différents pays et recourir le cas échéant à la contrebande et aux canaux clandestins pour s'approvisionner ;

— expédier dans les pays européens ingénieurs et experts iraniens dignes de confiance, sous divers couverts, pour acquérir la technologie nécessaire par des activités d'espionnage ;

— profiter au maximum de l'effondrement de l'ex-Union soviétique pour obtenir le service des spécialistes et de l'uranium enrichi.

Le but final recherché est la maîtrise du cycle du combustible nucléaire et la fabrication de la bombe atomique à l'intérieur du pays. Le régime avait beaucoup travaillé ces maillons essentiels en y incluant le vecteur de la bombe.

Par conséquent, le Centre de recherches du *Sepah* établit des relations actives avec la Russie et le Pakistan pour acquérir la technologie et le savoir-faire nucléaires. Des négociations et une coopération s'ensuivent.

Dès 1987, l'un des centres d'études nucléaires du *Sepah* entre en activité sous le couvert de « Centre de formation des cadres techniques maritimes du *Sepah* ». Situé près de Niavaran au nord de Téhéran, ce centre entretient des liens actifs avec la Russie et le Pakistan.

Pakistan Connection

En 1987, l'Iran a conclu un accord de coopération nucléaire avec le Pakistan qui permet aux experts iraniens de s'y rendre pour des formations spécialisées. C'est ainsi que le régime iranien entre en contact avec Abdul-Qadir Khan (« père de la bombe atomique pakistanaise »). En 1987, trois responsables du *Sepah-e-pasdaran* le rencontrent à plusieurs reprises dont deux à Téhéran. C'est Mohammad Eslami, directeur du centre de recherche du *Sepah*, qui préside la délégation. Les rencontres avec Abdul-Qadir Khan ont été arrangées par Reza Amrollahi, alors directeur de l'OEAI. Elles aboutissent à la livraison à l'Iran par le Pakistan des centrifugeuses P1 ainsi que des plans de construction des centrifugeuses P 2.[5]

Ces plans et un prototype de la centrifugeuse P 2 ont permis au régime de développer considérablement ses activités. Un ingénieur, Ali Karimi, supervise la conception et la fabrication des centrifugeuses P 2 au sein de l'Organisation des industries de la défense.

Par ailleurs, l'ingénieur Jafar Mohammadi, un officier du *Sepah* affecté au ministère de la Défense, supervise la fabrication et l'installation des centrifugeuses P 1. Directeur général de l'unité de production, il a dirigé notamment l'installation des centrifugeuses sur le site nucléaire Natanz.

Suite aux révélations de la Résistance iranienne et dans le cadre de ses rapports avec l'AIEA, le régime avouera avoir obtenu les plans du moulage de la demi-sphère de l'aluminium[6], qui n'a qu'un usage militaire, grâce à Abdul-Qadir Khan.

L'envoi des experts à l'étranger

En 1987, lors d'un entretien avec trois professeurs de physique de l'université de Kerman, Mohsen Rezaï, alors commandant en chef du *Sepah-e-pasdaran*, leur demande de coopérer à la fabrication des différentes parties d'une arme nucléaire. Il leur parle d'un budget de 800 millions de dollars consacré à ces recherches. Il leur propose de se rendre au « centre de formation des cadres techniques maritimes du *Sepah* » le week-end d'après. A leur grande stupéfaction, ces universitaires y découvrent un centre de recherche avancée, y compris sur l'application du laser dans le projet nucléaire, comme le laser de puissance, la fabrication d'appareils de guidage et de gyroscopes et d'autres recherches nucléaires militaires.

Ces universitaires seront par la suite envoyés en mission dans plusieurs pays étrangers comme l'Italie, l'Allemagne et le Japon pour perfectionner leurs connaissances. Ils se rendent en 1988, par exemple, en Italie où ils visitent deux centres nucléaires. L'un d'eux est situé à Padoue où ces experts examinent trois accélérateurs de neutrons. Le but déclaré de ce voyage est la création d'un centre de recherches d'espace « physique ». Les frais de déplacement ont été payés par le ministère iranien de la Défense. A l'issue de la visite, ils obtiennent les plans de certains laboratoires pour les remettre ensuite au *Sepah-e-pasdaran*.

Dès 1987, le *Sepah* installe des centres de recherche nucléaire dans plusieurs universités, notamment celles de Téhéran et Chiraz. Un exemple significatif des efforts de recrutement du personnel concerne l'embauche de 14 diplômés de l'université industrielle Charif avec un salaire mensuel de 6 000 dollars (50 000 tomans), le salaire moyen des experts travaillant pour l'OEAI était de 36 000 à 46 000 tomans par mois.

Un épisode remarquable dans les efforts du régime pour profiter de l'effondrement de l'Union soviétique survient lors d'une tentative d'acquérir des ogives nucléaires du Kazakhstan. En octobre 1992, le Conseil national de la Résistance iranienne fait état de la tentative du régime pour acquérir trois ogives nucléaires en exploitant la situation créée par la chute de l'Union Soviétique. Le régime avait réussi à acquérir trois ogives à l'abri de tous les regards. Le Département d'Etat américain a déclaré ignorer cette information. Mais les autorités kazakhes, la prenant au sérieux, ont mené une enquête et pu empêcher leur transfert *in extremis*. Quelques années plus tard en 1996, dans une interview au *Washington Times*, l'ambassadeur du Kazakhstan aux Etats-Unis avouera que le régime de Téhéran avait acheté un certain nombre d'engins atomiques mais que l'accord a été annulé en 1992 « alors que la marchandise était prête à l'exportation »[7]. Une fois de plus une révélation à temps a déjoué l'effort de Téhéran d'accéder à des prototypes nucléaires.

Le ministère de la Défense et l'OEAI : deux ailes nucléaires du régime

A l'époque du chah, il y avait un ministère de la Guerre auquel ont été ajoutées graduellement des organisations comme les Industries de la Défense et les différentes entreprises d'armement pour constituer le ministère de la Défense nationale. Sous le régime de Khomeiny, avec la guerre, le gouvernement a créé en 1984 une entité parallèle, le ministère des Pasdaran. Pendant toute cette période le ministère de la Défense représente l'armée au gouvernement et au parlement, tandis que le ministère des Pasdaran joue le même rôle pour le *Sepah*.

Après la guerre en 1989, pour concrétiser la prééminence des gardiens de la Révolution sur l'armée régulière, Khamenei donne son aval à une proposition de Rafsandjani (alors président de la République) pour la fusion des deux ministères et la constitution d'un seul ministère de la Défense et de la logistique des Forces armées. Avec le nouveau ministère, en apparence le ministère du *Sepah* est dissout. En réalité l'armée perd sa primauté au ministère de la Défense au profit des pasdaran. Depuis la création de ce nouveau ministère, ses ministres et vice-ministres ont toujours été choisis parmi les chefs des pasdaran. Au point que le ministère de la Défense est devenu une partie intégrante du *Sepah*. Pour couvrir les efforts clandestins en vue de l'acquisition de l'arme nucléaire dans le pays et pour dissimuler les activités y œuvrant, toutes les entreprises, centres de recherche, établissements militaires et universitaires impliqués de manière dispersée dans ces activités ont été placés, en 1993, sous le contrôle du ministère de la Défense. En même temps pour empêcher des fuites d'informations vers l'étranger, le régime met fin au service des experts étrangers dans ces centres et les expulse du pays. Après cette reprise en main, le Centre de recherches du *Sepah*, spécialisé dans le nucléaire, rebaptisé « Centre de formation et de recherches de la défense du ministère de la Défense », est intégré au ministère. Tous les experts nucléaires des pasdaran y sont également transférés. Ainsi, le Centre de recherche nucléaire du ministère de la Défense passe totalement sous le contrôle et le commandement des experts des pasdaran.

Le ministère de la Défense et l'OEAI conduisent parallèlement les activités nucléaires du régime. Depuis que l'AIEA enquête sur ce programme cette dualité à l'avantage pour le régime d'avoir un programme d'apparence publique sous contrôle de l'OEAI (la prolifération) et un programme clandestin (la construction de la bombe et de l'ogive) le tout, sous le contrôle du ministère de la Défense. Ceci permet au régime de duper la communauté internationale. Les experts de l'AIEA n'ont été autorisés à visiter que quelques sites gérés en apparence par l'OEAI, dévoilés par la Résistance, mais les portes des centres militaires comme Shian et Lavizan sont souvent restées closes. Les experts ont pu visiter ces centres après démolition comme à Shian, ou se sont vus interdire des endroits sensibles comme Parchine. Ceci réduit sérieusement les capacités de l'AIEA à découvrir les différents aspects du programme.

Le Site de Shian

Les études pratiques pour mettre au point la bombe débutent au centre de recherche des pasdaran jusqu'en 1993. Ces activités se poursuivent ensuite dans le cadre de l'institut des Industries de la Défense, une subdivision du Centre de formation et de recherche des Industries de la Défense, située à Lavizan-Shian, à l'est de Téhéran.

En mai 2003, le CNRI révèle l'existence de ce centre en faisant état d'une activité ultrasensible dans le domaine des armements bactériologiques. Il s'agit de l'une des plus grandes révélations de la Résistance dans ce domaine.

Elle coûte très cher aux pasdaran. Une course contre la montre est enclenchée. Entre décembre 2003 et février 2004, Téhéran a transféré le matériel et a complètement rasé le site. Soucieux d'effacer toute trace de particules radioactives au contrôle des inspecteurs de l'AIEA, le régime iranien a enlevé et transporté en un lieu inconnu toute la terre du site, creusé jusqu'à 4 m de profondeur, ce qui est tout à fait visible sur les photos satellites prises en mars 2004.

Cependant, malgré toutes ces précautions, quand les inspecteurs onusiens ont pu enfin se rendre sur place, le 28 juin 2004, ils ont découvert des traces d'activités nucléaires (des traces d'uranium enrichi à plus de 20 %).

La révélation de ce site a porté un coup de boutoir au projet d'armement atomique de Téhéran en le retardant d'une année.

En août 2003, l'*Institute for Science and International Security* (ISIS) a publié des photos du site de Shian dans la région de Lavizan, montrant un gros bâtiment dans un secteur. En mars 2004, l'ISIS a publié de nouvelles photographies, révélant que le bâtiment, ainsi que les routes et les trottoirs qui y menaient avaient entièrement disparu et étaient recouverts de sable.

Il y avait à Shian, deux compteurs à ondulations (*Whole-body Counters*) que Téhéran s'était procuré auprès des pays occidentaux dans les années 1990, sous couvert d'utilisations civiles, mais qu'il employait dans la production du combustible nucléaire.

Le Comité nucléaire du Conseil suprême de sécurité nationale dirigé par Hassan Rohani (alors négociateur en chef avec les pays européens) et composé de Chamkhani (alors ministre de la Défense), d'Aghazadeh (chef de l'Agence iranienne de l'énergie atomique), de Younessi (alors ministre du Renseignement), de Kharazi (alors ministre des Affaires étrangères) et de Velayati (ancien ministre des Affaires étrangères), a estimé que l'AIEA demanderait sans doute à visiter Shian, ce qui soulèverait de nombreux points d'interrogation sur les raisons de la destruction du site, ainsi que sur la destinée des deux compteurs à ondulations. C'est pourquoi, le régime iranien a décidé de transférer les deux appareils dans des sites jugés ouverts aux inspecteurs onusiens, afin de les tromper. C'est ainsi que l'un des deux appareils a été transféré à l'université Malek Achtar affiliée au ministère de la Défense, à Ispahan et l'autre à l'hôpital Tchamran (toujours affilié au ministère de la Défense) à Téhéran.

Le 27 juin 2004, Hassan Rohani a tenté de justifier la destruction du site en disant :

« On nous demande pourquoi avoir démoli un bâtiment ? Heureusement au cours des mois qui viennent de s'écouler, il y a eu un accord entre la mairie et les Forces armées. Dans de nombreux arrondissements de Téhéran, il y a eu un accord avec la Mairie, au sujet des terrains abritant des casernes ou des bases militaires. Lavizan faisait partie de ces régions qui étaient durant des années la source de différends entre la Mairie et le ministère de la Défense et de l'approvisionnement des Forces armées. La Mairie prétendait que ces terrains lui appartenaient et auraient dû être transformés en parc. Il y a donc eu récemment un accord pour démolir les établissements qui se trouvaient sur ces terrains et pour les restituer à la Mairie afin d'y élaborer le parc qu'elle avait prévu. En échange, la Mairie accordera un autre terrain au ministère de la Défense ».

Pour l'anecdote, le maire de Téhéran à l'époque n'était autre qu'un officier des pasdaran nommé Mahmoud Ahmadinejad.

Après ces justifications, la Résistance iranienne a entamé des recherches auprès de la mairie du 3ᵉ arrondissement de la 4ᵉ région de Téhéran où est situé Lavizan. En réponse, la dite-mairie a rédigé un rapport dans lequel elle précise ne pas être au courant de la démolition de ces établissements. Le rapport préconise que malgré les nombreux bâtiments appartenant au ministère de la Défense ou aux pasdaran dans cet arrondissement, la mairie n'a aucun différend avec ces deux organes, à propos des terrains en question. Depuis, tous les fonctionnaires de la mairie informés de ce rapport ont été déplacés et le rapport a disparu des archives.

Le 28 juin 2004, les inspecteurs de l'AIEA se sont rendus sur ce site. Le rapport de Mohamed El-Baradei précise que le site a abrité 11 types d'activités. Il ajoute que le régime iranien s'est abstenu de fournir des informations sur ces activités et sur les appareils qui s'y trouvaient. En échange, ajoute encore ce rapport, Téhéran a répété que le bâtiment en question a été démoli suite à un différend entre la Mairie et le ministère de la Défense. Les autorités de Téhéran ont fourni à El-Baradei plusieurs articles qu'ils ont inspirés à la presse gouvernementale, faisant état d'un différend entre la population, la mairie et les autorités militaires du ministère de la Défense pour expliquer la démolition du site. Le directeur de l'AIEA a réagi en affirmant que bien qu'il fût difficile de croire que dans un pays comme l'Iran, les Forces armées détruisent un de leurs sites pour un simple litige avec la mairie, il ne disposait d'aucun indice pour rejeter l'allégation.

Le site Mojdeh : Centre de commandement et de contrôle de la production de la bombe atomique

Sur la base des renseignements des réseaux des Moudjahidines du peuple d'Iran, en février 2008, le CNRI révèle l'existence du principal centre de commandement et de contrôle de la production de la bombe atomique du régime à Lavizan. C'est ce centre qui a abrité l'ensemble des activités clandestines du site de Shian après sa destruction. Le transfert de Shian à Mojdeh suscite l'énorme erreur du rapport des services de renseignements américains (*National Intelligence Estimate*) en décembre 2007 qui conclut à l'arrêt de l'effort pour obtenir la technologie de l'arme atomique. Toutefois la clôture du site de Shian et son transfert ont retardé d'au moins un an le programme du régime.

Pourtant en 2004 le CNRI faisait état pour la première fois de l'existence d'un site nucléaire top secret du ministère de la Défense à Lavizan 2. A l'époque ce site abritait le Centre de préparation et de nouvelles technologies avancées de défense (*Markazé Amadegui va Fanavari Novine Pishrafteh Defaï*). Ce site situé dans une ancienne caserne n'a jamais été visité par l'AIEA.

Le CNRI révèle qu'en avril 2007, le régime a amorcé une nouvelle phase de son projet nucléaire et a mis en place pour la première fois dans ce site un véritable centre de commandement et de contrôle pour achever la production de la bombe atomique. Ce centre situé à Lavizan 2 est surnommé « Mojdeh »[8] du nom de la rue qui le longe. Le centre en question est rebaptisé « Département de développement de l'application des technologies avancées » (*Hozeh Karbord Fanavarihayé Pichrafteh*). La formation de ce département montre tout d'abord que le régime cherche à se doter, sans tarder, de la bombe atomique, et n'a arrêté aucun des trois maillons essentiels de la fabrication de la bombe. Il s'agit d'un département indépendant au sein du ministère de la Défense.

Le site Mojdeh est placé sous la direction d'un scientifique nommé Mohsen Fakhrizadeh Mahabadi, surnommé l'Abdolghader Khan iranien. Agé de 47 ans, ce physicien nucléaire est membre des pasdaran. A ce titre il rend compte directement au ministre de la Défense, Mostafa Mohamad Nadjar.[9] C'est Fakhrizadeh qui dirigeait également le centre de Shian. Avant 2007 il travaillait directement en collaboration avec Ahmad Vahidi le vice-ministre de la Défense dans le domaine nucléaire et ancien commandant en chef de la force *Qods*. La concentration d'experts de haut niveau dans ce centre, notamment des experts en construction de missiles, indique que le régime se rapproche du stade opérationnel. Un autre signe des progrès du programme est le rang accordé à ce centre depuis 2007 au sein du ministère de la Défense : il est dorénavant directement rattaché au ministre. En outre, comme son nom l'indique, le centre est passé du stade de « préparation » (*Amadegui*) au stade « d'application » (*Karborde*) de son objectif militaire.

Outre ces propres activités de recherche, le site Mojdeh a une mission de direction et de contrôle de toutes les autres organisations impliquées dans la production de l'arme atomique. Pour n'en citer que quelques-unes, on peut parler d'une partie du site Parchine, des industries *Hemat* et *Bakeri* à Khojir au sud-est de Téhéran, (engagées dans la production de missiles balistiques) sans parler d'autres centres de recherche et de plusieurs universités et instituts appartenant aux pasdaran et au ministère de la Défense.

Ce site est classé top secret et placé sous la protection constante des forces de sécurité. Il est étroitement surveillé et de nombreuses caméras sont installées dans l'avenue Mojdeh contrôlant les entrées. 200 pasdaran sont chargés de la protection de Mojdeh et de l'université Malek Achtar. Selon une directive du Bureau de Renseignement du centre, tous les membres du personnel y travaillant doivent en dissimuler l'emplacement aux membres de leur famille. Bon nombre de ses activités sont camouflées dans le cadre de l'université Malek Achtar du ministère de la Défense, dans la mesure où le site est contigu à l'université. Les communications avec le site se font exclusivement par l'administration et aucune autre communication avec l'extérieur n'est tolérée.

L'université Malek Achtar est une partie intégrante de ce centre de commandement et les deux ensembles sont reliés par une passerelle spéciale. La branche de l'université Malek Achtar à Téhéran n'a rien d'une université, mais ressemble plutôt à un centre de recherche et de développement en armement intégré au site Mojdeh. A l'université Malek Achtar on dénombre une douzaine d'activités différentes et inter-reliées dont l'unique objectif est la production de la bombe atomique.

Quelques activités du centre Mojdeh

Les activités au centre Mojdeh [10] sont multiples. Les experts du centre travaillent à la production de polonium 210 et de béryllium pour fabriquer le générateur à neutron détonateur de la bombe et coopèrent étroitement avec l'université Imam Hossein. Fereydoun Abbassi [11] est un des experts ayant beaucoup travaillé dans ce domaine.

La production de pièces et la restructuration des métaux. Selon nos informations, les experts ont déjà la capacité de fabriquer une demi-sphère d'uranium. Or la fabrication de la demi-sphère d'uranium a un usage strictement militaire.

Les recherches sur les matières entrant dans la composition de la bombe atomique, y compris l'uranium hautement enrichi et le plutonium, sont menées notamment sous la supervision de physiciens nucléaires comme Fereydoun Abbassi et Mansour Asghari.

L'enrichissement d'uranium par laser : les experts de ce centre sont également spécialisés dans cette méthode d'enrichissement, notamment Mohammad Bassam qui avait déjà travaillé sur le site de Parchine.

La nanotechnologie : cette technologie est largement utilisée dans la production d'armes nucléaires. L'expert le plus chevronné dans ce domaine s'appelle Saïd Borji. Possédant un doctorat en génie des matériaux, il est expert en implosion. Ce pasdar est également actif dans le développement de la nanotechnologie moléculaire du diamant à Mojdeh. Une application du nanodiamant est d'améliorer la qualité des lubrifiants utilisés pour les machines. Borji, spécialiste des lubrifiants pour les centrifugeuses P 2 est au premier rang des experts en nanotechnologie en Iran.

Les experts de ce site travaillent sur les explosions puissantes. L'un d'entre eux s'appelle Mehdi Pour-Ali. C'est un ingénieur civil qui est particulièrement engagé dans la matière à haute densité d'énergie et travaille en étroite collaboration avec Borji. Des tests d'explosion sont effectués à Parchine.

La robotique joue un rôle majeur dans les essais nucléaires effectués à Mojdeh, notamment pour la production de matériaux hautement toxiques comme le polonium, le plutonium et le béryllium. Ce projet est mené sous la supervision de deux experts : Katanbaf et Vahedi.

Le site Mojdeh est également impliqué dans le développement d'un système de détection des radiations. Le système est utilisé pour mesurer la quantité de contamination radioactive et ses effets sur l'environnement.

L'informatique et l'ingénierie électronique sont fondamentales dans le développement des ogives nucléaires et du système de contrôle des missiles. Le Dr Mehdi Naghayan Fecharaki, responsable de la recherche et du développement de l'Organisation de l'Aérospatiale, et Mohammad Hossein Ghezelayaq, chef du département de recherche à l'université Malek Achtar, sont deux piliers importants dans ce domaine. Ils travaillent sur les éléments électroniques des ogives nucléaires et dans la recherche nucléaire militaire.

Protection contre les matières radioactives : l'examen régulier du personnel des Forces armées exposé à du matériel radioactif était jadis effectué sous contrôle de l'Organisation de l'énergie atomique iranienne. Depuis décembre 2007, ces examens médicaux ont été transférés au site Mojdeh. L'Institut de radiothérapie nouvelle, incorporé au site Mojdeh, a pris en charge tout le personnel militaire. La concentration de ces activités à Mojdeh est significative de l'augmentation des activités nucléaires à caractère militaire qui nécessitent un examen médical suivi du personnel exposé aux radiations.

Le site Mojdeh a été divisé en plusieurs ensembles directement gérés par le site mère. Un certain nombre d'entre eux opèrent dans le plus grand secret près de la capitale et quelques autres opèrent dans d'autres villes du pays. Il existe en outre d'importants centres militaires et gouvernementaux au service de Mojdeh[12], notamment : le site Parchine, le site Khojir, le Centre de formation et de développement des industries de la défense, l'Organisation de l'énergie atomique, et de nombreux autres centres de recherche militaires et d'universités à Téhéran et en province.

Les universités des pasdaran au service du projet nucléaire

La recherche, l'élaboration, les essais constituent les trois étapes de l'acquisition de la bombe. Les universités jouent un rôle-clé dans la première. C'est dans ce cadre que les universités Charif et Amir Kabir travaillent pour l'Agence iranienne de l'Énergie atomique, et que les universités Imam Hussein et Malek Achtar sont directement liées aux pasdaran et au ministère de la Défense.

L'université Malek Achtar a été fondée en 1986 dans les deux villes de Téhéran et d'Ispahan[13] pour former les cadres techniques des pasdaran et mener en même temps des recherches. Sa branche principale se trouvait à Ispahan, avant d'être transférée à Téhéran en 1999. À l'heure actuelle, elle compte trois branches situées à Téhéran, Ispahan et Karadj (40 km à l'ouest de la capitale). Le centre de Téhéran est un centre de recherche militaire où sont menées de nombreuses expériences sur la technologie concernant la bombe atomique et les missiles.

Ne dépendant pas de l'enseignement supérieur, la direction de l'université est directement liée au vice-ministre de la Défense. Dans cette université sont élaborées plusieurs parties de l'arsenal nucléaire.

Les recherches en chimie atomique ayant acquis une grande importance, en février 2005 le groupe de chimie a été séparé de celui de la substance nucléaire, pour poursuivre ses travaux dans une nouvelle « faculté de sciences tactiques ».

La production de l'acier Maraging pour les rotateurs des centrifugeuses et pour le fuselage des armes nucléaires, la production de fontaines neutroniques de polonium et de béryllium et la production de béryllium pur figurent au nombre des travaux effectués dans l'université Malek Achtar dans le cadre de l'élaboration des armes atomiques.

Un spécialiste en physique nucléaire, Majid Rezazadeh, membre de la délégation scientifique de cette université du ministère de la Défense, avait dirigé la faculté des sciences de Malek Achtar à Ispahan.

L'université Imam Hussein

L'université Imam Hussein est le principal établissement de formation du personnel et des commandants des pasdaran, ainsi que des agents du contre-espionnage. Contrairement à toute autre université, celle-ci a une structure entièrement militaire. Les étudiants sont organisés en « brigades » avec leurs propres commandants de compagnies, de sections et de groupes.

Le 27 septembre 2005, lors d'une allocution pour l'inauguration de cette université en présence de Mahmoud Ahmadinejad, Rahim Safavi, alors commandant en chef des pasdaran a précisé que « hormis la mission de formation des cadres des cinq forces des pasdaran et des services de contre-espionnage, l'université Imam Hussein ouvre un nouveau champ de compétition en matière de recherches stratégiques dans le pays et au Proche-Orient ».

Vers la fin de l'année 2005, Safavi a nommé le chef du commandement unifié des pasdaran à la tête de l'université Imam Hussein. Majid Soleiman-Pour a également été nommé commandant adjoint de cette nouvelle université.

Lors des derniers développements de 2008, le général Ali Hossein-Tache, l'ancien chef de la direction stratégique du Conseil suprême de sécurité nationale, un des personnages-clés du programme nucléaire a pris la direction de l'université Imam Hussein. On peut en déduire l'importance du travail effectué dans cette université en matière du nucléaire.

Il s'agit d'un centre de recherche et de logistique pour l'élaboration de l'arme atomique ; on y mène notamment les activités suivantes :

— des recherches en matière de propulsion à grande puissance des neutrons avec un générateur à neutrons. Fereydoun Abbassi dirige ce projet ;

— un rôle de support en matière de recherche nucléaire pour le compte du Centre de développement de l'application des technologies avancées ;

— des travaux de recherches et de logistique en matière d'élaboration de missiles balistiques et de têtes nucléaires. Des spécialistes sont notamment présents dans les diverses branches du groupe des industries Hemat ;

— dans le cadre des remaniements dans les centres de recherche nucléaire, certains spécialistes des pasdaran ont été transférés à l'université Imam Hussein ;

— cette université est également dotée d'une section biotechnologique qui travaille sur les armes biologiques. Le Dr. Karami est l'un des savants de cette section ;

— bien que tout le monde sache que les pasdaran ne disposent d'aucune centrale nucléaire, l'AIEA doit s'interroger sur les raisons pour lesquelles l'université des pasdaran dispose d'une si importante faculté de physique nucléaire avec un corps enseignant de 21 personnes. Ceci ne démontre-t-il pas en soi l'existence d'un programme avancé qui nécessite la formation de nouveaux chercheurs et techniciens issus des pasdaran ?

Parmi ce corps d'enseignants et de chercheurs, on retrouve Mohsen Fakhrizadeh. Cette délégation est dirigée par Fereydoun Abbassi qui a participé au projet nucléaire depuis le début[14]. Âgé de 49 ans, Abbassi est originaire du Khouzistan, dans le sud-ouest de l'Iran, et travaille dans le Centre de développement de l'application des technologies avancées de Mojdeh, à Téhéran. Il est membre de la première heure des pasdaran et a notamment combattu sur le front irakien. Après le cessez-le-feu, il a continué ses études de physique à l'université Amir Kabir et à la faculté de physique de l'université de Machad (nord-est de l'Iran), avant d'obtenir son doctorat en 1992. En 1993, il devient membre de la délégation scientifique de la faculté de physique de l'université Imam Hussein, avant de la diriger. Il a en même temps entamé des recherches nucléaires au ministère de la Défense. Spécialiste en enrichissement par laser, il est aussi l'un des rares spécialistes en matière de séparation des isotopes dans le Centre de recherches nucléaires du ministère de la Défense. Abbassi est encore le chef adjoint de « l'Association nucléaire d'Iran »[15]. Il travaille à la faculté nucléaire de l'université Behechti qui est également liée au Département de développement de l'application des technologies avancées, situé avenue Mojdeh.

L'université Behechti

L'université Behechti, située au nord-ouest de Téhéran, est l'une des institutions dont le rôle dans la recherche nucléaire militaire n'a jamais été évoqué publiquement ou officiellement.

Contrairement aux universités Imam Hussein et Malek Achtar, cette université n'est pas militaire. Pourtant elle comprend une faculté d'ingénierie nucléaire où des recherches nucléaires militaires clandestines y sont effectuées.

Suite aux révélations faites par la résistance iranienne, en mars 2006, concernant la Faculté des sciences physiques de l'université Imam Hussein, le régime a procédé au transfert de certaines recherches nucléaires militaires à Behechti.

En 2006, une faculté nucléaire y a été créée ; l'un de ses objectifs principaux est de former du personnel pour le programme nucléaire.

La source du financement du département de recherche nucléaire de l'université Behechti est la même que celle qui finance l'unité de recherche nucléaire de l'université Imam Hussein. Tous ces financements relèvent du budget des affaires de sécurité nationale classé « top secret ».

Sur 15 membres du conseil scientifique du département nucléaire de cette université, 3 sont d'éminents scientifiques et spécialistes du programme nucléaire du régime. Deux d'entre eux figurent sur la liste des sanctions de la résolution 1747 du Conseil de Sécurité des Nations Unies dont Seyed Jaber Safdari, directeur du site Natanz jusqu'à il y a peu.

Safdari, selon les révélations faites par le CNRI en 2006, travaillait alors sur les centrifugeuses modernes P2.

Ce département est chargé de la formation des experts dans quatre domaines : le cycle de combustible, la radiation, l'ingénierie des réacteurs, les applications de la radiation.

L'université Behechti comprend également un grand centre de recherche sur le laser et le plasma. Elle est le point de jonction entre le programme nucléaire civil du régime iranien et son projet nucléaire militaire. Échappant à toute surveillance internationale, cette université est utilisée par les mollahs pour les échanges scientifiques avec les centres de recherches universitaires internationaux et pour obtenir des informations utiles à son programme. Ces informations permettent de faire progresser les recherches dont les résultats sont ensuite transmis aux départements militaires concernés.

Les experts de l'université Behechti travaillent soit directement sur le site Mojdeh, le centre de contrôle et de commandement du programme d'armes nucléaires du régime iranien, soit le conseillent. À ce titre, cette université fonctionne comme un centre de soutien scientifique pour Mojdeh, en lui transmettant toute son expérience scientifique nucléaire.

À noter deux détails intéressants sur la convergence des deux sites : leurs systèmes de sécurité et de surveillance sont exactement identiques. L'homme-clé du département nucléaire à Behechti est encore Fereydoun Abbassi.

Le site Parchine

Le site militaire de Parchine, à 30 km au sud-est de Téhéran, est depuis l'époque du chah, un centre d'industries militaires qui s'est agrandi sous la dictature religieuse. Ce site relevant du ministère de la Défense produit des explosifs et des munitions. Onze projets y sont menés :

— Les projets n° 1, 2, 5 et 6 (complexe industriel chimique) ;
— Le projet n° 3 (usines de munitions) ;
— Le projet n° 4 (construction de missiles Cruise, regroupant plusieurs complexes industriels dont Moslemi, Sonîkhani, Fassihi, Rahimi et Aâlam-ul-Hoda) ;
— Le projet n° 7 (élaboration des missiles, conduite par les industries Satari, affiliées au groupe Bakeri) ;
– Le projet n° 8 (complexe industriel chimique pour missiles) ;
— Le projet n° 9 (élaboration des missiles) ;

— Le projet n° 10 (de DCA) ;
— Le projet n° 11 (fabrication de missiles Cruise).

L'enrichissement par laser est effectué dans un tunnel secret du projet n° 1 des complexes chimiques de Parchine. Les complexes industriels chimiques sont les plus évolués des industries regroupées à Parchine et chacun de leurs projets mène plusieurs programmes d'armement. C'est pourquoi le site nucléaire a été annexé à ces industries pour mieux assurer son camouflage.

Le projet d'enrichissement par laser est dirigé par le Dr. Amin Bassam, membre des pasdaran et spécialiste du laser auprès du ministère de la Défense[16]. Il est sous les ordres de Mohsen Fakhrizadeh.

Le ministère iranien de la Défense mène de vastes activités dans le domaine de l'enrichissement par laser, alors que Téhéran a prétendu aux inspecteurs de l'AIEA qu'il n'était pas doté de cette technologie. Le rapport du 3 septembre 2004 d'El-Baradei indique : « L'Iran affirme toujours que ce pays a démoli ses projets d'enrichissement par laser, ainsi que tous les équipements de ce projet, et qu'il n'est en train d'élaborer ni d'exploiter aucune usine de séparation du plutonium ».

Les activités au laser du ministère de la Défense sont dirigées par Mohsen Fakhrizadeh dans différents emplacements dépendant du ministère de la Défense, tous classés secrets.

Le site Parchine poursuit également d'autres activités nucléaires, notamment dans des bâtiments généralement souterrains aptes à résister à de fortes explosions. Certains rapports font état d'essais d'implosion dans ces lieux. Entre 1987 et 1992 les essais d'implosion (qui sont une étape vers l'explosion nucléaire) étaient effectués dans des casernes des gardiens de la Révolution. En 1988, un premier essai a été effectué dans une caserne des gardiens de la Révolution à Kerman (dans le sud du pays). D'autres tests d'implosion ont été effectués dans la même caserne dans les années suivantes, avant que ce projet ne soit transmis au ministère de la Défense en 1993.

Le secteur de recherche des complexes industriels chimiques à Parchine mène des projets communs avec le centre Mojdeh, l'université Malek Achtar et l'université Imam Hussein. Un ingénieur, Fakhriabadi, dirige les industries chimiques à Parchine.

En novembre 2005, après les révélations de la Résistance iranienne et les pressions internationales, le régime iranien a permis aux inspecteurs de l'AIEA de ne visiter qu'une toute petite partie de Parchine, l'Industrie chahabadi qui travaille sur le projet n°10 et qui est située au nord du site, alors que les activités nucléaires sont menées dans le projet n°1 situé à une bonne distance du projet n°10.

Nous avons voulu expliquer comment ce programme nucléaire du régime des mollahs est entièrement sous contrôle des pasdaran. Mais traiter tous les aspects de ce programme serait un autre sujet.

Par ailleurs il est important de conclure que si les révélations du CNRI ne maintenaient pas une surveillance rapprochée du programme nucléaire du régime, ce régime aurait déjà accédé à la bombe en toute tranquillité. Sans nul doute la Résistance iranienne a réussi à retarder ce programme et à démontrer les vraies intentions de Téhéran. Les autorités du régime l'ont avoué et sont bien embarrassées par les activités de la Résistance qui continue à prendre des risques pour informer l'opinion iranienne et internationale. Très récemment, après les révélations faites en février 2008, Ahmadinejad déclarait d'un ton enragé : « la question nucléaire sous sa nouvelle forme a commencé au début de l'été 2002, quand le MKO [terme utilisé par le régime pour désigner les Moudjahidines du peuple d'Iran] a publié un rapport sur Natanz et (...) des installations nucléaires. En automne 2003, après le rapport du MKO, des ministres des Affaires étrangères européens sont venus à Téhéran... » sachant qu'il serait difficile de pouvoir cacher longtemps à la Résistance ses activités clandestines, les autorités devront à chaque fois redoubler de précautions, ce qui contribuera à ralentir leur programme nucléaire.

Notes

1. Littéralement : hypocrites. Le régime veut insinuer que les Moudjahidines ne sont pas de vrais musulmans car il est gêné d'être confronté à un mouvement prônant un islam tolérant.
2. Formée de trois pays européens (alors l'Allemagne, la France et le Royaume-Uni), elle était chargée par l'Union européenne de mener les négociations avec l'Iran sur son programme nucléaire.
3. Hexafluorure d'uranium dit *yellow cake* : c'est la matière première pour enrichir l'uranium avec des cascades de centrifugeuses.
4. Lettre de Khomeiny dans laquelle il évoque les propos du commandant en chef des pasdaran comme quoi sans une quantité considérable d'armes laser et nucléaires aucune victoire n'est envisageable. Khomeiny ajoute : « Les responsables politiques disent qu'étant donné que la population a compris qu'il n'y a pas de victoire rapide en perspective, le peu-

ple a perdu la passion d'aller au front. [...] Cette décision est pour moi pire qu'avaler un poison mortel mais j'accepte le cessez-le-feu... » Voir annexe 12.

5. Suite aux révélations du colonel Kadhafi, dirigeant de la Libye, sur le réseau d'Abdul-Qadir Khan, le régime iranien a avoué, en décembre 2003, avoir obtenu les plans des centrifugeuses P 2 par l'intermédiaire de ce dernier.

6. Essentiel à la fabrication de la bombe atomique, l'uranium enrichi est moulé en demi-sphère. Lors de l'explosion, les deux demi-sphères s'unissent à très grande vitesse pour donner la masse critique qui déclenchera l'explosion. Mouler de l'uranium hautement enrichi en forme de demi-sphère métallique est une étape capitale dans la fabrication militaire et n'a aucun usage civil.

7. Interview accordé au *Washington Times* – Voir le livre d'Alireza Jafarzadeh *Iran Threat. President Ahmadinejad and the coming nuclear crisis.* Palgrave McMillan, 2007, Washington.

8. Le site se trouve à Téhéran – Lavizan, avenue Mojdeh, en direction de l'autoroute Babaï, en face de la rue Nobonyad (dans la cité Nour). Il est délimité à l'ouest par la route Imam Ali, au nord par l'avenue Mojdeh, au sud par la 5e impasse (une extension de l'avenue Mojdeh). L'avenue Mojdeh est une des voies est-ouest, qui s'étend au nord vers l'autoroute Babaï.

9. Haut commandant des pasdaran au Liban, Mostafa Mohamad Nadjar a été directement impliqué dans l'attentat contre la caserne des *marines* en 1983.

10. Voir annexe 13.

11. Fereydoun Abbassi figure sur la liste des individus sanctionnés par la résolution 1747 du Conseil de sécurité des Nations Unies.

12. Voir annexe 14.

13. L'université *Malek Achtar* du ministère de la Défense à Téhéran : *Danechgahé Sanâti Malek Achtar*, autoroute chahid Babayi, Lavizan. À Ispahan : *Danechgahé Sanâti Malek Achtar,* Av. Ferdossi, dans la cité Chahine chahr.

14. L'équipe scientifique du groupe de physique nucléaire est dirigée par Fereydoun Abbassi. Ses membres sont : Mohsen Fakhrizadeh, Abolfazi

Behjatpanah, Mohsen Chayesteh, Ardechir Baqeri, Amir-Reza Madani, Mohsen Turcoman-Sarabi, Yussef Hatefi, Javad Ahmadi, Massoud Abdallahzadeh, Seyed-Ali Aqajani, Mohamed-Ali Turcoman-Mutlaq, Tayeb Madani, Ibrahim Haj-Ali, Mahmoud Abbassi, Mansour Asgari, Javad Khalilzadeh, Ismael Ahmadi-Azar, Parviz Husseinkhani, Hamid Kharasmi et Parviz Parvine.

15. L'Association nucléaire d'Iran est composée du Dr. Rahim Kouhi (chef de l'Association et professeur de physique nucléaire à l'université de Machad) ; le Dr. Fereydoun Abbassi (chef-adjoint de l'Association et chef du Centre des préparations et des techniques de défense nouvelle du ministère de la Défense) ; le Dr. Mohammad-Reza Eskandari (membre du comité directeur de l'Association et professeur à l'université de Chiraz) ; le Dr. Majid Chahriari (membre du comité directeur de l'Association et technicien supérieur à l'Agence iranienne de l'énergie atomique) ; le Dr. Raïs Ali (membre du comité directeur de l'Association et chef du Centre de recherche nucléaire de l'Agence iranienne de l'énergie atomique à Karaj).

16. Les autres spécialistes du laser chez les pasdaran sont : le Dr. Majid Rezazadeh (qui travaille à l'université *Malek Achtar* à Ispahan et qui est en liaison avec Fakhrizadeh), Massoud Asgari (spécialiste nucléaire dans le domaine du laser qui enseigne une fois par semaine à la faculté de physique de l'université *Imam Hussein* des pasdaran et qui est en liaison active avec Fereydoun Abbassi dans le domaine des activités au laser), Yussef Hatefi et Javad Ahmadi.

CHAPITRE 12

Les missiles : une pierre angulaire de la stratégie

L'arsenal des gardiens de la Révolution est principalement constitué d'armes conventionnelles de l'ancien bloc communiste. Par ailleurs, depuis les années 1990, les industries militaires, essentiellement sous la coupole des gardiens de la Révolution, ont commencé à élaborer la technologie de ces armements en Iran (à titre d'exemple la production de l'équivalent du char soviétique T-72).

Cependant, l'armement atomique et les missiles constituent les projets d'armements les plus importants des gardiens de la Révolution. D'une part, pour se doter de l'arme atomique, il ne suffit pas d'enrichir l'uranium et de fabriquer la bombe, il faut pouvoir l'utiliser grâce à un vecteur. D'autre part la technologie balistique est devenue la pierre angulaire de la stratégie de cette force armée. En réalité, l'organisme connu sous le nom de « Force aérienne des gardiens de la Révolution » est principalement chargé de perfectionner la technologie des projectiles et des vecteurs.

En 1980, au début du conflit Iran-Irak, des unités de missiles ont commencé à se constituer au sein des gardiens de la Révolution. A l'époque, l'armée régulière iranienne ne possédait pas d'unités de missiles stratégiques.

Cependant, les principales activités des gardiens de la Révolution dans le domaine balistique ont débuté après la guerre contre l'Irak, soit en 1988. Elles ont pris un élan supplémentaire ces dernières années, après l'élaboration d'une nouvelle stratégie. Les gardiens de la Révolution tentent en effet de maîtriser la fabrication des missiles à moyenne portée pouvant atteindre l'Irak et les pays du golfe Persique, ainsi que celle des projectiles à longue portée, capables de transporter des têtes atomiques et biologiques. Malgré un budget immense consacré à ces projets, les succès obtenus restent relatifs.

À l'heure actuelle, les gardiens de la Révolution possèdent cinq unités spécialisées dans les missiles. Il s'agit du *« 5 Raâd »*, *« 7 Hadid »*, *« 23 Tohid »*, *« 19 Zolfaqar »* et *« 15 Qaem »*. Leur arsenal est constitué de missiles chahab III, chahab IV et Qadr dont les portées atteignent entre 1 300 et 2 000 km, et des Cruise X55 capables de frapper à 3 000 km. Certains de ces missiles sont capables de transporter des ogives nucléaires pesant jusqu'à une tonne.

Les missiles des gardiens de la Révolution

L'arsenal balistique des gardiens de la Révolution est un panachage de missiles achetés à l'étranger, de projectiles élaborés avec l'aide de ces derniers et de fusées dont la technologie est une copie des modèles existant en dehors de l'Iran.

Les principaux missiles des gardiens de la Révolution sont les suivants :

Le chahab 1 est en réalité un Scud B, acheté pour la première fois dans les années 1985-1986 à la Syrie et à la Libye, et utilisé par les gardiens de la Révolution lors du conflit contre l'Irak. A l'heure actuelle, le régime iranien en possède 250 à 300, ainsi que 15 rampes de lancement mobiles qui sont directement fournies par Pyongyang. Ce missile atteint 300 km et peut porter une charge d'une tonne.

Le chahab 2 est le Scud C, avec une portée de 500 km et une tête de 700 kg, dont les systèmes de navigation ont été perfectionnés. Ces missiles ont tous été achetés à la Corée du Nord et Téhéran en possède quelque 200 exemplaires.

Le chahab 3 est une copie du Nodong 1 nord-coréen, avec une portée initiale de 1 000 à 1 300 km. Perfectionné en Iran, il est capable de frapper à 2 000 km. Ce vecteur peut transporter une tête de 750 à 1 000 kg ainsi qu'une ogive atomique. Cette fusée a été élaborée en Corée du Nord, avec un investissement de l'Iran. Téhéran devait en recevoir la première série à la fin de 1993, mais la livraison a été retardée jusqu'en 1996, en raison des pressions de Washington sur Pyongyang. En 1996, douze missiles ont été fournis à Téhéran. À partir de 1997, les gardiens de la Révolution en ont commencé la fabrication en Iran, et les premiers prototypes sont sortis deux ans plus tard. Depuis 2002, un modèle perfectionné a été testé avant le démarrage de sa production. Selon les dernières informations fournies par les noyaux de résistance de l'OMPI en Iran, Téhéran en posséderait 300 exemplaires.

Le chahab 4 est une copie du Nodong 2 nord-coréen reproduit en Iran, avec une portée supérieure à 1 500 km. Les industries militaires iraniennes ont tenté d'augmenter la portée de ce missile à 2000 km, mais ce projet n'a pas abouti. Selon les dernières informations fournies par les Moudjahidines du peuple en Iran, il a été interrompu pour causes techniques.

Le Qadr 110 : Les spécialistes des industries militaires des gardiens de la Révolution comparent le Qadr 110 au Scud E. Sa portée initiale est de 2 500 à 3 000 km. D'après les spécialistes, l'allongement de sa portée ne présenterait pas de problème technique. Des savants nord-coréens ont collaboré étroitement avec Téhéran à la conception de ce missile. Dans la mesure où ce projet aboutira avec succès, il deviendra le projectile le plus perfectionné du régime. Téhéran sera alors capable de frapper Israël depuis Piranchahr, au nord-ouest de l'Iran. Mais ce projet n'est pas encore au point.

Les Zelzal : Le régime a produit plusieurs types de Zelzal. Plus récemment il a testé le Zelzal II dans la région du *Daryaché Namak* (« le Lac de sel ») au sud de Téhéran. Ce projectile est doté d'un dispositif de pilotage BND pouvant diriger le missile vers une cible sur laquelle est posé un appareil émetteur de signaux. Propulsé depuis le *Daryaché Namak,* ce projectile est tombé à 50 m de sa cible. La portée du nouveau Zelzal II est de 300 km. Les premiers tests de ce missile ont été effectués dans les industries balistiques de *Murcheh Khorte*, à Ispahan.

Un rapport des gardiens de la Révolution indique que ce type de projectile a été fabriqué pour frapper « des pays tels que l'Irak ». Pour anéantir un bâtiment en Irak, « il suffirait qu'un de nos agents pose un émetteur gros comme un téléphone portable, dans une poubelle, ou près d'un mur ou d'un plafond, et une heure plus tard, en recevant les signaux, le Zelzal II irait droit sur la cible », précise ce rapport interne.

Le Cruise : Le régime iranien projetait dans un premier temps de fabriquer des Cruise pour sa marine. C'est ainsi que le missile *Nour* (« Lumière ») est devenu opérationnel le 13 octobre 2002. Dans un second temps, Téhéran a cherché à créer divers types de Cruise qui ont principalement été pris en charge par les industries de Parchine.

En 2001, le régime iranien a acheté 12 exemplaires du Cruise KH-55 à l'Ukraine, avant de commencer à le produire à Parchine. La portée de ces projectiles est supérieure à 3 000 km.

Il faut savoir cependant que la stratégie militaire de Téhéran ne se limite pas à des missiles à longue portée. Elle reprend toute une gamme de roquettes et de projectiles à petite et moyenne portée, ainsi que des missiles anti-aériens, tous élaborés dans les industries dépendant des gardiens de la Révolution. En voici une liste partielle :

Les missiles Fateh 110 ;
Les missiles de DCA Sayad1 ;
Les missiles de DCA *chahab Thagheb ;*
Les missiles de DCA *Missagh ;*
Les missiles anti-char renforcés *Tondar*, avec dispositif de guidage par laser ;
Les missiles anti-char renforcés *Tôçan,* avec dispositif de guidage par laser ;

Les missiles anti-char mi-lourds Super Dragon ;
Les missiles *Toufan*, avec dispositif de guidage à infrarouge ;
Les missiles *Raâd*, avec dispositif de guidage à infrarouge ;
Les missiles *Saêgheh ;*
Les roquettes à longue portée (521 km) *Nazeât ;*
Les roquettes à moyenne portée Fajr 3 et Fajr 5[1] ;
Les roquettes à moyenne portée de 122 mm.

Dans le cadre de la prolifération des armes de destruction massive, les gardiens de la Révolution déploient des efforts considérables pour équiper leurs missiles de têtes chimiques et bactériologiques.

Les missiles capables de transporter des têtes chimiques dont dispose le régime sont les suivants :

Le Scud B, avec une portée de 300 km ;
Le Scud C, avec une portée de 550 km ;
Les CSS-8 fournis par la Chine, avec une portée de 130 à 150 km ;
L'*El-Nazeât*, fabriqué en Iran, avec une portée de 130 km ;
Les roquettes *Oqab*, fabriquées en Iran, avec une portée de 40 km.

L'organisation des industries aérospatiales (OIA) et le groupe *Hemat*

Compte tenu des nombreux problèmes auxquels a été confronté Téhéran dans l'élaboration de ces armements, des structures ont été mises en place par les pasdaran, notamment dans les usines qui leur sont affiliées, ainsi que dans les industries de la défense qui travaillent sous leur strict contrôle, pour mener à bien ces projets.

C'est en 1995, après la décision de fabriquer des missiles capables de transporter des têtes atomiques, qu'une organisation indépendante appelée « l'organisation des industries aérospatiales » a été constituée au sein des industries du ministère de la Défense.

Depuis sa constitution, l'OIA est dirigée par le général Ahmed Dastjerdi. Elle regroupe un large éventail d'usines et d'ateliers consacrés à la fabrication des missiles. Le groupe des industries *Bakeri* à Khojir (sud-est de Téhéran) et à Tabriz (au nord-ouest du pays), le groupe des industries *Ya-Mahdi* à Téhéran et à Qazvine (à 150 km au nord-ouest de la capitale), les industries militaires *Parchine* (au sud-est de Téhéran) et le groupe Cruiz affilié à ces dernières, ainsi que les groupes des industries *Baqeri* et *Fajr* (tous deux sur l'autoroute Téhéran-Karaj), font notamment partie de cet éventail.

La plus grande fabrique de missiles affiliée à l'organisation de l'Aérospatiale est le groupe des industries *Hemat* implanté dans la région de Khojir, au sud-est de Téhéran. Il s'agit d'un immense ensemble du ministère de la Défense sur un terrain d'une superficie de 120 km^2 (d'environ 20 km de longueur sur 6 km de largeur)[2]. Considéré comme un emplacement militaire stratégique du ministère de la Défense des mollahs, Khojir est une zone militaire entièrement surveillée. La construction de ce site secret a débuté en 1989 sur ordre de Khamenei. On y travaille notamment à la fabrication des missiles chahab 3.

Le QG du groupe *Hemat*[3] se trouve dans le quartier Hakimieh[2] de Téhéran, proche du parc forestier de *Qazal*. Les activités secrètes multiples du groupe *Hemat* sont désignées par des numéros de code :

L'élaboration du système de propulsion (Launcher) dans les industries *Kalhor*, code 1500 ;
L'élaboration du maillon de mise à feu dans le complexe *Karimi*, code 2 500 ;
L'élaboration du combustible des fusées dans les industries *Cheraghi*, code 3 000 ;
L'élaboration des moteurs de fusée dans les industries *Rastegar*, code 4 500 ;
L'élaboration des systèmes de navigation des fusées dans les industries *Varamini*, code 6 000 ;
Le fuselage et le montage final dans les industries *Movahed*, code 7500 ;
L'élaboration des têtes de missiles dans les industries *Nouri*, code 8500.

Les industries *Nouri* et les ogives nucléaires

C'est à Khojir que Téhéran poursuit activement la fabrication de têtes nucléaires. Pour entrer dans ce centre il faut montrer patte blanche. Il faut ensuite abandonner son véhicule dans l'immense parking car on ne peut circuler qu'avec les véhicules internes. Pourtant tout le personnel n'est pas autorisé à se rendre dans le secteur 8500 des « *Industries Alireza Nouri* ». La route qui mène à cette section est jalousement gardée et il faut franchir des barrages.

Le site *Nouri* est situé sur la face nord de la hauteur 1720. Un nouveau site est en pleine construction à environ 300 mètres de l'autre côté de la cote 1720. Toutes les sections de ce nouveau site ne sont pas encore terminées. A cet endroit on adapte les ogives conçues pour être installées sur les missiles chahab 3 avec une portée de 2 000 km.

Le responsable de la conception et de la fabrication de têtes nucléaires est le Dr Mehdi Naghian Fecharaki. Des dizaines d'autres experts du régime coopèrent avec lui. Leurs champs d'expertise sont l'aérodynamique, la structure (ingénierie) et l'électronique.

Fecharaki est un expert en informatique et en électronique. Pendant des années, il a dirigé le Centre de Formation et de Recherche de l'Organisation des Industries aérospatiales (OIA). Fecharaki a été transféré sur ce site (8500) il y a deux ans. Selon des experts militaires, cela signifie que le régime est sur le point de parvenir au stade de connexion des armes nucléaires aux missiles, qui est un nouveau niveau dans le processus de fabrication des armes atomiques pour les rendre opérationnelles. La présence de Fecharaki et de ces experts signifie que l'étape de fabrication des armes nucléaires et des systèmes de guidage et de contrôle a commencé et que via Fecharaki, l'OIA fournit aussi des équipements et ses bons offices au projet *Nouri*. Le directeur général des *Industries Nouri* est l'ingénieur Naïmi. Un ingénieur nommé Aram est responsable des recherches de l'*Industrie Nouri.*

Des experts nord-coréens coopèrent à ce projet. Ils ont fourni une assistance dans la conception de l'ogive, en particulier pour le corps et les parties aérodynamiques. Un des secteurs où se rendent constamment les experts nord-coréens est la section qui fabrique la partie électronique des missiles. Ils vont aussi à Khojir fréquemment.

Pour dissimuler la présence de ces experts nord-coréens à Khojir, ils sont maintenus dans la partie réservée aux invités des *Industries Hemmat*, à savoir le centre principal de fabrication industrielle de missiles. Cette partie est une zone close et surveillée. Leurs déplacements dans le secteur de Khojir se font avec des chauffeurs particuliers par des routes spéciales depuis Hakimieh (qui est le centre de commandement du programme de missiles du régime) jusqu'au site Hemmat à l'intérieur de la zone de Khojir.

Les parties administratives de ces industries sont également désignées par des codes secrets. Toutes les activités du groupe se font dans des tunnels camouflés dans les montagnes de la région de Khojir. Les industries *Movahed* sont situées dans le plus grand tunnel de cette région, d'un kilomètre de long, sur 12 m de large, avec six ramifications de 500 m de longueur chacune. Ce tunnel se trouve au centre de la région de Khojir.

Des dizaines de tunnels similaires ont été creusés pour les autres industries de ce groupe, ainsi que pour le stockage des missiles. La longueur de ces tunnels varie entre 150 et 300 m. Ils sont dotés d'équipements facilitant les activités souterraines.

Des tunnels construits par les pasdaran

Parallèlement aux activités nucléaires et balistiques, les pasdaran ont entrepris des efforts pour les dissimuler. Des mesures draconiennes ont été adoptées pour empêcher les fuites. Un travail colossal a commencé pour creuser des tunnels capables de cacher même des usines entières de missiles.

Depuis 1989, la théocratie iranienne a entrepris la construction de ces tunnels et de ces centres souterrains pour ses activités militaires hautement sensibles.

Sur l'ordre d'Ali Khamenei, le général Hassan Firouzabadi (adjoint du commandant en chef des Forces armées) est alors désigné comme responsable de ce projet. Durant les 18 années suivantes, le régime iranien a construit une multitude de tunnels et de centres souterrains, particulièrement dans les régions montagneuses, et y a transporté son arsenal offensif.

Les tunnels sont constitués d'un canal vertical creusé en surface qui se transforme en un tunnel se divisant en plusieurs ramifications.

Certains édifices souterrains sont des bâtiments en béton, camouflés par des monticules de sable formant une montagne artificielle. Ces édifices abritent soit des QG et des bureaux, soit des centres de recherche, des usines et ateliers de construction d'armes ou des hangars pour les stocker. Selon leur fonction, ces édifices sont équipés ou non de systèmes d'air conditionné, d'isolement sonore et d'isolement radioactif.

Le régime iranien a besoin d'appareils de forage perfectionnés pour mener à bien ces projets. Ces appareils sont importés des pays occidentaux par divers moyens illégaux ou acquis au marché noir. A titre d'exemple, en 2004, Taheri, un ancien haut officier du centre de génie des gardiens de la Révolution (appelé *Ghorbé Ghaem*) devenu agent des achats à l'étranger des forces aériennes des gardiens de la Révolution, s'est déplacé en Allemagne où il a acheté un appareil de forage. Cet appareil a été transporté en Iran, via l'Italie, puis Dubaï, avant de servir au projet de forage d'un tunnel pour un centre de missiles à Ispahan.

De nombreux autres organismes du régime iranien, comme « la base *Khatam-ol-Anbia* pour la reconstruction », le ministère de la Défense et le ministère des Industries, prennent une part active dans ces projets.

Le Département des projets de construction de l'Aérospatiale qui est un des centres contrôlés par les pasdaran a notamment une présence remarquée dans ces plans de tunnels. La Société *Pars Garma*[4], affiliée au ministère de la Défense, lui sert de société écran. Un certain nombre de tunnels de *Parchine* et de Khojir ont été construits par cette société, dont le directeur général est l'ingénieur Saber Akbarnia.

La compagnie de Construction et Industries de *Pars-Banayé Sabz*, affiliée au ministère de la Défense, participe activement aussi aux projets de construction de tunnels, de rampes de missiles, d'aéroports, de bâtiments en béton, de dépôts de munitions et de mise en place des machines. Certains tunnels construits pour les projets de *Parchine*, de Khojir et de *Haft-Tir* (Ispahan) sont notamment l'œuvre de cette compagnie qui est dirigée par Qanbari.

La compagnie technologique de *Parsian* est l'un des autres promoteurs de la construction de ces tunnels. Cette compagnie a deux fois changé de nom, avant de prendre le nom de *Parsian* (d'abord « Compagnie des ingénieurs conseillers des industries de la Défense », puis « Compagnie *Mocharsad* »). C'est là une tactique courante du ministère de la Défense pour garder secrète l'activité de ses sociétés satellites. *Parsian* travaille notamment sur les projets 1 et 2 de développement de tunnels et de centres souterrains à Khojir.

L'Institut *Hara*, affilié à la force *Qods* des gardiens de la Révolution, fait aussi partie de ces projets. Cet Institut reçoit ses ordres de la Base de *Khatam-ol-Anbia* et entretient des liens étroits avec la base de Ghorbé Nouh (le génie des forces maritimes des gardiens de la Révolution). C'est un militaire nommé Ehteçam qui est à la tête de l'Institut *Hara*. Deux ingénieurs, Alizadeh et Karimi, y dirigent respectivement le « Département des Plans de Défense » et le « Département technique ». Le bureau central de *Hara* est situé Av. Seyyed Khandan, et son QG se trouve à l'intersection de Takhty (tous deux à Téhéran). Comme beaucoup d'autres sociétés et compagnies similaires, *Hara* investit également dans les projets économiques civils, ce qui lui permet de camoufler ses projets militaires.

L'Institut *Ghorbé Ghaem*, affilié au génie des forces aériennes des gardiens de la Révolution, est largement impliqué dans la construction des tunnels et des centres militaires secrets. Le QG de cet Institut se trouve face à la fameuse caserne d'*Echratabad* à Téhéran. Le général Nouri est à la tête de cet institut, et quatre autres généraux (Hachémi, Ameri, Jaâfar Hessarinejad et Chakeri) dirigent ses projets militaires.

Par ailleurs, les anciens hauts officiers des gardiens de la Révolution qui se sont recyclés dans les secteurs économiques ou politiques du pays, ont fondé des sociétés officiellement indépendantes en charge également des projets militaires. « L'Association *Tunnel Iran* » fondée en 1998 par Mahmoud Ahmadinejad (devenu depuis président de la théocratie iranienne) est l'une de ces sociétés qui ont une part active dans la construction des tunnels et des centres militaires souterrains. *Tunnel Iran* est actuellement dirigée par Kanâni-Moqadam, un ancien commandant militaire de la force *Qods*.

Notes

1. Les roquettes Fajr 5 ont été utilisées le 31 mars 2006, lors d'une manœuvre maritime des gardiens de la Révolution dans le détroit d'Ormuz. Ce type de roquettes a été fourni par Téhéran au Hezbollah libanais.
2. Situé rue Nouh, vers l'avenue d'Ab-Ali, au croisement Azmayeche, route de Lachkarak.
3. Voir annexe 15.
4. Adresse : Société *Pars Garma*, Place Nobonyad, Av. Langari, au bout de la rue Taimouri à Téhéran.

Chapitre 13

Les armements chimiques et bactériologiques

Depuis 1982, en pleine guerre irano-irakienne, les gardiens de la Révolution ont commencé à s'intéresser aux armes chimiques et bactériologiques. Depuis, les productions chimiques militaires ont continué sous le couvert de divers organismes (notamment pharmaceutiques). Ces plans ont été conduits par les gardiens de la Révolution, le ministère de la Défense et le département des recherches de « l'Organisation du Djihad pour la reconstruction ». La production et le stockage de ces armes n'ont jamais été interrompus. En même temps, le régime a toujours cherché à se procurer (sous des prétextes civils) des produits toxiques sur le marché international (notamment les mycotoxines).

Les gardiens de la Révolution ont utilisé l'arsenal chimique lors des hostilités contre l'Irak. Un régime qui n'a pas hésité à employer des adolescents pour nettoyer les champs de mines et dont le chef, Khomeiny, a donné une *fatwa* pour tuer enfants et vieillards, n'a eu aucun scrupule quant à l'emploi des armes de destruction massive. Seules les déficiences techniques ont empêché un bilan plus tragique provoqué par la théocratie iranienne. C'est d'ailleurs pour combler cette carence, que dès le début du conflit, les gardiens de la Révolution ont constitué trois unités spécialisées dans l'armement chimique :

- La 24e brigade d'assaut chimique de *Bessat ;*
- La 11e brigade de défense chimique ;
- La 24e brigade de défense chimique de *Sajad.*

Dans les années 1986-87, les gardiens de la Révolution ont employé des obus à têtes chimiques contre l'armée irakienne, lors des offensives *Kerbala 5*, *Nasr* et *Val-Fajr 8*. Au cours des assauts de *Kerbala 4* et 5, le gaz moutarde a été utilisé par la 24e Brigade *Bessat*, tuant, par manque d'expérience, un certain nombre de ses propres soldats.

A la fin de la guerre avec l'Irak, les trois brigades chimiques ont fusionné pour constituer au sein des forces terrestres des pasdaran, une unité chimique, bactériologique et atomique, dont le centre se trouve à Téhéran.

Les « Industries spéciales » au ministère de la Défense

Comme les autres secteurs de l'industrie militaire, la technologie des armes chimiques et bactériologiques de l'Iran dépend du ministère de la Défense. En 1993, les gardiens de la Révolution ont constitué une « Organisation des industries spéciales » au sein des industries de la Défense, pour prendre en charge l'élaboration des armes de destruction massive. Rafsandjani, alors président, a mis à la tête de cette organisation l'un de ses lieutenants, pour mieux la contrôler. À l'époque, les industries spéciales comptaient 250 cadres et possédaient un centre de recherche intitulé *Vira,* ainsi qu'un dépôt de stockage au nom de *Meyçam*, situé sur l'autoroute Téhéran-Karaj. Elles emploient à l'heure actuelle quelque 4 000 cadres.

Pour l'expansion de ces activités, deux structures indépendantes ont été constituées au sein des industries de la Défense pour améliorer l'armement chimique et biologique. Il s'agit des industries chimiques de *Parchine*, spécialisées dans les bombes au gaz moutarde et les engins d'assaut à effets sur le système nerveux, et de la compagnie pharmaceutique *Vira* qui est en réalité un grand centre de recherche pour armements chimiques et biologiques. Le principal laboratoire de ce centre se trouve à Téhéran[1] et on y teste les armes bactérologiques et les gaz meurtriers sur des animaux. Le Dr Riazi et son adjoint, le Dr. Youssefi, dirigent les trois départements de ce laboratoire dans lesquels travaillent environ 250 personnes.

De même, l'université *Imam Hussein*, située au nord-est de la capitale et affiliée aux gardiens de la Révolution, travaille sur les projets militaires chimiques et bactériologiques. Des boursiers de cette université, envoyés dans les pays occidentaux mènent des activités d'espionnage destinées à découvrir les derniers progrès dans ce domaine.

Les gardiens de la Révolution utilisent aussi des centres non-militaires pour des recherches en matière d'armements chimiques et bactériologiques. En 1985, un laboratoire de recherche sur les produits toxiques a été mis en place au sein de l'Institut Pasteur iranien. Fondé en 1919 par l'Institut Pasteur de Paris, ce centre s'en rendit indépendant en 1960 et n'a plus rien à voir avec l'institut français. Afin d'empêcher que des informations ne filtrent, ce laboratoire a été séparé des autres secteurs de l'institut.

D'autres centres non-militaires sont également utilisés à ces fins par les gardiens de la Révolution et le ministère de la Défense. Le plus grand centre pétrochimique de la province de Fars, à Marvdacht, dans le sud de l'Iran, produit notamment des gaz toxiques à des buts militaires, dont le gaz moutarde. Citons également l'usine de sérum de *Razi* à Karaj (à une quarantaine de km à l'ouest de Téhéran), la compagnie chimique de *Razi*, et la compagnie *Polyakril* d'Ispahan. Cette dernière, affiliée à la *Fondation des déshérités*, possède une usine sur la route de Mobarakeh (à 45 km d'Ispahan) qui est dotée de laboratoires, de réacteurs et d'appareils de vaporisation.

Le régime des mollahs n'aurait jamais pu atteindre les progrès qu'il a connus dans le domaine des armes de destruction massive, sans l'aide de sociétés étrangères et de certains pays. Il en a été de même dans le domaine nucléaire. Les contrats avec la Chine et la Corée du Nord, et certaines sociétés occidentales, allemandes par exemple, ont facilité ces progrès.

Le 29 mars 1993, les autorités italiennes ont saisi la cargaison d'un cargo, le *Motobom*, dans le port de Venise. Cette cargaison à destination de l'Iran comprenait notamment 12 réacteurs chimiques. Ces réacteurs avaient été achetés par des intermédiaires de la société iranienne *Fabiat* à la société italienne ICM. Cette cargaison n'était pas la première expédiée par cette société en Iran. La compagnie *Diop*, dépendant du ministère iranien de la Défense, leur avait déjà acheté d'autres réacteurs chimiques ainsi que des réservoirs à paroi de verre.

Certaines sociétés, comme la *Lampart,* ont également servi d'intermédiaires aux gardiens de la Révolution et au ministère iranien de la Défense, en Hongrie, pour acheter des appareils de productions chimiques et des services d'entretien de ce secteur. La *Lampart* est en liaison avec les industries *Parchine* et produit des appareils pour les industries chimiques, notamment des réservoirs en verre, utilisés dans le transport des éléments chimiques toxiques.

Téhéran a également cherché à se doter d'appareils de fermentation (appareils destinés à la culture et au développement des bactéries meurtrières). En 1993, le ministère iranien de la Défense a utilisé comme écran des centres de recherches affiliés à plusieurs universités iraniennes (telles que l'université *Behechti*, l'université *Amir Kabir*, l'École supérieure) pour acheter ce type d'appareils à la société suisse MBR. L'ambition militaire des recherches iraniennes ayant cependant été révélée, les Suisses n'ont pas donné suite. Le régime iranien a alors utilisé une nouvelle société écran la MIDSPGIC Co, soi-disant dépendant du ministère de l'Agriculture. Cette société était l'une des ramifications des « industries spéciales » du ministère de la Défense et elle a pu acheter auprès de la société suisse de BIO Engineering :

- un appareil de fermentation de laboratoire de 15 l ;
- un semi-pilote de 75 l ;
- un pilote de 750 l à continuité.

La Compagnie chimique *Razi* a contrefait les modèles achetés pour produire un appareil de fermentation de plus de 100 l. Le centre des recherches de « l'Organisation du Djihad pour la reconstruction » a également produit une version perfectionnée de l'appareil de fermentation. L'université Imam Hussein, affiliée aux gardiens de la Révolution, a également produit en 1993 un appareil de fermentation de 50 l.

Cependant, Téhéran dépend toujours de ses achats à l'étranger pour se doter des contrôleurs de ces appareils. Des contrôleurs de PO2, CO2 et PH sont notamment fournis par une compagnie italienne d'équipement.

Des experts chinois ont transmis aux spécialistes iraniens du centre de recherches en matière de chimie et de génie à Karadj (40 km à l'ouest de Téhéran) la technique de la production des produits chimiques. La Chine a pris une part active dans la formation des cadres iraniens et dans les recherches menées dans ce domaine. Ce pays s'est aussi associé au projet de la mise en route d'un centre chimique à Oroumieh (nord-ouest de l'Iran).

Le ministère de la Défense a également approché l'Inde en 1993-1994, sous couvert d'une usine de production d'antitoxines agricoles à Qazvine (à 150 km au nord-ouest de Téhéran). Des Indiens ont pris part à la mise en route des appareils de cette usine, avant de collaborer au projet de formulation.

En 1994, les douanes allemandes ont lancé une mise en garde contre un consortium indien qui participait à la création d'une usine iranienne de production d'antitoxines agricoles, usine qui pourrait orienter ses activités vers la production d'armes chimiques.

Notes

1. Adresse : avenue Chariâti, 200 m au sud de la mosquée Husseinieh Erchad, face à la mairie du 3e arrondissement.

Conclusion

Dans une parabole écrite sous forme de poésie, Mawlana Djalal Al-Din Roumi, le grand poète mystique persan du XIIIe siècle, raconte l'histoire d'un groupe d'hommes qui n'avaient jamais vu d'éléphant. Se retrouvant seuls dans le noir avec le pachyderme, chacun le décrit en fonction de la partie du corps qu'il peut toucher. Celui qui tombe sur les énormes pattes dépeint l'animal comme un gros cylindre. Un autre avance qu'il s'agit d'une sorte de tube bizarre et souple en palpant la trompe. Un autre affirme qu'il est plat en tâtant le dos, et ainsi de suite. Par cette parabole, notre grand mystique veut souligner l'importance d'avoir un point de vue spécifique pour accéder finalement à une vraie connaissance des phénomènes.

A travers cet ouvrage qui traite de l'historique, des structures et du fonctionnement du corps des pasdaran et qui analyse sa nature, nous avons essayé d'apporter un éclairage sur le principal instrument de l'intégrisme islamiste.

Depuis l'organigramme de commandement au fonctionnement des unités via les responsables de ses projets guerriers, nous pouvons conclure que le corps des pasdaran est la colonne vertébrale du système *Velayat-e-Faghih* (le noyau dur de l'intégrisme islamiste) et le moteur de ce péril qui se manifeste aujourd'hui dans six projets : la répression impitoyable de la société iranienne, la conquête de l'Irak, la course à l'arme nucléaire, la confiscation de la souveraineté du Liban, la domination de l'intégrisme islamiste en Palestine et le renversement du gouvernement afghan.

Imaginons un instant la suspension de ces six projets ou bien des conditions au Moyen-Orient leur ôtant toute raison d'être. Que restera-t-il alors de l'intégrisme comme menace principale pour la paix et la sécurité mondiales aujourd'hui ?

Expliquer le rôle des pasdaran est à la fois un condensé de l'histoire du régime des mollahs et une analyse de la situation actuelle. C'est aussi la clef de nombreuses questions analytiques sur le fascisme religieux.

L'histoire des pasdaran est précisément celle de l'émergence du *Velayat-e-Faghih*. Le khomeynisme est incarné par une idéologie obscurantiste se caractérisant par la répression, la misogynie, la discrimination et l'expansionnisme en vue de la création d'un empire islamiste mondial. Chaque caractéristique de cette entité moyenâgeuse se concrétise dans une des instances du corps des pasdaran.

Son rôle décisif au sein de toutes les instances militaires, sécuritaire, politique et économique explique la nature de la théocratie : une dictature militaire et policière. En même temps, les pasdaran puisent leur dynamisme dans le bellicisme généré par la théorie du *Velayat-Faghih* qui prône la domination universelle.

La primauté des pasdaran sur les autres organes, trouvant après l'élection présidentielle de 2005 toute sa dimension, amplifiée lors des législatives de 2008, explique aussi l'orientation de cette dictature : radicalisation et crispation à l'intérieur (en vue de l'homogénéisation de la population), blocage de la moindre velléité de réforme, destruction de tous les ponts pour empêcher un repli éventuel sur la question nucléaire et l'ingérence dans les affaires irakiennes.

On comprend mieux aussi le statut et le rôle d'Ahmadinejad. En l'installant à la présidence des mollahs, Khamenei a pris de court non seulement de nombreux observateurs dans le monde mais aussi beaucoup de hauts responsables du sérail. Ahmadinejad représente le militarisme total et sans faille d'un régime dont l'essence même est incarnée par les pasdaran.

On comprend enfin mieux pourquoi la politique laxiste des puissances occidentales et les divers cadeaux offerts généreusement aux mollahs n'ont aucune chance de réussir : toute révision des fonctions majeures du *Sepah* (notamment le nucléaire et la mainmise sur l'Irak) est une ligne rouge à ne pas franchir.

Mais les interlocuteurs étrangers du régime ont sous-estimé l'intégrisme islamiste dirigé par Téhéran, non juste un instant mais pendant des années. Sans se rendre compte des conséquences de toute complaisance. L'ascension des pasdaran et le développement de leurs projets sont les fruits amers de toute une histoire de négligence, consciente ou inconsciente, du danger que représente la propagation de l'intégrisme. C'est aussi le fruit de l'illusion des « miracles » que pourrait produire la politique de complaisance, une analyse superficielle et l'incompréhension de la nature de ce phénomène.

Toute l'histoire des dérives vis-à-vis des mollahs est résumée en cinq thèses. Les voici :

— Prétendre que des négociations avec des mollahs ouvriraient le champ à une faction modérée du régime : or l'expérience des 16 années de présidence de Rafsandjani et de Khatami a démontré qu'il n'existe aucune faction modérée, que cette hypothèse est purement chimérique. Ces deux mollahs que l'Occident a fait passer pour modérés, n'ont rien épargné pour consolider le fascisme religieux.

— Prétendre que les dirigeants de Téhéran n'ont aucun rôle dans les actes de terrorisme et d'extrémisme des pasdaran : or cette analyse répétée par certains responsables américains depuis la recrudescence des bombes au bord des routes en Irak, n'a fait que renforcer le terrorisme des mollahs.

— Prétendre que l'intégrisme des mollahs pourrait être endigué par des négociations : quatre années de négociations de la troïka européenne pour persuader les mollahs de suspendre leurs activités nucléaires leur ont uniquement donné des délais précieux pour faire avancer leurs projets. Plusieurs séances de négociations des Etats-Unis avec l'ambassadeur de Téhéran à Bagdad n'ont fait que fournir une couverture politique à l'ingérence des mollahs dans les affaires irakiennes.

— Prétendre que la situation du Liban est autre chose qu'une avancée de l'intégrisme sous l'égide de Téhéran et qu'elle est issue d'un mouvement indépendant de résistance contre Israël. Cette idée est la façade de la stratégie des mollahs au Liban et sert leur mainmise sur ce pays. Autrement dit, le scénario irakien se répète sous une autre forme. Le quotidien *Kayhan*, porte-voix de Khamenei, résume la place du Liban dans la stratégie des mollahs : « Le sort de notre programme nucléaire ne se jouera pas autour d'une table de négociations mais dans les rues de Beyrouth et de Bagdad ».

— Prétendre que sans y être contraints par la force, les mollahs pourraient renoncer à leur extrémisme : cette idée est à la base des dérives tel le rapport des services de renseignements américain de novembre 2007. Il laisse entendre que le régime aurait arrêté la fabrication de la bombe atomique en 2003. Les révélations de la Résistance en février 2008, corroboré par les découvertes de l'AIEA montrent que les mollahs mènent des activités avancées pour la fabrication d'ogives nucléaires sur les sites près de Téhéran. Ces activités ont été en constante progression depuis avril 2007.

Et on pourrait prolonger la liste des erreurs.

Ces idées et les politiques erronées qu'elles ont engendrées ont une base commune : esquiver une lutte réelle contre la menace posée par le régime de Téhéran et refuser d'assumer l'impératif qui y est associé, à savoir la levée de toutes les restrictions et des obstacles imposés à l'opposition par les puissances occidentales.

Un petit nombre, par naïveté, mais un plus grand nombre par intérêts financiers, commerciaux et géopolitiques prétendent que ce qui menace la communauté internationale est une « guerre » contre ce régime. Mais c'est oublier, comme l'a montré l'expérience des trente années de pouvoir des mollahs, que la grande préoccupation a toujours été cet état de « non-guerre » et de complaisance avec un régime, qui en fin de compte pourrait contraindre le monde à la guerre. Les tenants d'une fausse paix oublient que la politique de complaisance ne nous amènera pas vers la paix et la sécurité, surtout lorsque c'est la force *Qods* des pasdaran qui conduit la guerre en Afghanistan, au Liban, en Palestine et en Irak. N'oublions pas que la politique d'apaisement poursuivie par Chamberlain, Daladier et Laval qui ont fermé les yeux sur la violation du traité de Versailles par Hitler, n'a pas conduit l'Europe à la paix.

Tout slogan pour la paix qui ne reprend pas celui de la condamnation du bellicisme de Téhéran trahit la paix et sert les mollahs. Cette ligne forge un parapluie sous lequel tout marchandage immoral avec les mollahs devient possible.

Une politique de fermeté signifie-t-elle que ses partisans se prononcent pour une nouvelle guerre dans la région ?

Non. La Résistance iranienne a clairement pris position contre une intervention militaire étrangère. La guerre ne résoudra aucun problème. La fermeté internationale ne veut pas dire « faisons la guerre ». Toutefois il faut souligner la nécessité d'un changement de régime. Ce changement est la condition *sine qua non* pour faire barrage à une guerre future dans cette région. La politique de changement de régime est la pierre angulaire pour sortir de cette situation.

Les sanctions imposées par le Conseil de sécurité de l'ONU surtout contre les pasdaran et les autres dirigeants du régime, et l'inscription sur la liste noire américaine du corps des gardiens de la Révolution, du ministère de la Défense et des banques ont porté un coup rude aux structures du régime. Si les porte-parole s'efforcent d'en minimiser l'impact, en vérité les pasdaran et le *Vali-e-Faghih* en ont ras le turban. Leur impact est douloureusement ressenti : cette fois, ils sont directement touchés et aux sources de financement. Le renforcement de ces sanctions rendra la situation encore plus difficile. Les émeutes survenues après l'augmentation des prix du carburant sont des exemples concrets de la fragilité de la situation intérieure.

Déjà des divergences sont apparues au plus haut niveau du régime. Le limogeage de Rahim Safavi en août 2007, commandant en chef des pasdaran, et d'Ali Laridjani, secrétaire du Conseil suprême de sécurité nationale qui conduisait les négociations sur le nucléaire, ainsi que la démission de plusieurs ministres et de mollahs influents de la fonction d'imams du vendredi[1] dans les deux grandes provinces de Fars et de Kermanchah, en sont des exemples significatifs.

Par ailleurs, les élections législatives de mars 2008 offrent un spectacle pitoyable de la situation. Cette fois, sans attendre le jour du scrutin truqué, Khamenei en a écarté tous les candidats des tendances rivales, notamment les partisans de Khatami et Rafsandjani, créant ainsi un nouveau degré dans la crispation intérieure du régime, ce qui le rendra encore plus vulnérable.

Le régime n'a que deux solutions en perspective. Soit la soumission, ce qui veut dire renoncer à la domination de l'Irak et à l'arme nucléaire. Dans ce cas la voie sera ouverte à la mise à l'écart des mollahs et c'est le peuple qui s'en occupera rapidement et tranchera. Evidemment les mollahs sont bien conscients de cette éventualité. C'est pourquoi ils ont opté pour une fuite en avant dans un train qui, pour reprendre la fameuse formule d'Ahmadinejad, n'a plus de frein, ni ne peut faire machine arrière. Un député du Majlis déclare : « Chaque véhicule qui explose en Irak repousse les menaces des Etats-Unis contre le régime pour au moins un mois », autrement dit les Etats-Unis étant ensablés en Irak ne peuvent pas ouvrir un autre front.

Tout porte à croire que les mollahs et leurs pasdaran n'ont aucune intention de renoncer à la répression intérieure, l'ingérence en Irak ou la bombe atomique.

Dans ces conditions, l'ordre du jour ne peut être que le changement de régime, mais les sanctions internationales ne peuvent, à elles seules, permettre d'atteindre cet objectif.

Le changement ne peut et ne doit s'opérer que par le peuple iranien et sa résistance organisée. Mais c'est exactement là où le bât blesse… puisque l'Occident s'est fait piéger. A force de vouloir ménager les mollahs à coups de concessions diverses, il a tellement bafoué de valeurs et de principes qu'il a placé les Moudjahidines du peuple, le principal mouvement d'opposition et le plus efficace, sur la liste des groupes terroristes, entravant du même coup cette même résistance.

Le changement démocratique en Iran est possible à condition que les obstacles soient levés : le premier pas dans ce sens serait de retirer l'étiquette injustifiée et illégale[2] de « terrorisme » collée à l'organisation des Moudjahidines du peuple.

Toutefois, il n'y a plus lieu de persister. L'Union européenne et le Conseil de sécurité de l'ONU devront soumettre, le plus rapidement possible, les pasdaran et le régime à des sanctions tous azimuts dans le domaine de l'armement, de la technologie, du pétrole et de la diplomatie, en levant parallèlement les restrictions infondées imposées à la Résistance iranienne. Faute de quoi, ils se retrouveront dans un avenir proche face aux mollahs arrogants, dotés de l'arme nucléaire et qui commenceront à leur dicter leur volonté.

Notes

1. Ils sont désignés par le Guide suprême. Ils profitent de la prière du vendredi pour diffuser sa politique à travers le pays.
2. Les décisions de justice européennes se succèdent réclamant le retrait de l'OMPI des listes noires des organisations terroristes. Mais les Etats tardent à les appliquer.

Annexes

ANNEXE 1

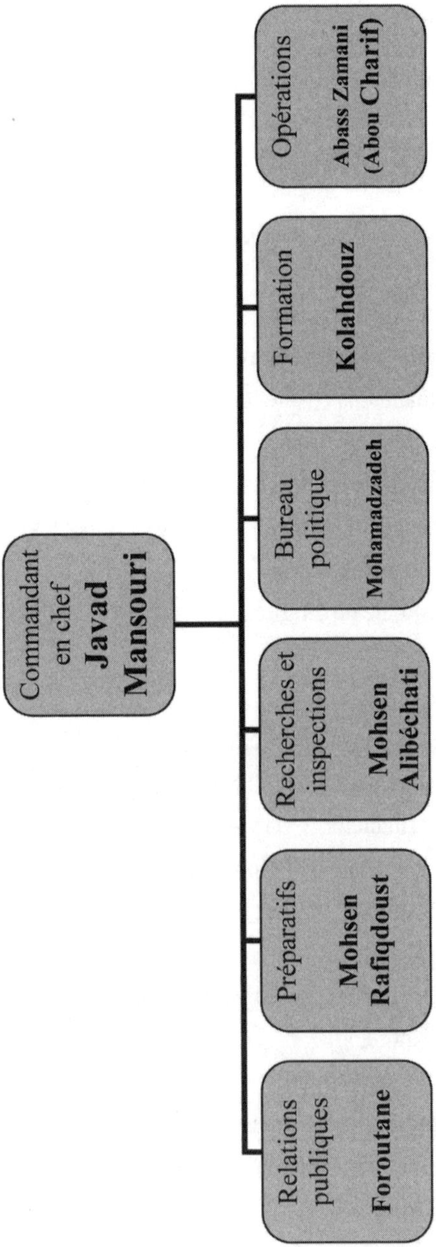
Commandant en chef Javad Mansouri
Opérations Abass Zamani (Abou Charif)
Formation Kolahdouz
Bureau politique Mohamadzadeh
Recherches et inspections Mohsen Alibéchati
Préparatifs Mohsen Rafiqdoust
Relations publiques Foroutane

Annexe 2

Les commandants en chef des Pasdaran depuis la création

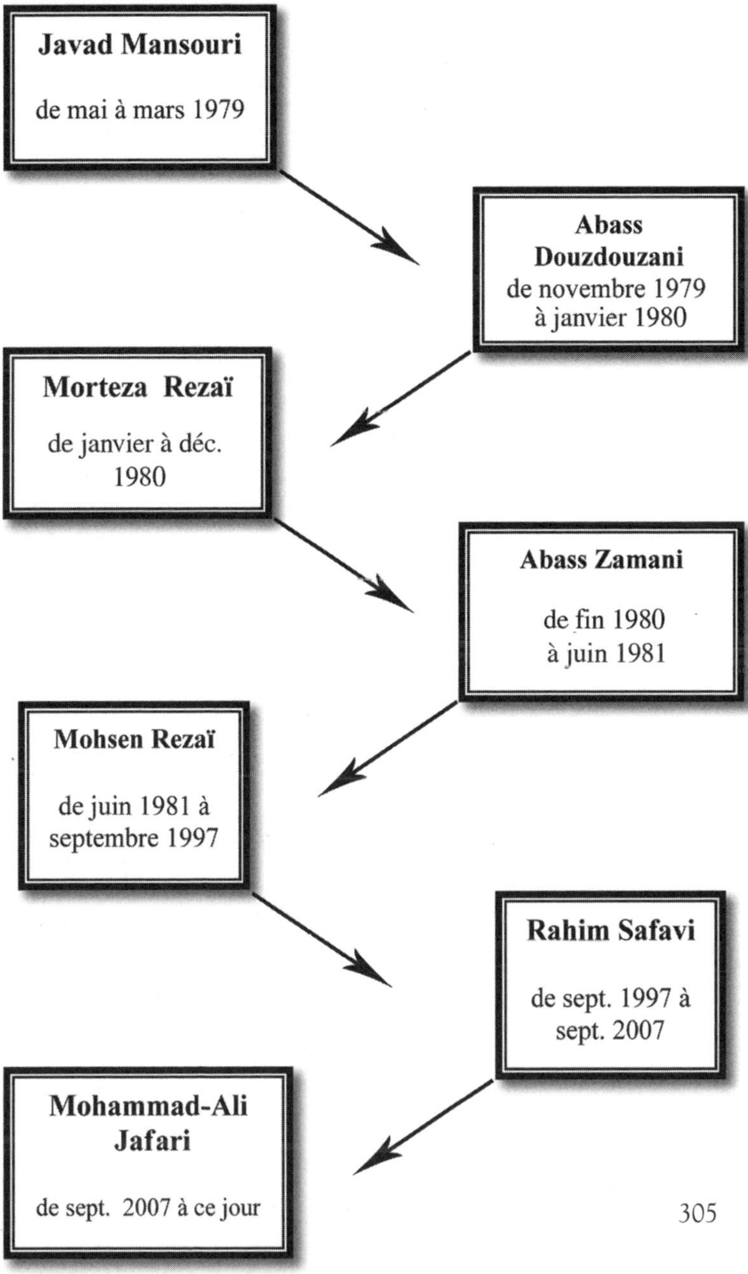

ANNEXE 3

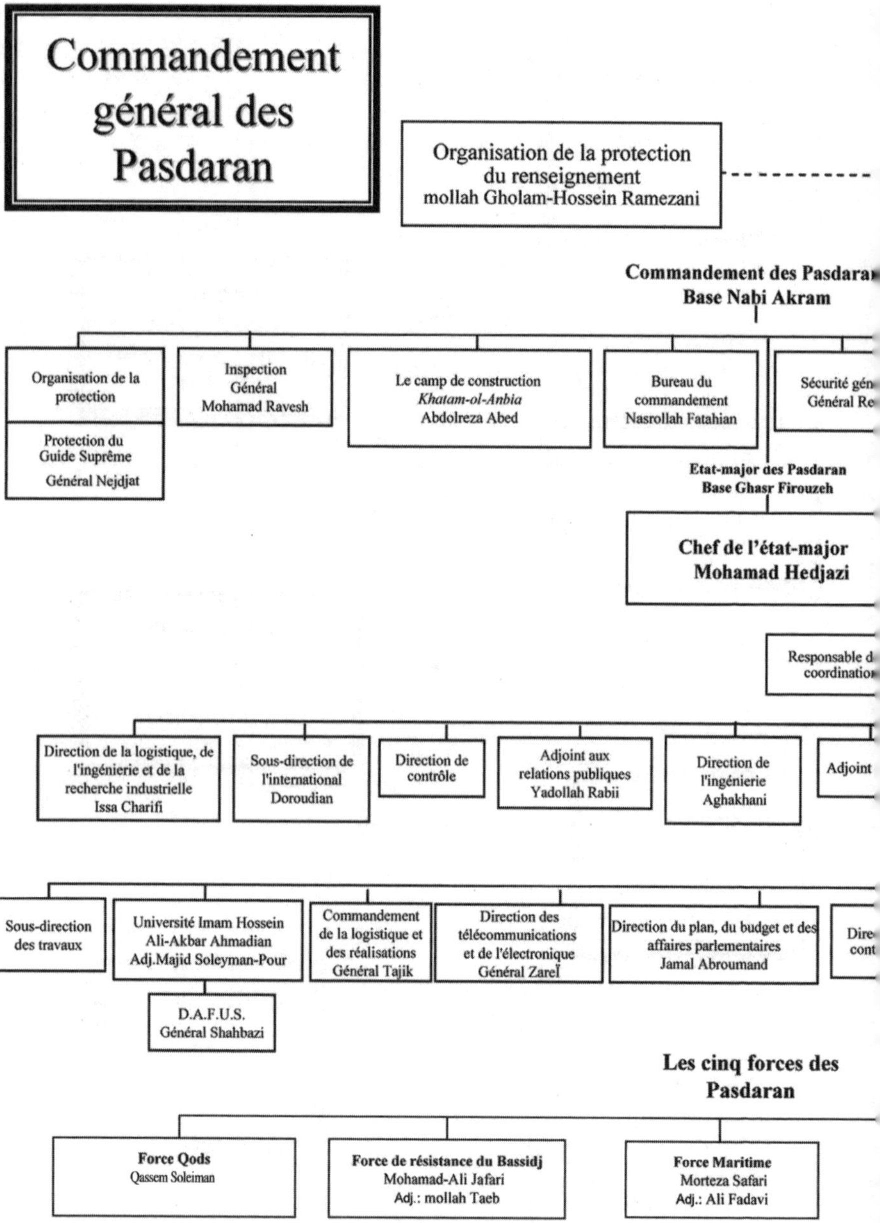

Commandement général des Pasdaran
Organisation de la protection du renseignement mollah Gholam-Hossein Ramezani
Commandement des Pasdara
Base Nabi Akram
Organisation de la protection
Protection du Guide Suprême Général Nejdjat
Inspection Général Mohamad Ravesh
Le camp de construction Khatam-ol-Anbia Abdolreza Abed
Bureau du commandement Nasrollah Fatahian
Sécurité gén Général Re
Etat-major des Pasdaran
Base Ghasr Firouzeh
Chef de l'état-major Mohamad Hedjazi
Responsable d coordinatio
Direction de la logistique, de l'ingénierie et de la recherche industrielle Issa Charifi
Sous-direction de l'international Doroudian
Direction de contrôle
Adjoint aux relations publiques Yadollah Rabii
Direction de l'ingénierie Aghakhani
Adjoint
Sous-direction des travaux
Université Imam Hossein Ali-Akbar Ahmadian Adj.Majid Soleyman-Pour
D.A.F.U.S. Général Shahbazi
Commandement de la logistique et des réalisations Général Tajik
Direction des télécommunications et de l'électronique Général Zareï
Direction du plan, du budget et des affaires parlementaires Jamal Abroumand
Dire cont
Les cinq forces des Pasdaran
Force Qods Qassem Soleiman
Force de résistance du Bassidj Mohamad-Ali Jafari Adj.: mollah Taeb
Force Maritime Morteza Safari Adj.: Ali Fadavi

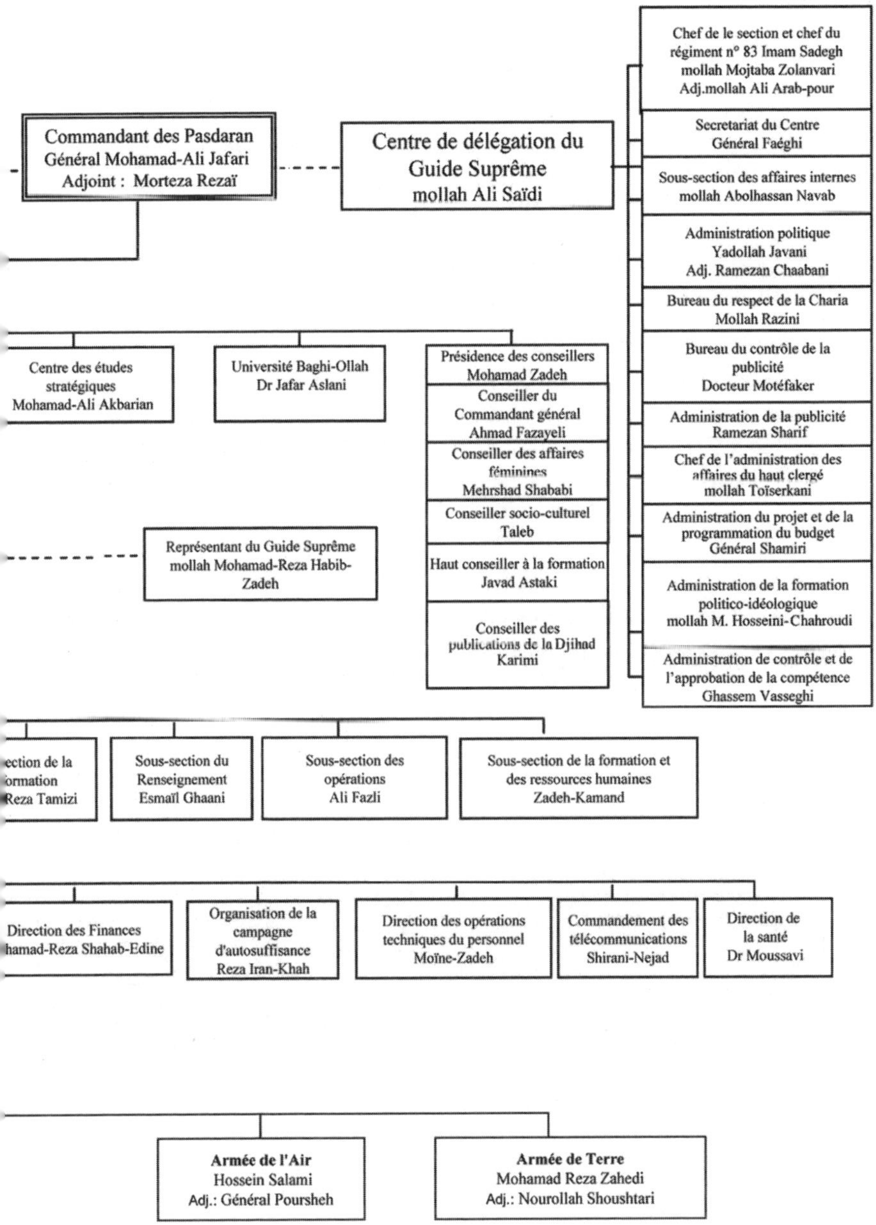
Chef de le section et chef du régiment n° 83 Imam Sadegh mollah Mojtaba Zolanvari Adj.mollah Ali Arab-pour
Commandant des Pasdaran Général Mohamad-Ali Jafari Adjoint : Morteza Rezaï
Centre de délégation du Guide Suprême mollah Ali Saïdi
Secretariat du Centre Général Faéghi
Sous-section des affaires internes mollah Abolhassan Navab
Administration politique Yadollah Javani Adj. Ramezan Chaabani
Bureau du respect de la Charia Mollah Razini
Bureau du contrôle de la publicité Docteur Motéfaker
Administration de la publicité Ramezan Sharif
Chef de l'administration des affaires du haut clergé mollah Toïserkani
Administration du projet et de la programmation du budget Général Shamiri
Administration de la formation politico-idéologique mollah M. Hosseini-Chahroudi
Administration de contrôle et de l'approbation de la compétence Ghassem Vasseghi
Centre des études stratégiques Mohamad-Ali Akbarian
Université Baghi-Ollah Dr Jafar Aslani
Présidence des conseillers Mohamad Zadeh
Conseiller du Commandant général Ahmad Fazayeli
Conseiller des affaires féminines Mehrshad Shababi
Conseiller socio-culturel Taleb
Haut conseiller à la formation Javad Astaki
Conseiller des publications de la Djihad Karimi
Représentant du Guide Suprême mollah Mohamad-Reza Habib-Zadeh
ection de la ormation Reza Tamizi
Sous-section du Renseignement Esmaïl Ghaani
Sous-section des opérations Ali Fazli
Sous-section de la formation et des ressources humaines Zadeh-Kamand
Direction des Finances hamad-Reza Shahab-Edine
Organisation de la campagne d'autosuffisance Reza Iran-Khah
Direction des opérations techniques du personnel Moïne-Zadeh
Commandement des télécommunications Shirani-Nejad
Direction de la santé Dr Moussavi
Armée de l'Air Hossein Salami Adj.: Général Poursheh
Armée de Terre Mohamad Reza Zahedi Adj.: Nourollah Shoushtari

Annonce dans un hebdomadaire iranien, recrutant des kamikazes pour des opérations suicides

بسمه تعالی

عملیات استشهادی اوج عظمت یک ملت و اوج حماسه است.

مقام معظم رهبری (مدظله العالی)

قرارگاه عاشقان شهادت

اطلاعیه ثبت نام نیروهای استشهادی

قرارگاه عاشقان شهادت به منظور آمادگی همه جانبه علیه دشمنان اسلام و نظام مقدس جمهوری اسلامی و نیز حراست از کیان اسلام در نظر دارد در هر استان کشور **«یک لشکر استشهادی»** را از بین نیروهای شهادت طلب و شجاع مردمی همان استان تشکیل داده و آنان را تحت آموزش های تخصصی و ویژه قرار دهد، لذا از کلیهٔ برادران و خواهران مؤمن، علاقمند و معتقد به دفاع از اسلام درخواست می گردد در صورت تمایل با ارسال دو قطعه عکس ۴×۳، کپی شناسنامه و برگ درخواست عضویت به آدرس:

تهران صندوق پستی ۶۶۴-۱۶۵۳۵

ثبت نام به عمل آورده تا مقدمات سازماندهی و آموزش آنها فراهم گردد. قابل ذکر است نیروهای **لشکر استشهادی** هر استان در همان استان تجهیز و آماده عملیات استشهادی خواهند شد.

فرم درخواست عضویت

اینجانب........ فرزند........ ش ش........ تاریخ تولد........
به آدرس........ تلفن........
متقاضی عضویت در لشکر استشهادی استان........ می باشم
امضا........

Cette annonce paraît régulièrement dans l'hebdomadaire iranien, *Parto-Sokhan* pour le recrutement de volontaires pour des opérations suicides. (Voir en face la traduction)

Annexe 4

Traduction en français :

Au nom de Dieu, le Très Haut

« Les opérations martyres incarnent le summum de la grandeur de la nation et l'apogée de son épopée »
Son éminence le Guide Suprême, l'ayatollah Ali Khamenei

Déclaration de recrutement des Forces Passionnées du Martyre

Pour être totalement prêt contre les ennemis de l'islam et de la République islamique sacrée et pour protéger les fondations de l'islam, la garnison des Passionnés du Martyre organise une division dans chaque province du pays pour les forces populaires courageuses et en quête de martyre pour leur donner un entraînement spécifique et spécialisé. Nous appelons donc l'ensemble de nos pieux frères et sœurs, qui sont engagés et déterminés à défendre l'islam, s'ils le veulent, à fournir deux photographies, une copie de leur carte d'identité et à remplir le bulletin d'inscription ci-dessous avant de les envoyer à l'adresse suivante, afin de commencer les préparatifs nécessaires à leur organisation et leur entraînement :
Adresse où envoyer les formulaires d'inscription :
BP 16535-664, Téhéran

Notons que pour les forces de la division des Passionnés du Martyre de chaque province, l'entraînement et les préparations aux opérations martyres se feront dans cette même province.

Nom :
Prénom :
Numéro de carte d'identité :
Date de naissance :
Adresse :
Téléphone :
Je suis volontaire pour la division des Passionnés de la province … .
Signature :

ANNEXE 5

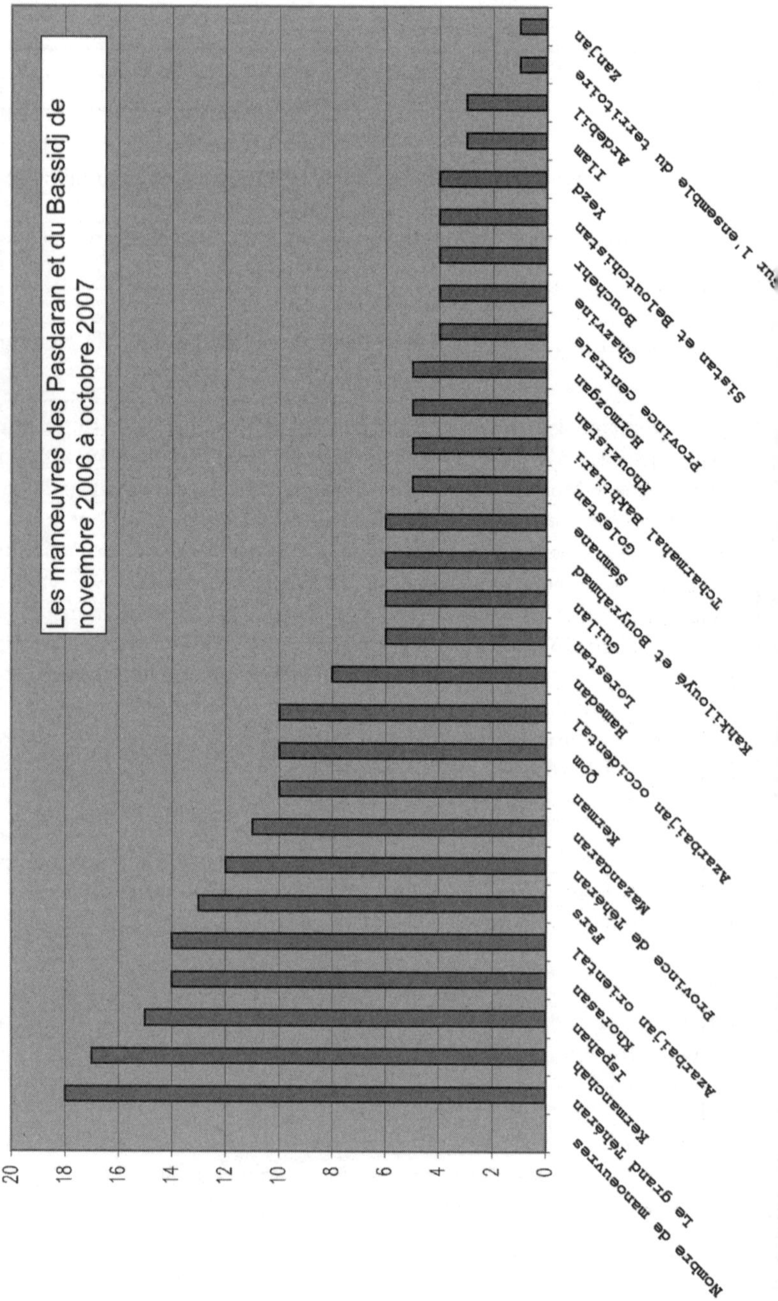

Les manœuvres des Pasdaran et du Bassidj de novembre 2006 à octobre 2007
20
18
16
14
12
10
8
6
4
2
0
Nombre de manoeuvres
Le grand Téhéran
Kermanchah
Ispahan
Khorasan
Azarbaïjan oriental
Fars
Province de Téhéran
Mazandaran
Kerman
Azarbaïjan occidental
Qom
Hamedan
Lorestan
Kahkilouyé et Bouyrahmad
Guilan
Sémnane
Golestan
Tcharmahal Bakhtiari
Khouzistan
Hormozgan
Province centrale
Ghazvine
Bouchehr
Sistan et Beloutchistan
Yezd
Ilam
Ardebil
ur l'ensemble du territoire
Zanjan

Annexe 6

Les Pasdaran au pouvoir

	Prénom et Nom	fonction
1	Mahmoud Ahmadinejad	Président
2	Parviz Davoudi	Premier Vice-Président
3	Hossein Dehghan	Vice-président et directeur de la Fondation des Martyrs et Adjoint à la sécurité du ministère de l'intérieur
4	Mohammad-Reza Naghdi	Vice-président et directeur de la Direction de la lutte contre la drogue
5	Hassan Ali Akbari	Vice-président et président de l'Organisation de la Jeunesse
6	Ali Saïdlou	Vice-président aux affaires exécutives
7	Mehdi Chamran	Conseiller pour les affaires du Conseil auprès du président de la République
8	Mojtaba Hachemi Samareh	Haut conseiller du président
9	Ali Akbar Achaari	Conseiller du président pour les affaires culturelles
10	Heydar Moslehi	Conseiller au président pour les affaires des religieux (clergé)
11	Seyed Parviz Fatah	Ministre chargé de l'Electricité
12	Seyed Mohammad Djahromi	Ministre du Travail et affaires sociales
13	Hossein Saffar Harandi	Ministre de la Culture et de l'Orientation islamique
14	Alireza Tahmassebi	Ministre des Industries et des Mines
15	Abdollah Mesri	Ministre du bien-être et de la sécurité sociale
16	Massoud Mir Kazemi	Ministre du Commerce
17	Mostafa Mohamad Nadjar	Ministre de la Défense
18	Ahmad Vahidi	Vice-ministre de la Défense
19	Ali-Reza Afchar	Vice-ministre de l'intérieur chargé des affaires politiques
20	Vafa Ghaffarian	Vice-ministre des Communications
21	Abdolsamad Raoufinedjad	Préfet de Kerman
22	Ali-Reza Malékian	Vice-ministre de l'orientation islamique aux affaires judiciaires
23	Ali Abdollahi Aliabadi	Préfet de Guilan
24	Mohamad-Ali Chaéri	Préfet de Golestan
25	Abbas Mohtadj	Préfet de Qom
26	Ali-Mohammad Azad	Préfet d'Ilam
27	Kamran Danechdjou	Préfet de Téhéran
28	Mohammad-Baqer Ghalibaf	Maire de Téhéran
29	Abdollah Rochan	Sous-préfet chargé des affaires politiques et sécuritaires de Téhéran
30	Hamid Tanha	Directeur de la Protection de la mairie de Téhéran
31	Ezatollah Zarghami	Président de la Radio et Télévision Nationales
32	Rahim Moatammi	Directeur de réseau télévisé en langue arabe : *Al-Alam*

ANNEXE 7

Les Pasdaran au sein du Conseil Suprême de la Sécurité Nationale (CSSN)

	Nom	Position	Explication
1	Mahmoud Ahmadinedjad	Président du CSSN	
2	Ali Laridjani	Membre du CSSN	Représentant de Khamenei
3	Hassan Firouzabadi	Membre du CSSN	Chef de l'état-major des forces armées
4	Mohammad-Ali Jaffari	Membre du CSSN	Commandant en chef du Corps des Pasdaran
5	Mostafa Mohammad Nadjar	Membre du CSSN	Ministre de la Défense
6	Saïd Djalili	Secrétaire du CSSN	Négociateur clé dans le dossier nucléaire iranien
7	Mohammadi Jaffari Sahraroudi	Sous-direction de la sécurité intérieure	Il est connu pour être l'assassin de Abdolrahman Ghassemlou, un chef kurde, à Vienne. Il a présidé la sous-direction des renseignements des Pasdaran. Il est actuellement chargé des affaires irakiennes au sein du CSSN.
8	Hossein Tach	Sous-direction stratégique	Ancien vice-ministre de la Défense, il a été directement chargé des armes de destruction massive et notamment l'arme nucléaire. Il a joué un rôle de premier plan dans le projet de l'arme atomique.
9	Gholamali Rachid	Sous-direction de la défense	Un des plus hauts gradés des Pasdaran, il a été impliqué dans l'élaboration et la direction de la plupart des opérations extra-territoriales, y compris les opérations de terrorisme à l'étranger
10	Ghafour Dardjazi	Sous-direction exécutive	Chargé autrefois de la protection de la radio et télévision d'état, il fut, aux cotés d'Ahmadinedjad, un commandant des opérations spéciales au Kurdistan irakien. D'après un témoin, il fut impliqué, dans l'assassinat de Ghassemlou, le chef kurde, à Vienne.

Le groupe financier Bahman

Le tableau suivant donne les noms des sociétés dont les actions ont fait l'objet de transactions boursières au cours d'un trimestre par le Groupe Bahman appartenant au Pasdaran.

Nom de la société	Volume des actions
Usine d'automobiles Mazda (camionnettes, minibus, ambulance …)	100%
Société Respekt	100%
Société Chassisaz (fabrication de chassis)	100%
Société Mazda-Yadak (pièces détachées Mazda)	100%
Société Asre Bahman	100%
Leasing Bahman	96%
Sorouch Bahman	96%
Société iranienne d'investissement au crédit	95,1%
Société Bahman d'investissement	95 %
Société Rikhtegari (fonderie)	66,7 %
Société iranienne d'investissement national	24,9%
Société Mellat d'assurances	20%
Société Fanava	17%
Usine d'automobiles Saipa	17%

ANNEXE 10

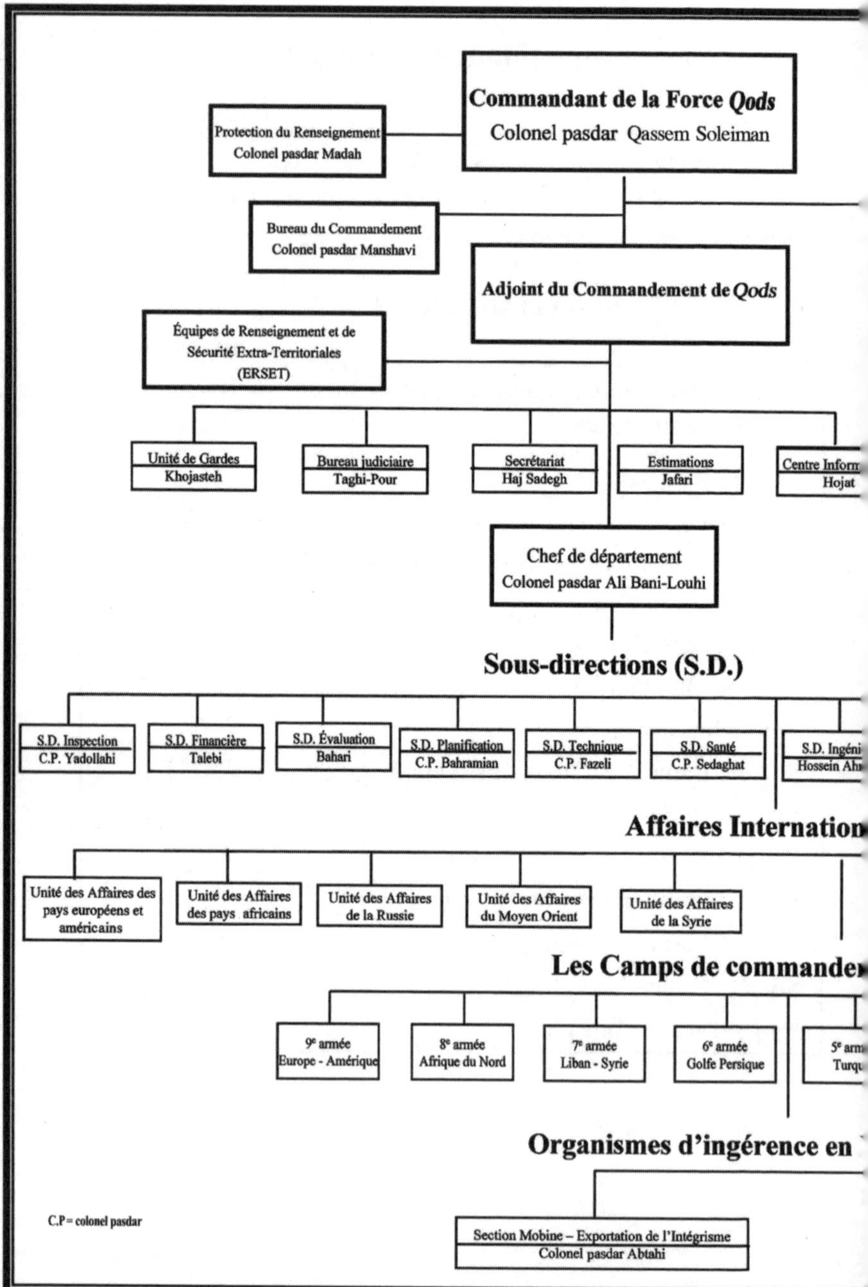

Commandant de la Force *Qods*
Colonel pasdar Qassem Soleiman
Protection du Renseignement
Colonel pasdar Madah
Bureau du Commandement
Colonel pasdar Manshavi
Adjoint du Commandement de *Qods*
Équipes de Renseignement et de Sécurité Extra-Territoriales (ERSET)
Unité de Gardes
Khojasteh
Bureau judiciaire
Taghi-Pour
Secrétariat
Haj Sadegh
Estimations
Jafari
Centre Inform
Hojat
Chef de département
Colonel pasdar Ali Bani-Louhi
Sous-directions (S.D.)
S.D. Inspection
C.P. Yadollahi
S.D. Financière
Talebi
S.D. Évaluation
Bahari
S.D. Planification
C.P. Bahramian
S.D. Technique
C.P. Fazeli
S.D. Santé
C.P. Sedaghat
S.D. Ingéni
Hossein Ah
Affaires Internation
Unité des Affaires des pays européens et américains
Unité des Affaires des pays africains
Unité des Affaires de la Russie
Unité des Affaires du Moyen Orient
Unité des Affaires de la Syrie
Les Camps de commande
9e armée
Europe - Amérique
8e armée
Afrique du Nord
7e armée
Liban - Syrie
6e armée
Golfe Persique
5e arm
Turqu
Organismes d'ingérence en
Section Mobine – Exportation de l'Intégrisme
Colonel pasdar Abtahi
C.P = colonel pasdar

La Force *Qods* des Pasdaran

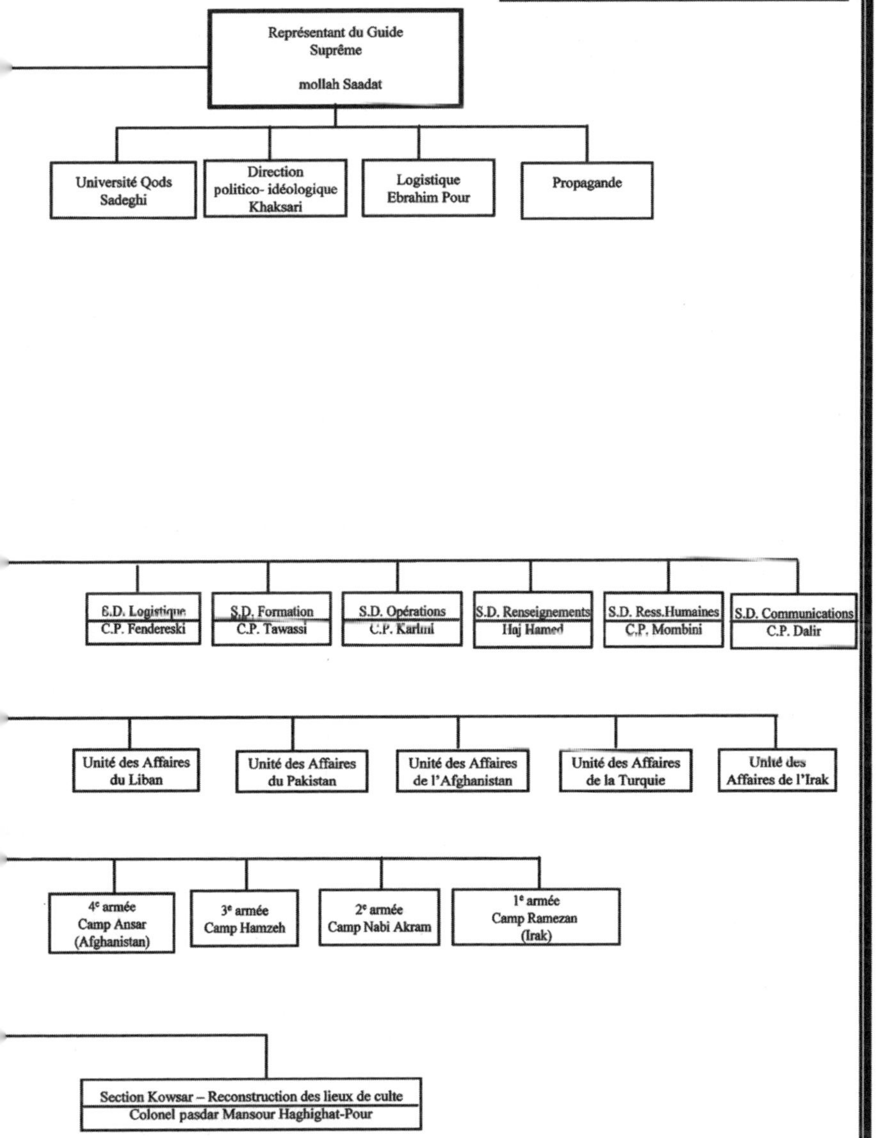

ANNEXE 9

Sociétés dépendant de la fondation de coopération des pasdaran, qui dans certains cas contrôle jusqu'à 100% des actions.

	Nom de la société		Nom de la société
1	Institut des services culturels de Samen-al Aémeh	14	Société Alaleh Kaboud-e Kavir
2	Société d'ingénieurs consultants pour des structures préfabriquées légères	15	Etablissement des services consultatifs commerciaux de Rahian-e Komeil
3	Sociétés de construction de logements dans 20 provinces du pays	16	Entreprise commerciale Iran-Atlas Kich
4	Société de télécommunication et d'électronique de Modj Nasr Gostar	17	Etablissement d'industries alimentaires de Khamir Mayeh de Chahar Mahal et Bakhtiari
5	Société agro-alimentaire Chadab de Khorassan	18	Société de constructions immobilières de Chechsad Dastgah
6	Groupe Séphahan de construction de logements, Société Andicheh et Omran-e Mohit	19	Usine des minéraux Chahab Sangue
7	Groupement agro-alimentaire Fadak-Sociétés d'entrepreneurs Abnieh	20	Caisse Ansarol Modjahedine, Société de génie Ofoqé Tosé-é Sabérine
8	Société de moulage de zinc d'Ispahan - Société de pétrochimie de Kermanchah	21	Groupement de construction de logements Razmandeh
9	Société des services aériens Pars	22	Société de génie Amadeh Béhineh Saz
10	Société de textile lainier de Bahar Yazd - Institut Misagh Basirat	23	Société Bahrestan Kich
11	Entreprise de produits alimentaires Mayedeh	24	Institut Kossaran
12	Société Baharan - Acier Zagross	25	Institut Al-Ghadir
13	Société Navid Bahman		

Annexe 12

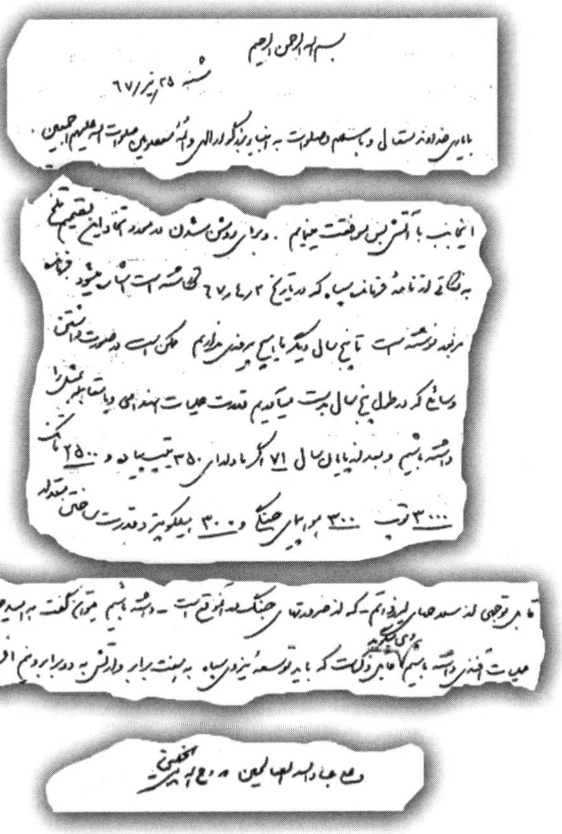

بسم الله الرحمن الرحیم

Lettre de Khomeiny dans laquelle il évoque les propos du commandant en chef des pasdaran comme quoi, sans une quantité considérable d'armes laser et nucléaires, aucune victoire n'est envisageable. Khomeiny ajoute : "les responsables politiques disent qu'étant donné que la population a compris qu'il n'y a pas de victoire rapide en perspective, le peuple a perdu la passion d'aller aux fronts"(…) cette décision est pour moi pire qu'avaler un poison mortel mais j'accepte le cessez-le-feu…"

ANNEXE 11

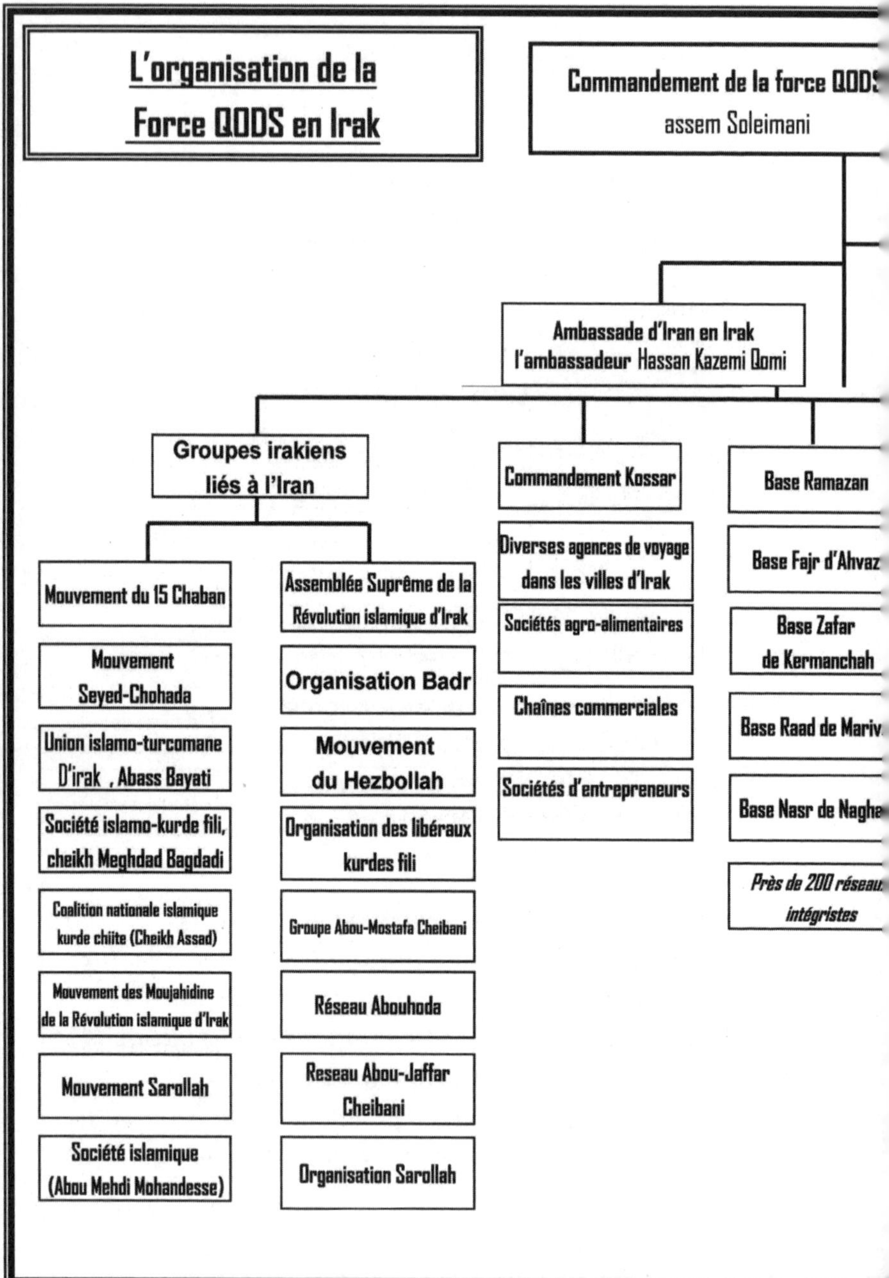

L'organisation de la Force QODS en Irak
Commandement de la force QOD
assem Soleimani
Ambassade d'Iran en Irak
l'ambassadeur Hassan Kazemi Qomi
Groupes irakiens liés à l'Iran
Commandement Kossar
Base Ramazan
Mouvement du 15 Chaban
Assemblée Suprême de la Révolution islamique d'Irak
Diverses agences de voyage dans les villes d'Irak
Base Fajr d'Ahvaz
Mouvement Seyed-Chohada
Organisation Badr
Sociétés agro-alimentaires
Base Zafar de Kermanchah
Union islamo-turcomane D'irak , Abass Bayati
Mouvement du Hezbollah
Chaînes commerciales
Base Raad de Mariv
Société islamo-kurde fili, cheikh Meghdad Bagdadi
Organisation des libéraux kurdes fili
Sociétés d'entrepreneurs
Base Nasr de Nagh
Coalition nationale islamique kurde chiite (Cheikh Assad)
Groupe Abou-Mostafa Cheibani
Près de 200 réseau
intégristes
Mouvement des Moujahidine de la Révolution islamique d'Irak
Réseau Abouhoda
Mouvement Sarollah
Reseau Abou-Jaffar Cheibani
Société islamique (Abou Mehdi Mohandesse)
Organisation Sarollah

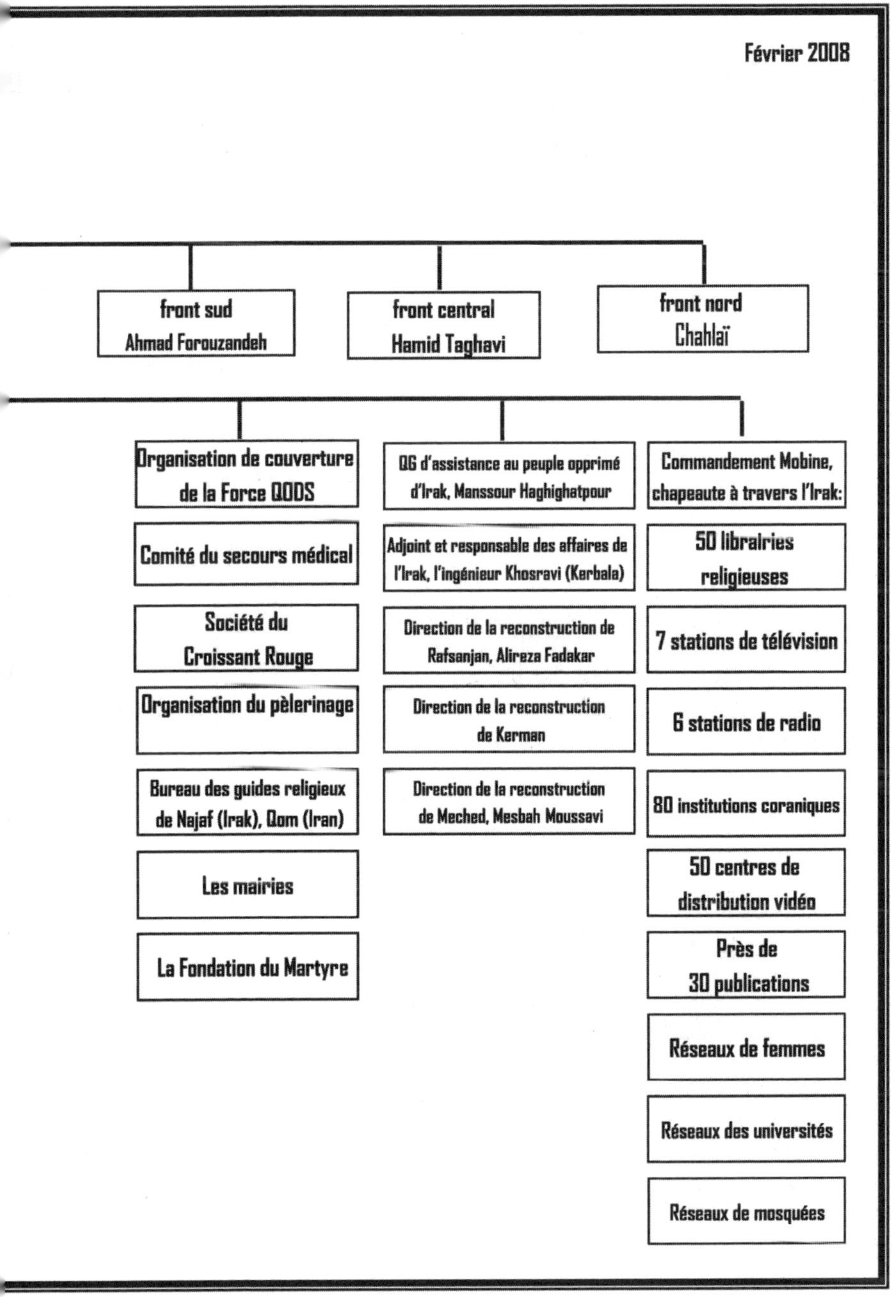
Février 2008
front sud
Ahmad Forouzandeh
front central
Hamid Taghavi
front nord
Chahlaï
Organisation de couverture de la Force QODS
Comité du secours médical
Société du Croissant Rouge
Organisation du pèlerinage
Bureau des guides religieux de Najaf (Irak), Qom (Iran)
Les mairies
La Fondation du Martyre
QG d'assistance au peuple opprimé d'Irak, Manssour Haghighatpour
Adjoint et responsable des affaires de l'Irak, l'ingénieur Khosravi (Kerbala)
Direction de la reconstruction de Rafsanjan, Alireza Fadakar
Direction de la reconstruction de Kerman
Direction de la reconstruction de Meched, Mesbah Moussavi
Commandement Mobine, chapeaute à travers l'Irak:
50 librairies religieuses
7 stations de télévision
6 stations de radio
80 institutions coraniques
50 centres de distribution vidéo
Près de 30 publications
Réseaux de femmes
Réseaux des universités
Réseaux de mosquées

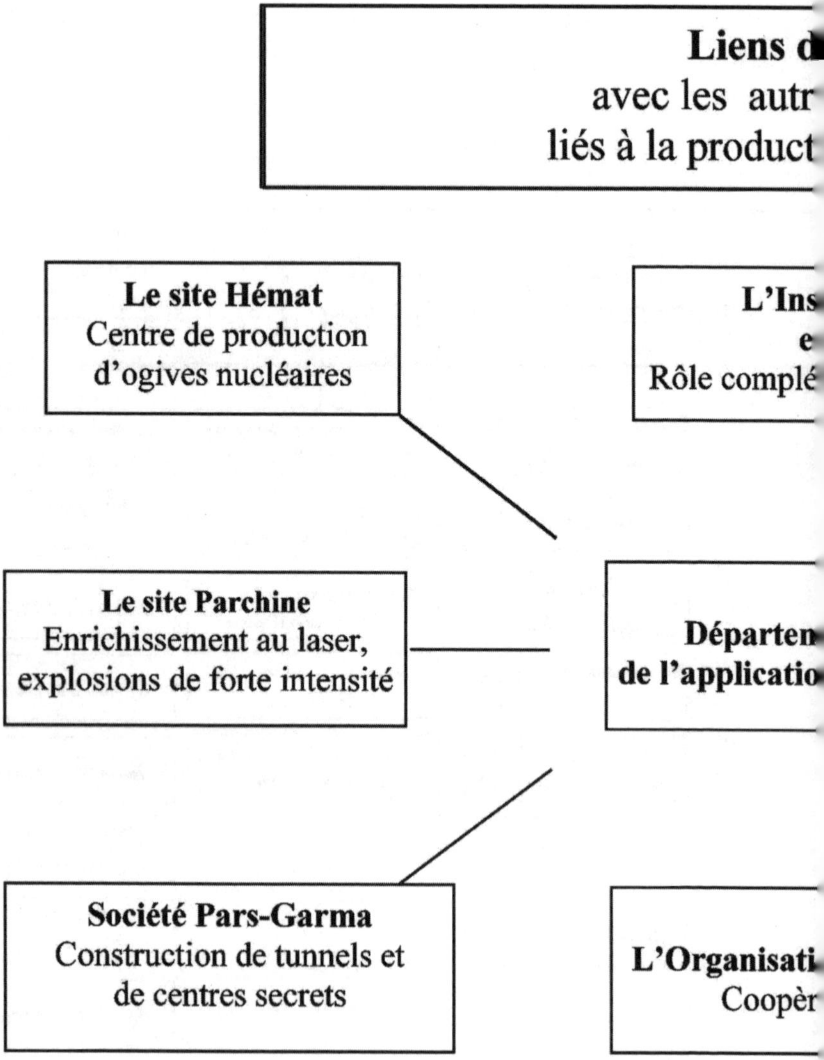
Liens d
avec les autr
liés à la product
Le site Hémat
Centre de production
d'ogives nucléaires
L'Ins
e
Rôle complé
Le site Parchine
Enrichissement au laser,
explosions de forte intensité
Départen
de l'applicatio
Société Pars-Garma
Construction de tunnels et
de centres secrets
L'Organisati
Coopèr

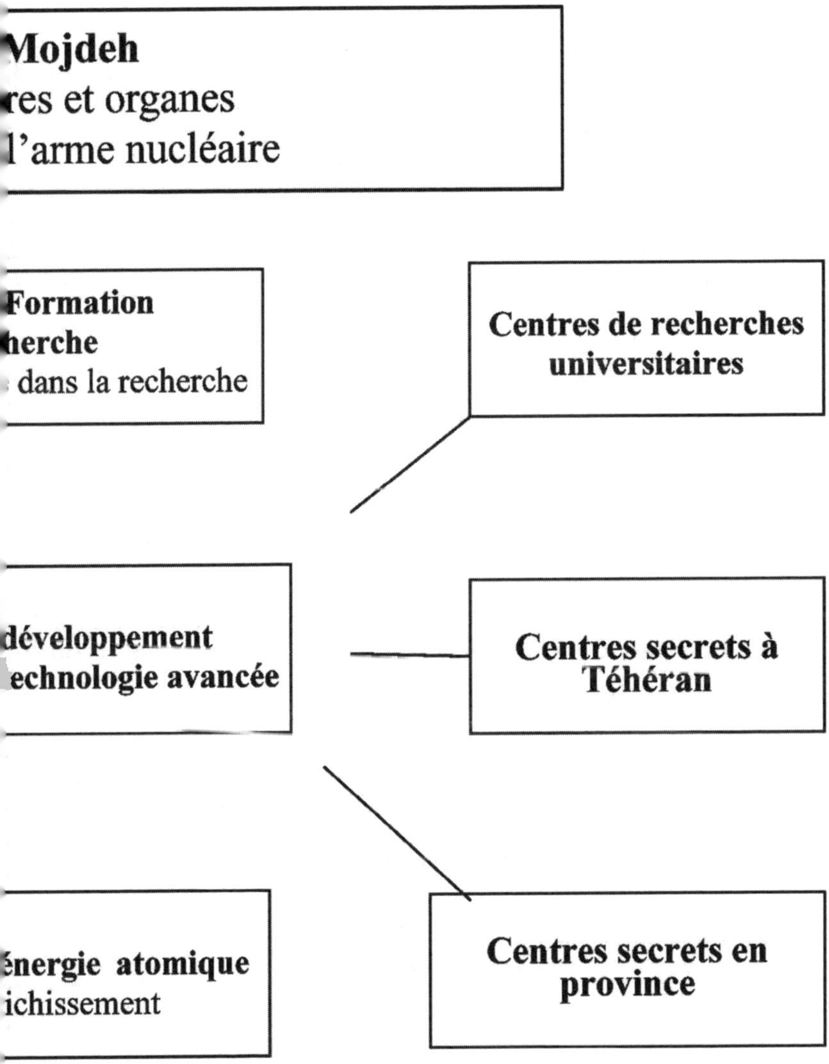
Mojdeh
res et organes
l'arme nucléaire
Formation
herche
dans la recherche
Centres de recherches universitaires
développement
echnologie avancée
Centres secrets à Téhéran
énergie atomique
ichissement
Centres secrets en province

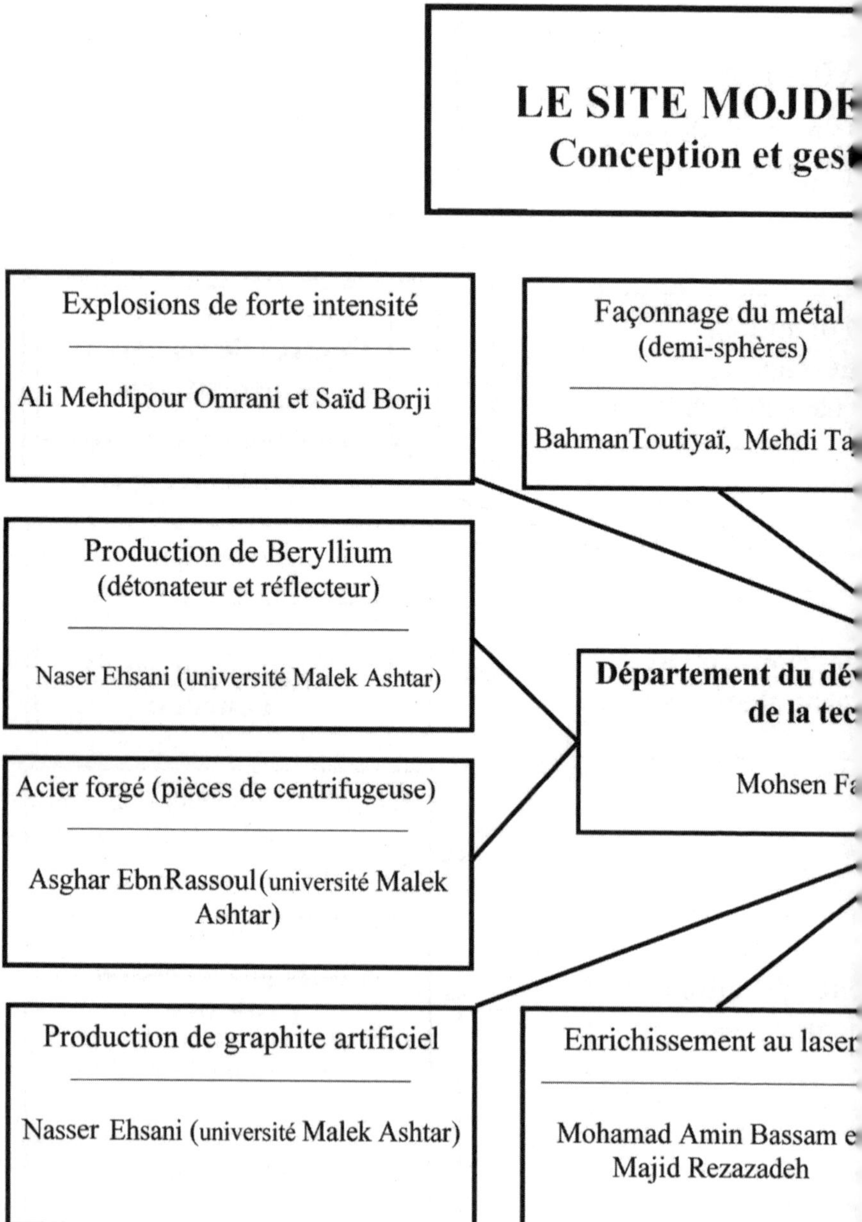
LE SITE MOJDE
Conception et gest
Explosions de forte intensité
Ali Mehdipour Omrani et Saïd Borji
Façonnage du métal
(demi-sphères)
BahmanToutiyaï, Mehdi Ta
Production de Beryllium
(détonateur et réflecteur)
Naser Ehsani (université Malek Ashtar)
Département du dé
de la tec
Mohsen F
Acier forgé (pièces de centrifugeuse)
Asghar EbnRassoul(université Malek Ashtar)
Production de graphite artificiel
Nasser Ehsani (université Malek Ashtar)
Enrichissement au laser
Mohamad Amin Bassam e
Majid Rezazadeh

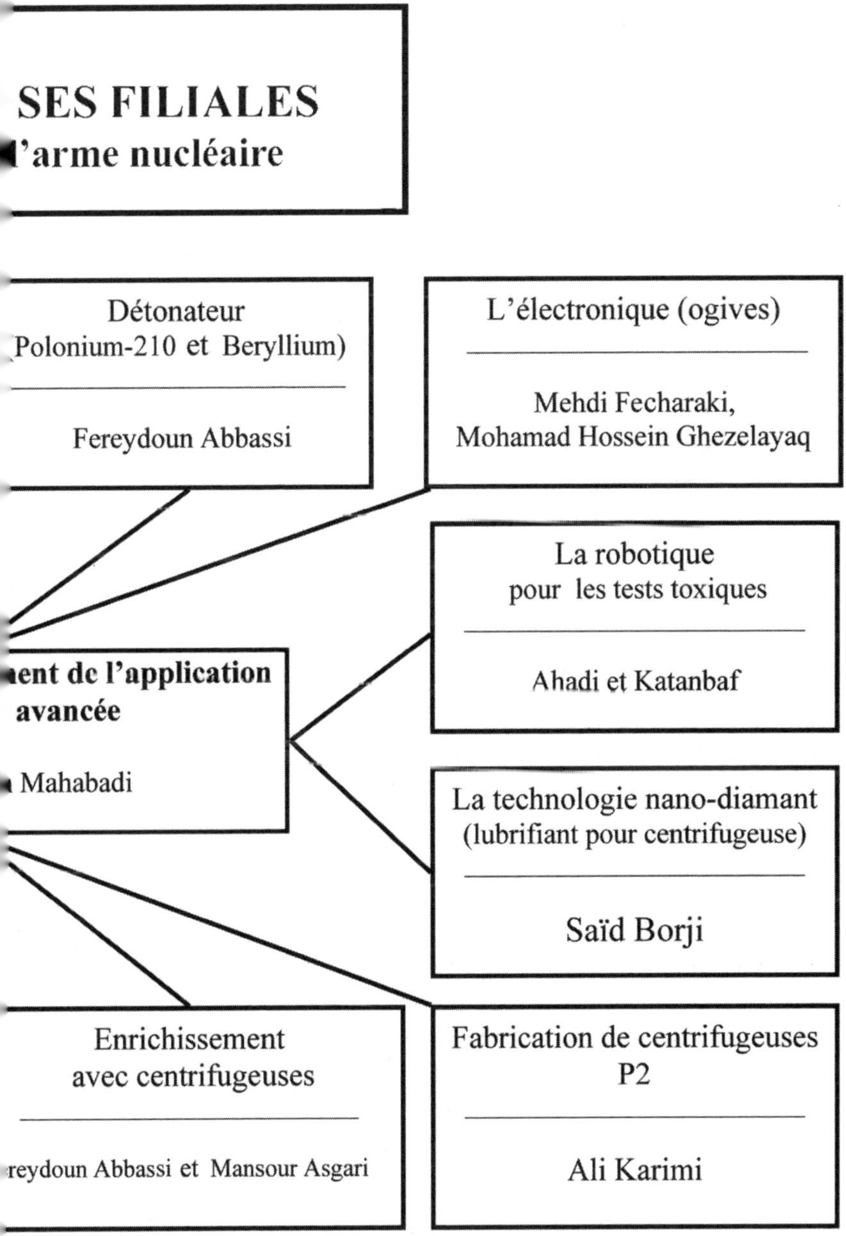
SES FILIALES
l'arme nucléaire
Détonateur
Polonium-210 et Beryllium)
Fereydoun Abbassi
L'électronique (ogives)
Mehdi Fecharaki,
Mohamad Hossein Ghezelayaq
La robotique
pour les tests toxiques
Ahadi et Katanbaf
ent de l'application
avancée
Mahabadi
La technologie nano-diamant
(lubrifiant pour centrifugeuse)
Saïd Borji
Enrichissement
avec centrifugeuses
reydoun Abbassi et Mansour Asgari
Fabrication de centrifugeuses
P2
Ali Karimi

Annexe 15

Les domaines d'activité du groupe industriel HEMAT

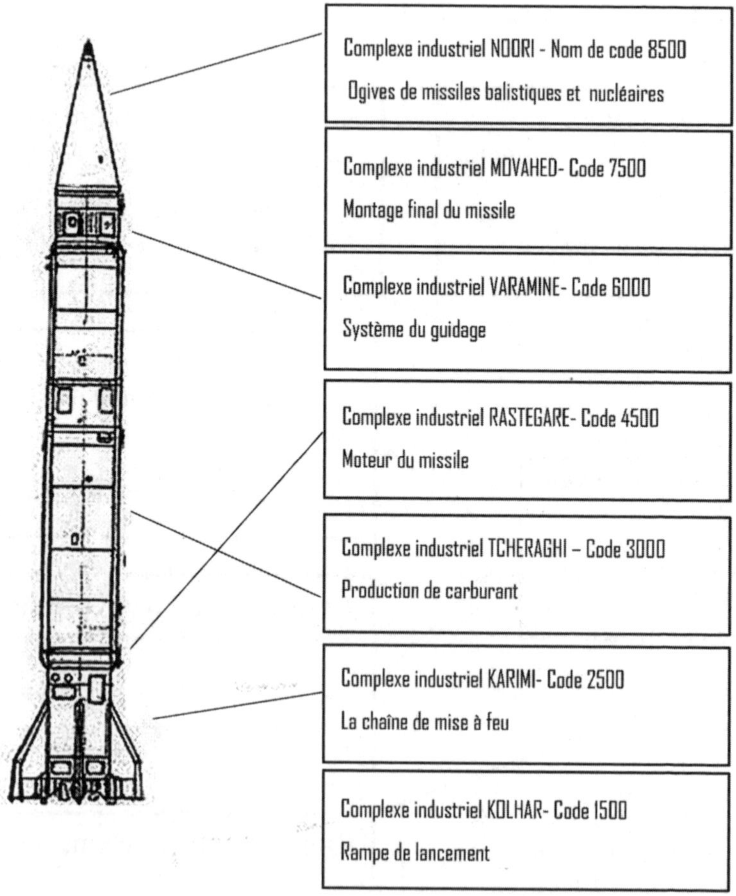

INDEX

Table des matières

Achevé d'imprimer en juin 2008
sur les presses de la Nouvelle Imprimerie Laballery
58500 Clamecy
Dépôt légal : juin 2008
Numéro d'impression : 806199

Imprimé en France

La Nouvelle Imprimerie Laballery est titulaire du label Imprim'Vert®